LE DÉVELOPPEMENT SOCIAL
DE L'ENFANT ET DE L'ADOLESCENT

Berthe Reymond-Rivier

Le développement social de l'enfant et de l'adolescent

Treizième édition revue et augmentée

MARDAGA

© Pierre Mardaga, éditeur
Hayen 11 - B-4140 Sprimont
D. 1997-0024-23

Avant-propos

Le titre de ce petit livre pourra paraître singulièrement ambitieux et demande quelques explications. Car le social, c'est l'homme, et la socialisation de l'enfant et de l'adolescent se confond avec le développement de la personnalité tout entière. Elle intéresse donc la psychologie, celle de l'intelligence et celle de l'affectivité, ainsi que la sociologie, l'anthropologie, l'ethnologie puisqu'elle débouche sur l'insertion dans la société et que l'être humain est façonné par son milieu, les coutumes, les traditions, les modèles, les normes et les valeurs du système socioculturel dans lequel il vit. On peut étudier pour elle-même l'évolution de l'affectivité ou celle de l'intelligence, en faisant abstraction des interactions constantes qui existent entre l'une et l'autre ; mais déjà on ne saurait le faire sans prendre en considération l'influence des facteurs sociaux, autrement dit sans tenir compte de l'action du milieu sur la socialisation progressive de la pensée ou des affects. Pour parler du développement social de l'individu, il est impossible non seulement d'isoler ces facteurs sociaux, mais encore de négliger les interférences permanentes entre les facteurs cognitifs et affectifs, le domaine des relations interpersonnelles étant par excellence le domaine où ceux-ci sont le plus étroitement mêlés — si étroitement même que la part de chacun est parfois bien difficile à faire.

Il ne pouvait évidemment être question de donner ici une vue exhaustive d'un sujet aussi vaste et aussi complexe, mais seulement de tenter une synthèse. Les travaux traitant du développement de la sociabilité chez l'enfant sont innombrables, la plupart cependant — parmi lesquels on compte tant d'études capitales — limitent leur propos à tel ou tel de ses aspects. Les uns concernent la genèse de ce développement, les autres ne recouvrent qu'une de ses périodes ; certains auteurs s'attachent avant tout aux problèmes de la dynamique de groupe, ou encore adoptent une perspective essentiellement sociologique. Surtout, il n'existe guère à notre connaissance d'ouvrages envisageant la socialisation de l'être à la fois sous l'angle affectif et sous l'angle cognitif. Or il nous apparaît que ces trois petits mots : *à la fois* sont de toute première importance et nous voudrions non seulement retracer ici, dans leur déroulement chronologique, les principales phases du développement social, mais encore — et c'est bien ce qui rend l'entreprise hasardeuse — en présenter au lecteur une vue synthétique qui, sans négliger les autres données, porte l'accent sur les interactions mêmes de l'affectivité et de l'intelligence. Freud et ses disciples ont mis en évidence l'importance primordiale, pour toute l'évolution sociale, des premiers rapports entre l'enfant et ses parents : les rapports sur le plan conscient avec les parents réels aussi bien que les rapports au niveau inconscient avec les *imagos* parentales, soit ces images des parents que l'enfant intériorise peu à peu. Ce sont ces premières relations qui donneront leur tonalité émotionnelle aux attitudes sociales ultérieures et qui modèleront pour une bonne part les conduites de l'enfant, de l'adolescent et finalement de l'adulte à l'égard de son milieu et de la société. Par ailleurs, les études de J. Piaget sur l'intelligence, de sa naissance à sa forme achevée d'équilibre, fruit de patientes enquêtes menées durant des années, ont éclairé, l'un après l'autre, tous les aspects de la pensée de l'enfant et de l'adolescent; elles ont montré, entre autres, à quel point l'évolution sociale avait partie liée avec celle de l'intelligence, à telle enseigne que la première peut être considérée comme une construction intellectuelle : à chaque nouveau palier atteint par l'intelligence correspond une nouvelle étape de la socialisation; à chacun des stades du développement de l'enfant, les facteurs cognitifs impriment un type de structure déterminé à ses relations avec l'entourage.

Nous avons donc essayé de rendre compte du développement social de l'enfant et de l'adolescent en nous appuyant avant tout sur les travaux de ces deux grandes écoles de la psychologie contemporaine, celle de Freud et celle de Piaget, plus précisément en cherchant à rapprocher les données recueillies par l'une et par l'autre. Non que ce rapprochement soit toujours possible : sur certains points ou pour certaines périodes, les observations se complètent de façon frappante, allant presque jusqu'à s'emboîter à la façon des pièces d'un puzzle; à d'autres moments au contraire, le joint manque ou demeure inapparent, soit parce que les intérêts respectifs se sont portés sur des aspects du développement trop éloignés les uns des autres, soit parce qu'au cours de celui-ci la prépondérance de l'une des séries de facteurs peut reléguer l'autre au second plan.

Au cours de ces dernières années, on a vu se multiplier, du côté des psychanalystes surtout, les essais de comparaison entre les points de vue des deux écoles; de plus en plus l'idée fait son chemin que les chances d'arriver un jour à une théorie générale de la personnalité passent par un tel rapprochement. A la fin d'une étude récente intitulée «Inconscient affectif et inconscient cognitif»[1], Piaget lui-même conclut «qu'il convient de songer dès aujourd'hui à la fondation d'une psychologie générale portant simultanément sur les mécanismes découverts par la psychanalyse et sur les processus cognitifs, car le genre de comparaisons auxquelles nous nous sommes livrés dans ce qui précède ne fait que débuter et semble riche de promesses». C'est bien dans cette direction que nous nous sommes engagés, mais en nous plaçant, soulignons-le, non pas au niveau de la confrontation des théories, mais plus modestement au niveau de celle des *faits*, confrontation recommandée, encore une fois, par le sujet même de cet ouvrage, puisqu'il s'agissait de montrer l'étroite solidarité des processus affectifs et cognitifs dans la socialisation progressive de la personne et de chercher, en l'envisageant constamment dans une perspective d'ensemble, à en restituer le mouvement même. Nous avons tâché d'éviter l'écueil consistant à indiquer de façon systématique ce qui se passait à chaque instant sur le plan de l'affectivité et sur celui de l'intelligence, ce qui n'eût abouti qu'à une sorte de juxtaposition fastidieuse et monotone, donnant par surcroît l'idée fausse de deux séries parallèles de phénomènes. En outre, nous n'avons voulu marquer que les moments principaux, les tournants cruciaux bien souvent, d'une histoire féconde en péripéties. C'est ainsi que dans une première partie consacrée à l'enfance, nous avons donné une importance toute particulière à la relation primitive du nourrisson avec sa mère; puis, au cours du chapitre suivant, non sans avoir insisté au préalable sur les efforts de l'enfant pour se situer face au monde adulte et d'abord face à ses parents (crise d'opposition de trois ans, développement de la situation œdipienne), nous avons décrit surtout ses premiers contacts avec ses pairs, lesquels ont fait l'objet exclusif du troisième chapitre traitant de l'évolution du groupe de sept à douze ans. Dans la deuxième partie, réservée à l'adolescence, nous avons non seulement étudié les aspects affectifs et intellectuels de la crise juvénile, les relations de l'adolescent avec l'entourage adulte et avec ses semblables, mais aussi accordé une large place aux données proprement sociologiques. A l'adolescence en effet, la scène s'élargit aux dimensions de la société, ne serait-ce que parce que le jeune être se trouve confronté à la nécessité d'y réaliser son insertion, alors que dans le monde protégé de l'enfant la société se réduit à l'entourage immédiat, familial et scolaire, et que c'est à travers celui-ci que sa pression se fait surtout sentir. Il va sans dire que les données sociologiques jouent, dans ce dernier cas aussi, un rôle important puisque la structure familiale, les attitudes parentales, toute l'éducation sont déterminées par le système socioculturel dans lequel s'inscrit le cercle restreint qui entoure l'enfant. Si nous en avons le plus souvent fait abstraction, c'est évidemment parce que nous n'avons envisagé la socialisation de l'individu que dans le cadre de notre civilisation occidentale, à l'intérieur duquel cette évolution se déroule sensiblement de la même façon, passant par des stades bien déterminés et qui restent semblables d'un milieu et d'un pays à l'autre ; les variations, peu importantes d'ailleurs, ne concernent guère que l'âge auquel apparaissent ces stades, non l'ordre de leur succession. D'une culture à l'autre en revanche et bien qu'il y ait des constantes certaines, ces phases seront plus ou moins perceptibles et ne revêtiront pas toujours la même signification. En veut-on un exemple, choisi parmi beaucoup d'autres ? Piaget a noté la forme animiste de la pensée enfantine jusque vers sept, huit ans. Rien de tel, si l'on en croit Margaret Mead, chez les enfants Manus, peuplade primitive d'une île de la Nouvelle-Guinée, caractérisée par un très fort réalisme. Les petits Manus ne croient pas comme les petits occidentaux que la lune ou le soleil sont des personnes, et ils ne prêtent ni intentions ni sentiments aux choses inanimées. C'est que les parents Manus n'ont jamais appris à leurs enfants à voir le monde sous une perspective autre que réaliste et naturaliste. L'extrême rareté du jeu symbolique — jouer à « faire semblant », ce qu'une petite fille appelait de façon significative jouer « à mentir » — s'expliquerait de la même manière. L'auteur suggère que dans notre culture, ce serait en bonne partie l'attitude complice et ludique de l'adulte qui favoriserait l'animisme enfantin (alors que l'animisme qu'on retrouve dans presque toutes les civilisations primitives découle, lui, de *croyances* traditionnelles transmises d'une génération à l'autre).

En résumé, cet ouvrage n'a nullement la prétention de rendre compte de tous les aspects de l'évolution sociale de l'être humain. Il faudrait pour cela des compétences autrement plus étendues que les nôtres. Notre ambition, répétons-le, s'est bornée à essayer de montrer, dans leur complexité vivante, certains moments essentiels de cette évolution, en rapprochant des données — celles de la psychologie de l'enfant et celles de la psychanalyse en particulier — qui, à notre avis, ne l'avaient pas été suffisamment jusqu'ici.

NOTE

[1] Dans *Raison présente*, n° 19, 1971, p. 11-20.

Introduction

L'homme est un être social. Aussi haut que l'on remonte dans le temps, on l'a toujours vu rechercher la compagnie de ses semblables et vivre en groupe. Le Bon Sauvage n'a vécu que dans l'imagination de Rousseau. Eût-il existé que, loin de le corrompre, la Société seule lui eût donné sa dignité d'homme. Sans elle, il se différencierait à peine de l'animal, il ne parlerait ni ne penserait et surtout il ne serait pas bon, plus exactement, il ne connaîtrait ni le mal ni le bien. Le cas des enfants «sauvages» et des «enfants-loups» est là pour le prouver. Non ceux qui appartiennent au mythe, à la légende ou à la littérature : tels ces deux nouveau-nés dont parle Hérodote dans un récit fameux, qu'un roi égyptien, voulant savoir quel était le peuple le plus ancien de la terre, fit enfermer pendant deux ans dans une étable hors de tout contact humain, et qui en sortirent en s'écriant : «bécos! bécos!», ce qui veut dire pain en phrygien; tels Rémus et Romulus allaités par la louve; tel, plus près de nous, le Mowgli de Kipling, qui illustre une fois de plus le préjugé si longtemps admis que la nature humaine finit toujours par reprendre le dessus et l'homme par retourner à l'homme. Non pas donc tant de contes merveilleux ou fantaisistes, mais des cas bien réels, dont le plus célèbre est celui du «Sauvage de l'Aveyron» décrit par le médecin Jean Itard, et dont un autre, celui de Gaspard Hauser de Nuremberg, passa pourtant dans la littérature grâce à Verlaine qui lui consacra un poème («Je suis venu calme orphelin»; en épigraphe : «Gaspard Hauser chante»). Tous montrent qu'isolé et privé de la présence d'autrui, l'être n'acquiert aucun des traits qui caractérisent la nature humaine; qu'il devient une espèce de monstre. Aux Indes, où les cas d'enfants-loups furent relativement nombreux, on découvrit en 1920 deux fillettes — Amala et Kamala de Midnapore — vivant au milieu d'une famille de loups. La première, la plus jeune, devait mourir une année plus tard ; la seconde, Kamala, qui pouvait avoir huit ans, vécut jusqu'à la fin de 1929. Selon la description du révérend Singh, qui les recueillit, elles n'avaient plus rien d'humain et leur comportement était exactement semblable à celui de leurs frères louveteaux : elles marchaient à quatre pattes, sur les coudes et les genoux pour les petits trajets, sur les mains et sur les pieds pour les trajets longs et rapides, incapables de toute station debout ; elles ne se nourrissaient que d'aliments carnés, frais ou putréfiés, mangeaient et buvaient à la façon des animaux, accroupies la tête en avant, lapant les liquides. Elles passaient la journée tapies et prostrées dans l'ombre, actives et bondissantes au contraire durant la nuit, cherchant à s'échapper et, au sens propre, hurlant avec les loups. Jamais elles ne pleurent ni ne rient, caractéristique qu'on retrouve chez tous les enfants sauvages. Réintégrée dans la société des hommes, où elle vivra huit ans avant de mourir comme sa « sœur », Kamala s'humanise lentement, mais sans jamais, il s'en faut, parvenir à combler son retard : six ans s'écouleront avant qu'elle n'apprenne à marcher debout et au moment de sa mort, elle ne disposera que d'une cinquantaine de mots. Toutefois, si les progrès sont lents, ils sont aussi continus et s'accomplissent simultanément dans tous les secteurs de sa personnalité. Des attitudes affectives font leur apparition ; elle pleure pour la première fois à la mort de sa sœur, devient peu à peu capable de marquer de l'attachement aux êtres qui prennent soin d'elle, notamment à Mme Singh, sourit quand on lui parle. Son intelligence s'éveille également, elle réussit à communiquer avec autrui par des gestes, graduellement renforcés par les quelques pauvres mots d'un vocabulaire rudimentaire, à comprendre et à exécuter des ordres simples, etc. Cependant, si l'on en croit un autre observateur, l'évêque Pakenham Walsh, qui vit Kamala six ans après qu'elle eût été découverte, la fillette ne prenait aucune initiative de contact, n'utilisait jamais spontanément les mots qu'elle avait appris et surtout retombait dans un état de totale indifférence dès qu'on cessait de la solliciter : « ... elle avait un sourire très doux lorsqu'on lui parlait, mais aussitôt après son visage reprenait un air inintelligent ; si on la laissait seule, elle se retirait dans le coin le plus sombre de la pièce, s'accroupissait et demeurait absolument indifférente et sans aucune expression sur le visage. Elle avait de l'affection pour Mme Singh. Elle obéissait très docilement à ses conseils pendant tout le temps où je l'ai vue. Elle ne s'intéressait à rien, elle n'avait peur de rien, se désintéressait complètement des autres enfants et de leurs jeux. Elle marchait debout mais ne pouvait pas courir. »

B. Bettelheim, auquel nous avons emprunté cette citation[1], s'est attaqué à ce qu'il appelle le «mythe des enfants-loups». Il ne conteste pas la pertinence de la description de Singh; au contraire, ce sont les analogies, pour ne pas dire l'identité, des réactions et des comportements d'Amala et de Kamala avec ceux des enfants autistiques dont il s'occupait qui l'ont convaincu que les deux fillettes de Midnapore étaient d'authentiques cas d'autisme infantile[2]. Autrement dit, ce qu'il révoque en doute, c'est «l'interprétation de leur comportement en fonction d'une prétendue origine sauvage». Ce sont là, dit-il, des enfants abandonnés par leurs parents et qui, à cause de cette carence affective totale, ont sombré dans l'autisme, quelles qu'aient été par ailleurs les conditions qui ont assuré leur survie; ce qui signifie que le comportement «animal» d'Amala et de Kamala était dû non pas au fait qu'elles avaient vécu en compagnie de loups (ce que Bettelheim met en doute sans le contester formellement), mais qu'elles avaient été privées de leurs parents. En réalité, juste ou fausse, la réfutation de Bettelheim n'infirme en rien, tout au contraire, l'importance cruciale de l'entourage humain.

Enfant-loup ou enfant autistique, Kamala, nous l'avons vu, était parvenue au cours des années à rattraper un peu de son retard. Tel ne fut pas le cas de Victor, le Sauvage de l'Aveyron, capturé dans une forêt du Tarn en 1799 à l'âge de 11 ans. Non que le docteur Itard, doué d'une patience inlassable et d'un sens pédagogique peu commun, surtout à l'époque, ne réussit à lui faire accomplir des progrès qui apparaissent impressionnants quand on les évalue, comme le médecin le réclamait, en ne comparant le jeune homme «qu'à lui-même»; il n'en reste pas moins que Victor sortit tout juste du stade de l'idiotie : il apprit par une sorte de dressage à saisir le sens de quelques mots, à les écrire, mais jamais à parler.

Nourrissons abandonnés qui ne doivent la vie qu'à l'attachement surprenant d'une bête, enfants perdus, en âge de subvenir à leurs besoins, qui «retournent» à l'état sauvage, à côté de ces cas navrants, il en est de plus navrants encore et, si la cause n'était entendue, de plus probants quant à l'influence du milieu humain sur le développement psychologique : nous voulons parler de ces enfants séquestrés par un parent dénaturé, enfermés et parfois enchaînés dans un coin de la maison ou de l'étable. La presse s'est bien souvent fait l'écho de ces malheureuses victimes qui, après un an, deux ans, trois ans de claustration, désapprennent à parler, tombent dans un état de stupeur et de prostration et qui *deviennent* des imbéciles ou des idiots. Là aussi, l'âge de l'enfant au moment de la séquestration et la durée de celle-ci auront une action déterminante sur la gravité et le degré de réversibilité de la détérioration psychique.

Tout ceci montre à l'évidence que les facultés humaines, qu'elles soient d'ordre intellectuel, affectif, spirituel, ne sont présentes à la naissance qu'à titre de virtualités. Pour se développer et s'épanouir, elles ne requièrent pas seulement la maturation des processus organiques mais encore et surtout l'échange avec autrui. Quand ces échanges font défaut, le développement s'arrête puis régresse, l'esprit sombre irrémédiablement dans la nuit. C'est au travers de ses rapports avec les autres que l'être se découvre et que sa personnalité se construit peu à peu. Mais il est essentiel de souligner que réciproquement la découverte de l'Autre et la possibilité d'établir une relation avec lui sont liées aux progrès de l'intelligence et de l'affectivité, qui rendent compte aussi de la richesse et de la complexité croissantes des rapports interpersonnels. Il y a là toute une dialectique que nous nous efforcerons de mettre en évidence au cours de ces pages.

Tout ce qui précède revient à dire que si l'être humain est plongé dès sa naissance dans un milieu social, il ne naît pas social mais le devient peu à peu. Il n'y a pas d'instinct social (au sens d'un montage héréditaire), bien qu'à maintes reprises il se soit trouvé des auteurs pour défendre cette thèse ; elle est non seulement infirmée par les exemples, fort heureusement exceptionnels, que nous venons de citer, mais, de façon plus positive, par les observations toujours plus nombreuses faites par les psychologues sur la première enfance. En dépit des apparences, la position de H. Wallon, pour qui l'enfant est dès le départ « un être totalement et primitivement orienté vers la société » du fait de sa totale incapacité à assurer sa survie et de sa dépendance complète à l'entourage, ainsi que celle, assez proche, de J. Bowlby, qui invoque une disposition innée à développer des comportements d'attachement (à laquelle répond la disposition complémentaire de la mère) ne vont pas dans le sens contraire, puisque ces deux auteurs considèrent la socialisation comme le produit de l'interaction entre l'organisme et son milieu.

Parler du développement social de l'individu, c'est donc retracer les étapes d'une longue évolution qui débute dans les premiers mois de la vie et ne s'achève qu'à la fin de l'adolescence. A partir d'un point zéro, où, comme nous le verrons, autrui n'existe pas, l'enfant va se socialiser progressivement grâce à des échanges de plus en plus nombreux et complexes avec l'entourage, tout à la fois causes et effets, répétons-le, de la maturation organique et du développement intellectuel et affectif. L'éducation est l'agent principal de cette socialisation progressive ; non pas seulement l'éducation telle qu'on l'entend couramment, c'est-à-dire l'action directe des parents et de l'adulte en général sur l'enfant, mais aussi l'éducation qui se fait entre les enfants eux-mêmes, qu'il s'agisse des relations entre enfants du même âge ou de l'influence des aînés sur les cadets. La première s'exerce dès la naissance ; la seconde est plus tardive et ne commence que lorsque l'enfant est en état de marcher et surtout de parler ; elle sera plus ou moins précoce selon la constellation familiale (présence ou absence de frères et de sœurs), l'âge d'entrée au jardin d'enfants ou à l'école maternelle. A notre époque où il est de plus en plus fréquent de voir la mère travailler au-dehors, l'enfant tend à être mis beaucoup plus tôt en contact avec ses semblables que ce n'était le cas autrefois.

Rien ne serait plus faux que de se représenter la socialisation comme une sorte d'imprégnation de l'enfant par son milieu ; solidaire, encore une fois, de l'évolution de l'intelligence et de l'affectivité, elle implique une participation, des réponses actives de la part du sujet. La nature de ces interactions avec autrui se modifie en fonction du développement ; il y a un âge pour la marche, un âge pour le langage, passé lequel leur apprentissage devient, nous l'avons vu, de plus en plus difficile, puis impossible. Or de telles acquisitions viennent transformer profondément les échanges du sujet avec le milieu. Ainsi celle du langage et de la faculté d'imitation au cours de la seconde année marqueront un tournant radical dans l'histoire des relations interpersonnelles. Le langage et l'imitation — ainsi que cette imitation affective inconsciente qu'est l'identification — sont par excellence les instruments de communication et de transmission, donc de socialisation, à tel point qu'on peut, en un certain sens, considérer que celle-ci ne commence vraiment qu'avec eux. En un certain sens seulement, car l'imitation par exemple (il s'agit ici de l'imitation différée, c'est-à-dire de la reproduction de modèles absents, qui suppose la représentation, en d'autres termes la pensée et l'image mentale) ne surgit pas *ex nihilo*, mais est préparée au contraire durant les dix-huit premiers mois par une série de conduites imitatives n'impliquant pas encore la présence d'un modèle interne (par exemple : imitation directe par le nourrisson d'un geste qu'on accomplit devant lui). De même, il y a déjà tout un système de communication non verbal qui s'élabore peu à peu entre la mère et son enfant ; il est donc possible de distinguer dans le comportement de celui-ci une suite de progrès successifs qui ouvrent la voie à la socialisation.

C'est précisément de cette période préverbale, qui recouvre le stade de l'intelligence sensori-motrice (c'est-à-dire fondée seulement sur des perceptions et sur des actes et non sur la pensée), dont nous allons nous occuper tout d'abord, afin de déceler les premières réactions du nourrisson à la présence humaine comme telle et suivre comment s'établit graduellement ce que les psychanalystes ont appelé la «relation objectale»; le terme peut être défini comme un lien affectif entre un sujet et un objet personnalisé, le premier «objet» étant naturellement la mère.

NOTES

[1] B. Bettelheim, *La Forteresse vide*, Gallimard, Paris, 1967, p. 447.
[2] Il suffira de dire ici que l'autisme de Kanner est une forme grave et précoce de psychose infantile, caractérisée essentiellement par un retrait loin de tout contact avec autrui — ou plus précisément, comme le souligne Bettelheim, par une «perturbation dans la *recherche même* de relation avec le monde extérieur» — et par des troubles du langage provenant du fait que celui-ci n'a pas acquis sa fonction de communication avec autrui. L'étiologie de l'autisme est encore controversée, mais il semble bien qu'à l'origine on retrouve toujours un rejet total (parfois dès avant la naissance) de l'enfant par sa mère, «condition nécessaire, mais pas suffisante», écrit Bettelheim, à l'éclosion du trouble. Pour en savoir davantage, on se reportera à l'ouvrage déjà cité de cet auteur, tout entier consacré à l'autisme infantile.

PREMIÈRE PARTIE

L'ENFANCE

Chapitre 1
La relation primitive avec la mère : de l'adualisme à la relation objectale

**QUELQUES CONSIDÉRATIONS PRÉLIMINAIRES
SUR LES RAPPORTS ENTRE LA PSYCHANALYSE
ET LA PSYCHOLOGIE**

Freud a montré l'influence décisive des expériences affectives infantiles sur la vie entière de l'individu, et l'importance des tout premiers liens émotionnels du bébé avec son entourage. Il a parlé du « choix de l'objet » pour caractériser ce stade du développement libidinal où, vers la fin de la première année, la satisfaction des pulsions et la source des plaisirs cessent d'être liées exclusivement au corps propre pour se rattacher à un objet extérieur, en l'occurrence à la mère. Mais, tout en indiquant le rôle primordial de la relation mère-enfant, il n'a guère étudié cette relation pour elle-même, en tant qu'échange entre deux êtres. Il ne faut pas oublier que c'est au travers des associations verbales de ses patients adultes, qui le ramenaient immanquablement aux conflits de la petite enfance, que Freud a reconstitué les processus psychiques des débuts de l'existence. Or, pour géniale qu'ait été une telle reconstitution et inappréciable la lumière qu'elle projetait sur l'univers affectif de l'enfant à partir de trois ou quatre ans, elle a conduit le maître viennois à des vues beaucoup plus discutables sur la psychologie du nourrisson. La raison en est simple : c'est que nos souvenirs ne remontent pas au-delà de notre troisième (exceptionnellement de notre deuxième) année. Pour percer cette opacité, Freud fut amené à des extrapolations, dont certaines, grâce à sa merveilleuse intuition, ont été confirmées par la suite, mais dont d'autres se sont avérées irrecevables. Et en premier lieu l'explication même qu'il donnait de cette absence de tout souvenir : si nous ne nous rappelons pas notre petite enfance, dit-il en substance, c'est parce que nous en avons refoulé le souvenir. Cela équivaut à prêter au nourrisson une mémoire, donc une faculté de représentation, et de façon plus générale — qui dit refoulement dit instance refoulante — un Moi, au moins rudimentaire. Or les observations toujours plus nombreuses des psychologues sur la première année de vie, celles de J. Baldwin d'abord, de Ch. Bühler, de J. Piaget, de H. Wallon, pour ne citer que les plus connus, ensuite, montrèrent à l'évidence qu'il n'en était rien : tous s'accordent pour souligner l'« adualisme » du nouveau-né, c'est-à-dire son incapacité à distinguer le moi du non-moi et sa profonde inconscience de lui-même, ainsi que l'absence de toute mémoire d'évocation, laquelle suppose (comme le langage et l'imitation) une fonction symbolique qui n'apparaît pas avant la fin de la seconde année. Longtemps les disciples de Freud ont continué à épouser étroitement toutes les vues de leur maître sur ce point et à se fonder exclusivement sur le matériel fourni par les patients en analyse, sans éprouver la nécessité de s'appuyer sur les travaux de la psychologie contemporaine ou de recourir à l'observation directe du nourrisson. Pareille attitude était d'ailleurs largement favorisée par les résistances, pour ne pas dire l'hostilité, suscitées chez nombre de psychologues par les théories freudiennes. De là ce qu'on pourrait appeler le « Splendide isolement » dans lequel s'est enfermée pendant longtemps la psychanalyse et l'esprit de chapelle qu'on lui a si souvent reproché.

Mais depuis quinze ou vingt ans, on a vu s'amorcer un rapprochement, mieux un dialogue, entre la psychanalyse et la psychologie ; un dialogue extrêmement fécond, car il est évident que seule la psychanalyse était à même de fournir les éléments qui manquaient encore quant à la genèse des relations affectives et sociales du petit enfant. Ce dialogue a été rendu possible grâce à une série de travaux novateurs dont les auteurs ont nom Anna Freud, Heinz Hartmann, René Spitz, Charles Odier qui, tout en restant fidèles à la pensée de Freud, ont été amenés à la prolonger et à en réviser certains des aspects, le plus souvent ceux-là mêmes qui touchaient à la psychologie du premier âge.

A Anna Freud, à Heinz Hartmann, on doit, entre autres, l'attention croissante portée par les psychanalystes à la psychologie du Moi, cette instance de la personnalité qui a pour fonction de concilier les exigences du Ça et du Surmoi avec celles de l'adaptation au monde extérieur. A l'origine en effet, on avait tendance à réduire la psychanalyse à une science de l'inconscient et ses adeptes s'attachaient surtout à décrire la vie pulsionnelle et ses vicissitudes, les couches les plus profondes de la personnalité : « Le nom de psychanalyse devait, pensait-on, être réservé à la partie des découvertes nouvelles qui concernait la vie psychique inconsciente, c'est-à-dire à l'étude des émois intellectuels refoulés, des affects et des fantasmes. Certains problèmes tels que l'adaptation de l'enfant ou de l'adulte au monde extérieur, certains concepts de valeur comme ceux de la santé ou de la maladie, de la vertu ou du vice, ne devaient nullement intéresser la psychanalyse. Il ne fallait se préoccuper uniquement que des fantasmes infantiles jusque dans l'âge adulte, des plaisirs imaginaires et des punitions redoutées qui sanctionnaient ces derniers... Toutefois, lorsqu'on applique cette façon de voir à la thérapeutique psychanalytique, on ne tarde pas à en constater le caractère erroné. Le traitement analytique a de tout temps eu pour objet le Moi et ses troubles, l'étude du Ça et de ses modes d'action ne constituant qu'un des moyens d'atteindre le but thérapeutique. Ce but reste invariablement le même : supprimer les troubles et rétablir l'intégrité du Moi[1]. »

A. Freud, l'auteur de ces lignes, s'est attachée à l'étude des mécanismes de défense mis en œuvre par le Moi pour résoudre les conflits résultant des demandes opposées du Ça, du Surmoi et de la réalité. En plaçant le problème de l'adaptation au centre de sa réflexion, H. Hartmann[2] est allé plus loin et a inauguré un nouveau développement de la pensée psychanalytique. Il a en effet affirmé l'existence d'une « sphère du Moi libre de conflits », celle où se déroulent les processus étudiés par les psychologues (perception, pensée, langage, etc.), tous processus qui, à travers l'œuvre de Freud, apparaissaient comme déterminés par les pulsions et les conflits qu'elles engendrent. En reconnaissant ces « fonctions autonomes du Moi » et leur importance dans l'adaptation, Hartmann non seulement élargissait le champ de la théorie psychanalytique, mais encore jetait les bases de ce rapprochement avec la psychologie dont il a été question plus haut. Pour lui, la psychanalyse devait cesser de se cantonner exclusivement dans l'étude des conflits et des défenses pour aborder aussi celle des processus intervenant dans la sphère autonome du Moi.

Une telle orientation devait nécessairement conduire certains chercheurs à poser le problème de la genèse du Moi, et à le poser en termes de niveau ou de développement. Cette perspective génétique exigeait à son tour une approche expérimentale, le recours à l'observation directe et systématique, l'utilisation des données réunies par la psychologie de l'enfant. Un terrain d'entente était ainsi trouvé entre psychanalystes et psychologues. « Pour arriver à la compréhension du comportement proprement dit des individus adultes, l'analyse se sert de leurs communications verbales. C'est sur ce point qu'une barrière insurmontable se dressa, faisant obstacle à la compréhension du nourrisson. Si d'une part ce dernier ne dispose pas de langage, sa conduite d'autre part ne saurait être interprétée dans des termes d'un comportement analogue chez l'adulte... Le cas du nourrisson qui se trouve au stade dit préverbal demande une méthode différente de vérification[3].»

Et c'est effectivement en l'auteur de ces lignes, le Dr René Spitz, que la psychanalyse a trouvé son premier et brillant expérimentateur. Ses investigations sur le développement affectif du nourrisson, notamment sur la relation mère-enfant, étaient bien faites pour attirer l'attention des psychologues puisque Spitz employait leurs méthodes et se référait à leurs travaux. Adoptant en effet la méthode dite «longitudinale», l'auteur a observé pendant des périodes allant de six mois à deux ans plusieurs centaines de nourrissons, et cela dans les milieux les plus divers : familles, pouponnières, orphelinats, maternités, crèches, etc.; il mena même ses recherches dans trois continents différents. Des expériences et des tests de développement mental appliqués mensuellement complétaient et vérifiaient les données de l'observation, dont l'objectivité était garantie de surcroît par leur enregistrement sur bandes filmées.

Les résultats les plus spectaculaires des recherches de Spitz, sur lesquels nous aurons l'occasion de revenir plus loin, sont ceux qui concernent la mélancolie des bébés séparés de leur mère, mélancolie dont l'auteur fit voir qu'elle pouvait, en cas de séparation prolongée et dans des circonstances bien déterminées, entraîner des dommages psychiques et physiques irréversibles, et même la mort. Ils ont démontré de façon irréfutable l'importance vitale des tout premiers liens émotionnels, le rôle néfaste et dramatique, dans le développement bio-psychologique du petit enfant, de l'insécurité engendrée par la privation d'affection maternelle. Ils ont étayé les thèses de ceux qui, à commencer par Freud, voyaient dans la relation objectale primitive la pierre d'angle de la personnalité et le germe de toutes les relations sociales ultérieures. Ainsi notamment se sont trouvées vérifiées les hypothèses de Ch. Odier et de Germaine Guex, qui rattachaient justement les sentiments d'insécurité et d'infériorité caractérisant la névrose d'abandon chez l'adulte à une carence maternelle au cours de la première année. Surtout les travaux de Spitz ont frayé la voie à de nombreuses recherches sur les effets à court et à long terme de cette carence, sur ses relations avec certaines formes de psychose (de l'enfant, de l'adolescent ou de l'adulte), la dépression, le comportement délinquant, etc. Citons aussi les études très systématiques de J. Bowlby et J. Robertson sur la séparation comme telle, les processus qu'elle déclenche, les conditions dans lesquelles elle a ou n'a pas d'effets pathologiques, études sur lesquelles nous aurons l'occasion de revenir.

Mais les travaux de Spitz n'ont pas porté seulement sur l'«hospitalisme» et la dépression «anaclitique» (causée par la perte de l'objet libidinal) du nourrisson, c'est-à-dire sur les déviations de la relation objectale; celles-ci l'ont au contraire conduit à observer de plus près la genèse et l'évolution *normale* des échanges entre la mère et son enfant. Ce sont ces études qui intéressent au premier chef le psychologue, car elles représentent, répétons-le, une contribution inappréciable à la connaissance de l'univers psychique du bébé, dont elles ont éclairé un secteur resté jusque-là obscur. Grâce en particulier aux recherches de Piaget sur la naissance de l'intelligence, on savait que le monde du nouveau-né était un monde sans objet, chaotique, où la distinction entre le moi et le non-moi, le subjectif et l'objectif, n'existe pas au départ mais s'élabore peu à peu. J. Piaget a retracé les étapes de cette construction progressive — qui s'étend du premier au dix-huitième ou au vingtième mois environ — d'un univers stable, où les objets doués de permanence, sont conçus par l'enfant comme distincts et indépendants de lui. Les enquêtes du psychologue genevois concernaient avant tout (mais non pas exclusivement) les conduites du bébé à l'égard des choses inanimées. Bien des années auparavant, les premières réactions de celui-ci à son entourage humain avaient fait l'objet des observations minutieuses et détaillées de Charlotte Bühler (1927); il s'agissait surtout là d'une sorte d'inventaire des comportements «sociaux» du nourrisson, qui portait moins sur les rapports mère-enfant comme tels que sur les relations avec l'adulte en général ou avec d'autres bébés. Ces observations ont été confirmées par celles de Spitz, mais cet auteur, en poussant plus avant ses investigations et en les interprétant à la lumière de la théorie psychanalytique de la relation objectale, aboutissait à des résultats qui venaient combler une lacune essentielle, et qui de surcroît rejoignaient les données de la psychologie de l'enfant : Spitz montrait en effet que, loin d'exister dès le départ, le Moi se construisait peu à peu et que cette construction s'effectuait en interaction étroite avec celle de la relation objectale. En s'attachant à l'étude du développement socio-affectif du nourrisson et en recourant pour cela à l'observation directe et à l'expérimentation, Spitz n'a pas seulement créé une frontière commune entre la psychanalyse et la psychologie; il a ici aussi fait œuvre de pionnier, comme l'atteste la multitude de travaux consacrés depuis lors aux interactions mère-enfant durant le premier âge, travaux qui, tout en les prolongeant et les complétant, et en dépit parfois de certaines divergences d'interprétation, ont dans l'ensemble largement confirmé la valeur de ses enquêtes. Aussi est-ce à celles-ci que nous accorderons la plus large place dans ce chapitre.

Mentionnons enfin, pour clore ces considérations sur les relations entre la psychanalyse et la psychologie, l'apport de Ch. Odier, qui fut le premier à rapprocher les observations de Spitz de celles de Piaget sur la constitution de l'objet[4].

IMPORTANCE ET CARACTÈRE UNIQUE DE LA RELATION MÈRE-ENFANT

Parmi tous les types ou les systèmes de relations sociales connus, la relation mère-enfant au cours de la première année occupe une place absolument unique. « Cette relation, écrit R. Spitz[5], a parmi ses particularités de se développer sous nos yeux, de nous offrir un point auquel elle n'existe pas encore en tant que relation et de nous mener à un point où la relation sociale est complètement présente. D'autre part, c'est aussi une transition du physiologique au psychologique : car au stade physiologique dans l'utérus, les relations sont celles d'un parasitisme complet de l'enfant ; au cours de la première année, l'enfant passera par une symbiose avec la mère et aboutira à un stade où les relations hiérarchiques se développent. Un autre aspect également singulier de la relation mère-enfant est la différence foncière entre la structure psychique de la mère et de l'enfant. On pourrait dire que dans la sociologie entière, il n'existe nulle part une divergence aussi grande entre deux êtres aussi étroitement liés, à moins qu'on ne considère les relations d'un homme avec un animal domestique comme comparables. Un seul sociologue, Georges Simmel, a attiré l'attention sur les possibilités de recherches sociologiques dans le groupe mère-enfant que d'ailleurs il a appelé dyade, et il a souligné que c'est là qu'on pourra trouver le germe de tout développement ultérieur des relations sociales... »

Un point où la relation n'existe pas encore en tant que relation, écrit Spitz. Une relation suppose en effet deux êtres distincts l'un de l'autre et se sachant tels. Or le nouveau-né n'a au début aucune conscience de lui-même, il est incapable de toute discrimination entre ce qui est lui et ce qui n'est pas lui, confond son corps avec les objets environnants (à commencer par le sein maternel qu'il perçoit comme une partie de sa propre personne), ses états subjectifs avec les données objectives du réel. Petit être sans conscience, incapable de subvenir au moindre de ses besoins, il vit dans la dépendance la plus absolue de sa mère ; c'est elle qui le nourrit, qui veille à son bien-être, le protège contre les dangers extérieurs, supplée à chaque instant à l'impuissance et à la faiblesse de son enfant en agissant à sa place ; elle lui tient lieu du Moi qu'il n'a pas, se fait son intermédiaire dans le monde extérieur dont elle est en même temps le représentant. Mais cette mère avec laquelle le bébé vit en symbiose, comme fondu en elle, répétons qu'elle n'occupe encore, dans son univers adualistique, aucune place privilégiée, en ce sens qu'il ne la distingue pas plus de lui-même au début que des autres personnes de l'entourage ou des choses. Il faudra même de longs mois pour que la mère prenne le visage unique, irremplaçable qui fera d'elle l'Objet par excellence, en d'autres termes pour que s'établisse avec elle une relation objectale. Pareille évolution est en effet liée à l'élaboration d'un monde extérieur stable, formé d'objets substantiels et permanents, en un mot distincts du moi. Et cependant, bien avant ce moment déjà, lorsqu'à l'activité purement physiologique des premiers jours se superposent des besoins et des désirs d'ordre psychologique, une mystérieuse communication va s'instaurer peu à peu entre ces deux partenaires pourtant si inégaux ; communication telle que non seulement la mère percevra, grâce à son amour et à son «instinct», grâce aussi à son intelligence et à son expérience d'adulte, les émois et les tensions de son bébé, qui seront pour elle autant de signaux qu'elle en viendra très vite à interpréter correctement (distinguant par exemple entre les cris indiquant la faim et les autres), mais encore que le nourrisson enregistrera tous les mouvements affectifs, conscients et surtout inconscients de sa mère ; il les fera siens en les «introjetant» ; ils «détermineront la qualité de ses expériences »[6] et orienterons ses réactions, lesquelles agiront en retour sur les attitudes maternelles, selon un processus circulaire. Nous reviendrons plus loin sur ce sujet, mais il était important d'indiquer ici déjà le rôle primordial joué par le comportement affectif de la mère, antérieurement à toute reconnaissance de celle-ci comme personne une et singulière. C'est ce que les psychanalystes expriment par la formule : «l'objet est investi avant que d'être perçu »[7].

Nous nous trouvons donc ici en présence de deux séries de phénomènes, ou plutôt sur deux plans différents (mais en interférence constante) : d'une part la relation mère-enfant s'inscrit dans le cadre plus vaste de la construction progressive du réel, soit en premier lieu de la différenciation entre le sujet et les objets, personnes ou choses ; et d'autre part, elle est constituée en profondeur par un mode archaïque d'échange, une sorte de «langage du corps», et d'empathie dont le processus est imperceptible à l'extérieur mais qui fait que chacun des partenaires, malgré la différence foncière de leur psychisme, est «informé» de ce qu'éprouve l'autre. Ici nous sommes en plein domaine affectif, ou plus exactement, en ce qui concerne le nourrisson durant les trois premiers mois au moins de sa vie, préaffectif. La prise en considération de ces deux ordres de phénomènes — constitution de l'objet et communication au sein de la dyade mère-enfant — est indispensable pour l'étude et la compréhension de la relation objectale. Nous commencerons par le premier, en citant tout d'abord les enquêtes de J. Piaget sur la genèse de la notion d'objet; bien que centrées sur l'intelligence et les rapports du bébé avec le milieu physique plus qu'avec les personnes, et pour cette raison même, elles éclaireront et permettront de mieux suivre les étapes de l'évolution objectale dont nous nous occuperons ultérieurement. Ces enquêtes sont fondées sur les observations faites par Piaget sur ses trois enfants au cours de leurs deux premières années.

LA CONSTRUCTION DE L'OBJET [8]

Piaget prend comme critère de la dissociation du sujet et de l'objet, ou, si l'on veut, du déclin de l'adualisme, *la recherche active des objets disparus*. Tant que l'enfant ne réagit pas lorsqu'on lui enlève ou qu'il laisse tomber un objet qui pourtant l'intéressait vivement, on peut supposer en effet que celui-ci n'a à ses yeux ni permanence ni existence autonome : tout se passe comme s'il retournait au néant sitôt qu'il cesse d'alimenter l'action de l'enfant, sitôt sorti de son champ perceptif (buccal, tactile, auditif, ou visuel). En d'autres termes, les choses n'ont d'existence qu'intermittente et ne sont pas conçues comme localisées dans l'espace. En voici un exemple particulièrement frappant : à trois ou quatre mois encore, un bébé nourri au biberon, qui pleure en voyant cet objet si désirable, se tait aussitôt qu'on le cache à sa vue; dès que l'objet réapparaît, les cris reprennent de plus belle.

Les objets n'existent au début que dans la mesure où l'action du sujet s'exerce sur eux, ils ne sont perçus que relativement à cette action; cela signifie que l'univers du nourrisson est un univers mouvant et chaotique, « un monde de tableaux dont chacun peut être plus ou moins connu et analysé, mais qui disparaissent et réapparaissent de façon capricieuse »[9]. Pour que ces tableaux deviennent des « objets », ils devront « se dissocier de l'action propre et se situer dans un contexte de relations spatiales et causales indépendantes de l'action immédiate »[10]; autrement dit, pour que le réel s'organise et se stabilise, il faudra que le « moi se délivre de lui-même en se découvrant et se situe comme une chose parmi les choses, un événement parmi les événements »[11], en un mot, qu'il s'affranchisse de son *égocentrisme*[12]. Six étapes sont nécessaires pour cela.

Les trois premiers stades, qui s'étendent jusqu'à neuf mois environ, sont caractérisés par *l'absence de toute conduite spéciale relative aux objets disparus*. On observe cependant une évolution qui montre que l'enfant tend graduellement à attribuer aux objets un début de permanence, bien que ceux-ci demeurent liés aux actions d'ailleurs toujours plus efficaces et plus dirigées qu'il exerce sur eux. Grâce à la maturation nerveuse et musculaire, des schèmes de comportements qui au début n'étaient que simples réflexes, s'organisent puis se coordonnent peu à peu, donnant bientôt à l'activité de l'enfant une dimension psychologique. C'est ainsi qu'au cours du deuxième mois, une coordination s'effectue entre l'ouïe et la vision : si l'on agite un hochet par exemple, l'enfant cherche à regarder d'où vient le bruit; il s'attend donc à voir quelque chose qui n'est pas encore dans son champ visuel. Il y a déjà là une anticipation qui, si faible soit-elle, indique «qu'un début de continuité est donné aux tableaux perçus».

Entre trois et six mois, c'est-à-dire au commencement du troisième stade, le bébé se met à saisir ce qu'il voit, à porter devant ses yeux ce qu'il prend, et cela de façon toujours plus systématique. Cette coordination de la vision et de la préhension représente un moment très important car elle marque un premier passage déjà de la passivité à l'activité; elle va en effet élargir le champ d'action du nourrisson, enrichir son expérience des choses, lui permettre de prendre conscience de certaines de leurs particularités (celles de se balancer quand on les agite, de tomber quand on les lâche, etc.) et de s'y accommoder, d'y ajuster toujours mieux son comportement. C'est ainsi précisément qu'il se met à suivre du regard les objets dans leur chute : soit un jouet suspendu au berceau de l'enfant, devant ses yeux; si, par un mouvement de balancement, il le fait tomber sur son duvet, il le cherche à son point de chute, alors qu'auparavant, il continuait à fixer l'endroit d'où l'objet était tombé, s'attendant manifestement à le retrouver à sa place initiale. Il est donc capable de prévoir la position nouvelle de l'objet tombé (mais il cesse aussitôt toute recherche si celui-ci demeure invisible, caché par exemple par un coin du duvet). Une autre conduite montrant elle aussi le début de permanence attribuée par l'enfant à l'objet est celle que Piaget a appelée «la réaction circulaire différée» : en train de manipuler ou de chercher à saisir un jouet, le bébé dont on détourne un moment l'attention, reprend ensuite l'activité interrompue. Cependant Piaget a soin de souligner que dans de telles conduites, ce n'est pas l'objet qui représente l'élément permanent, mais l'action elle-même, autrement dit l'ensemble de la situation. Que l'objet ne soit pas encore dissocié de l'action propre, un autre comportement, qui représente d'ailleurs un nouveau progrès, l'illustre bien : nous avons déjà mentionné l'exemple du biberon dont la disparition faisait cesser les pleurs du bébé ; vient un moment où le biberon est reconnu lorsqu'il est à moitié caché, ce qui signifie que l'enfant est capable de « reconstituer un tout à partir d'une fraction visible ». Mais, et c'est cela qui est frappant, si on lui présente le biberon *à l'envers*, il ne fait aucun geste pour le prendre, preuve que l'objet ne possède pas d'envers et qu'il n'existe encore qu'en fonction de l'action de saisir et de sucer, donc de la situation globale de la nutrition.

Dernier exemple : entre cinq et sept mois, l'enfant apprend à écarter les obstacles qui gênent sa perception ; ainsi, il saura enlever de sa figure le linge qui l'empêche de voir. Et pourtant jamais au cours de ce stade, c'est-à-dire avant neuf, dix mois, il n'a d'idée d'ôter l'écran dont on recouvre *sous ses yeux* l'objet qu'il tentait de saisir, même quand celui-ci est sonore et que le bébé l'entend. « Il se produit ce phénomène frappant et essentiel que l'enfant renonce à toute recherche ou bien cherche les objets ailleurs que sous l'écran, par exemple autour de la main qui vient de les y placer.[13] »

Il faut relever ici un fait particulièrement important pour notre propos : cette conduite disparaît vers *huit mois* déjà quand il s'agit non plus de choses mais de personnes : à ce moment l'enfant écarte le linge qui lui masque la figure d'autrui. Un tel comportement appartient déjà au quatrième stade, précisément caractérisé par la recherche active des objets disparus ; autrement dit, il y a décalage dans le temps, l'évolution est plus précoce en ce qui concerne l'« objet » humain que les choses inanimées. Piaget l'avait d'ailleurs déjà relevé auparavant, remarquant que le nourrisson en vient assez vite à attribuer « une sorte de permanence affective ou subjective, sans localisation ni spatialisation » à ces tableaux particulièrement intéressants que sont les personnes : vers le troisième mois, il crie quand le partenaire adulte s'en va, ou bien continue à regarder l'endroit par où il s'est éclipsé, marquant par là qu'il désire ou s'attend à le voir réapparaître. Cela ne signifie pas qu'il prête à la personne une existence autonome — l'expérience du linge qui n'est pas réussie avant huit mois le prouve — mais que « le tableau disparu demeure pour ainsi dire "à disposition", sans qu'il se trouve nulle part du point de vue spatial[14] ».

Le quatrième stade est, comme nous venons de le voir, défini par la recherche active des objets disparus : cachés derrière un écran, c'est-à-dire en dehors du champ perceptif de l'enfant, celui-ci les retrouve aussitôt, à partir de neuf, dix mois quand ce sont des choses, de huit mois déjà quand ce sont des personnes. Mais, chose curieuse, l'enfant ne tient pas compte encore des déplacements successifs, même visibles, de l'objet, qu'il recherche toujours là où il l'a trouvé une première fois, comme s'il lui conférait une sorte de position absolue et privilégiée. « Soit un objet que l'on cache en A : l'enfant le cherche et le trouve. Après quoi, on le met en B, en le recouvrant sous les yeux de l'enfant : celui-ci qui n'a cessé de regarder l'objet et l'a bien vu disparaître en B, cherche néanmoins d'emblée à le retrouver en A[15] ». Vers la fin de ce stade, on observe ce que Piaget appelle des « réactions résiduelles » : l'enfant cherche en B, mais s'il ne retrouve pas tout de suite l'objet, revient explorer en A; ou encore, il est capable de le retrouver en B, mais pas en une troisième position C.

Le cinquième et le sixième stades. Pour que l'enfant tienne compte des déplacements successifs de l'objet, il faudra attendre le cinquième stade, soit la fin de la première année. On peut dire qu'à ce moment-là l'objet est constitué; seulement, une limite encore, il ne l'est que sur le plan de la perception immédiate : les déplacements *invisibles* ne sont pas pris en considération. Si l'observateur met un objet quelconque dans sa main, puis sa main sous une couverture où il dépose l'objet, l'enfant cherche aussitôt celui-ci dans la main, sans avoir l'idée, ne le trouvant pas, d'aller regarder sous la couverture. C'est qu'il lui manque encore la possibilité de *se représenter* le trajet invisible de l'objet, en d'autres termes, de déduire sans les avoir perçus, ses changements de position. Cette faculté de représentation, dont l'acquisition marque l'avènement de la pensée, caractérise le sixième stade (entre dix-huit et vingt mois). Alors seulement l'objet se détache tout à fait du moi pour devenir substance autonome et douée de permanence. Et le corps propre lui-même « est désormais conçu comme un objet, l'enfant devenant capable de se le figurer par analogie avec celui d'autrui[16] ».

Entre la constitution de l'objet et la prise de conscience de soi, il y a, comme on le voit, interaction étroite : chaque progrès dans la connaissance du monde extérieur ouvre une brèche dans l'adualisme et réciproquement. Au début, l'enfant est incapable de distinguer des objets et d'éprouver autre chose que des sensations internes. Puis, lorsqu'il commence à percevoir le monde qui l'entoure, entièrement centré sur lui-même parce que s'ignorant comme sujet, il ne le perçoit d'abord que relativement à sa propre activité; il « assimile » directement le premier à la seconde : les objets ne sont que « choses à sucer, à regarder, ou à saisir »; par suite de la coordination et de l'organisation progressive de ses divers schèmes d'action — coordination de la succion et de la préhension (le bébé porte à la bouche tous les objets saisis), de l'ouïe et de la vision, de la vision et de la préhension, l'enfant acquiert des choses une connaissance de plus en plus large, prend conscience de leurs particularités, de leur résistance, dont il est bien forcé de tenir compte et auxquelles il ajuste toujours mieux son action. Ainsi il en vient graduellement à différencier les objets de sa propre personne, et finalement à concevoir qu'ils continuent à exister même lorsqu'il ne les utilise ni ne les voit; et dans la mesure où il leur reconnaît cette autonomie, il reconnaît la sienne propre; la structuration de l'univers ambiant va de pair avec la structuration de son moi. Entre les objets et le sujet s'établissent tout à la fois une distance et une sorte de réciprocité, celle-là étant la condition même de celle-ci.

A plus forte raison en ira-t-il ainsi de ses relations avec les personnes, ces « objets » privilégiés parce que vivants et source inépuisable d'expériences et d'actions nouvelles, où la dynamique affective joue un rôle de premier plan. Revenant au développement social, nous allons suivre maintenant les progrès du bébé dans ses rapports avec son entourage humain jusqu'à l'avènement de la relation objectale, non sans rapprocher ces progrès des faits qui précèdent. Comme nous l'avons déjà dit, les études consacrées à la genèse et au développement de l'attachement du nourrisson à sa mère se sont multipliées au cours de ces dix ou quinze dernières années. Elles ont même débordé le champ de la psychologie pour aller puiser dans les travaux des ethnologues — dont beaucoup se centraient sur ce même problème de l'attachement chez différentes espèces animales — des données et des concepts susceptibles d'éclairer les premiers processus de socialisation. Des observations toujours plus fines et plus minutieuses ont non seulement, ce qui va de soi, enrichi considérablement les connaissances sur le comportement du bébé, mais encore conduit à mettre en doute un certain nombre d'idées accréditées jusque-là, comme, par exemple, celle que le nouveau-né est une créature purement passive et réceptive, fermée au monde extérieur et ne réagissant qu'aux sensations émanant de son propre corps. On reconnaît maintenant qu'il est au contraire éminemment actif, ne serait-ce qu'au cours de l'allaitement, et qu'il est influencé par les données de l'environnement plus tôt qu'on ne l'avait cru. Tout en prenant pour cadre de référence l'évolution objectale telle qu'elle a été décrite par Spitz, nous y intégrerons quelques-uns de ces apports récents, ce qui nous permettra le cas échéant de confronter des positions théoriques différentes.

L'ÉVOLUTION OBJECTALE

Spitz distingue trois stades principaux dans cette évolution : le stade non objectal (0-2, 3 mois), le stade préobjectal (de 3 à 7, 8 mois), le stade objectal (atteint aux alentours de 8 mois)[17].

Le stade non objectal. L'univers adualistique du nouveau-né est un monde sans objet; c'est aussi un monde sans amour. Toute l'énergie libidinale reste investie sur le sujet lui-même, dont la vie est d'abord purement physiologique et partagée entre deux activités principales : la nutrition et le sommeil. Au début, seuls sont ressentis les états de tension et de malaise, et ce n'est qu'à ces occasions que des connexions s'établissent avec l'entourage : apaisé, le nourrisson s'endort aussitôt. Cela permet à R. Spitz d'affirmer que le seul «affect» observable à la naissance est le déplaisir, sa contrepartie n'étant pas le plaisir mais la quiétude.

En fait, des études plus récentes[18] ont montré que dès le troisième ou le quatrième jour déjà, l'enfant prête attention à des objets en mouvement, les suivant des yeux et même tournant la tête pour mieux les suivre. Il n'en reste pas moins cependant que ses réactions sont avant tout commandées par les perceptions intéro- et proprioceptives, c'est-à-dire émanant de son propre corps (faim, malaise dû à des couches mouillées, au froid, modifications de l'équilibre, etc.). C'est d'abord par l'intermédiaire de celles-ci que s'exerce l'influence de l'environnement : très tôt certaines réponses conditionnées apparaissent, qui témoignent que des signaux sont perçus au niveau de la sensibilité profonde. On ne sera pas étonné d'apprendre que ces premières réponses sont liées à l'expérience privilégiée de l'allaitement. Ainsi, dès la huitième tétée en moyenne (au plus tôt dès la quatrième, au plus tard dès la douzième), on peut observer un «comportement d'approche anticipé» décrit par Call[19] lorsque la mère prend le nourrisson dans ses bras et le place en position de tétée, mais avant que le visage de l'enfant ne soit en contact avec le sein maternel, il ouvre la bouche et tend son bras libre vers sa bouche et vers le sein qui s'approche. Un peu plus tard, après une semaine environ, dans la même position, le bébé tourne la tête vers la poitrine de sa mère; mais il réagit de façon identique dans les bras d'une personne étrangère... homme ou femme, ce qui montre bien qu'il n'y a là qu'une réponse à une sensation interne de modification d'équilibre. A ce niveau toutefois s'opère déjà une certaine différenciation, puisque la réaction n'a pas lieu quand l'enfant est pris de son berceau et tenu en position verticale.

Les premières réponses à la présence humaine sont provoquées par la voix. Hetzer et Tudor-Hart[20], à qui l'on doit l'observation précédente, ont étudié les comportements du nourrisson par rapport à toute une série de bruits; elles ont noté que, durant les deux premières semaines, la fréquence des réactions à la voix humaine est plus faible que celle des réactions aux autres bruits, qu'elle devient égale vers la troisième semaine et qu'enfin, à partir de la quatrième semaine, l'enfant réagit nettement davantage à la voix humaine qu'aux autres sons, et y réagit aussi de manière toujours plus spécifique. Dès la troisième semaine, la voix déclenche des mouvements de succion et, quand elle se tait, des manifestations de déplaisir. C'est là sans doute encore une réponse de l'ordre du réflexe conditionné : la voix étant associée à une expérience de plaisir (celle du repas), elle joue le rôle de signal; le partenaire n'est pas pris en considération, ni même remarqué. Entre un et deux mois, le bébé sourit en entendant la voix humaine, mais cela quel que soit le ton — amical ou sévère — de celle-ci et sans distinguer non plus entre voix familières et étrangères. Ce dernier point doit cependant être nuancé car Wolff [21], reprenant les expériences des auteurs précédents, a constaté que la voix féminine avait ici une efficacité particulière : le sourire est déclenché plus rapidement; il est aussi plus intense et peut se produire alors même que l'enfant était en train de pleurer ou, ce qui est pas remarquable encore, de recevoir son biberon. Tout indique donc que le partenaire humain occupe maintenant une place à part dans l'univers du nourrisson et que les réactions à son endroit (à sa voix) ne sont plus seulement provoquées par ou liées à la sensation interne d'un besoin ou d'une tension. Avant la fin du deuxième mois, la simple approche d'un adulte aura un effet apaisant sur le bébé qui pleure; les stimuli visuels commencent à relayer les stimuli auditifs, jusqu'ici seuls efficaces, et à partir de deux mois, c'est le visage humain qui régulièrement déclenchera le sourire, cependant que la voix perdra progressivement ce pouvoir.

Le sourire au visage humain signifie un progrès décisif dans la voie de la socialisation et marque du même coup le début du stade préobjectal. Mais il est évident que celui-ci est annoncé par les deux réactions dont on vient de parler : le sourire à la voix humaine et l'apaisement à l'approche de l'adulte. Il faut ajouter que Wolff a observé, juste avant l'apparition du sourire au regard d'autrui, une brève phase (de quelques jours à une semaine) au cours de laquelle le nourrisson fixe intensément les visages; dès les premières semaines, on constate cette tendance à fixer la figure de la mère (durant l'allaitement en particulier), mais maintenant, remarque l'auteur, le bébé fait montre d'une attention soutenue et centrée sur le regard d'autrui, et semble s'engager dans un véritable «contact œil-à-œil» (ce qui est effectivement perçu ainsi par la mère).

Le stade préobjectal. On peut considérer la réponse par le sourire au visage souriant de l'adulte comme la première réponse dirigée et intentionnelle, comme la première conduite véritablement sociale, même si, ainsi qu'on vient de le voir, la transition d'un stade à l'autre se fait insensiblement. La relation qui s'ébauchait devient plus explicite, il y a échange, tout limité qu'il soit encore.

Les observations de Spitz montrent en effet que cette première réponse sociale reste à la fois limitée et indifférenciée ; limitée au seul visage vu de face et souriant : tourné de profil, le visage ne provoque plus aucune réaction (sinon de l'étonnement, de la consternation, voire des pleurs), car il n'est pas reconnu ; indifférenciée en ce sens que non seulement le bébé sourit à n'importe quel visage, familier ou étranger, mais encore qu'il sourit à un masque, à condition qu'on le lui présente de face et en mouvement ! Autrement dit, ce n'est pas la personne d'autrui que l'enfant perçoit, c'est encore une sorte de signal constitué par une configuration privilégiée : le « visage-humain-souriant-et-vu-de-face » ; non pas même le visage dans son entier, mais l'ensemble front-yeux-nez : si l'on cache le haut du visage, l'enfant cesse de sourire tout comme dans le cas du visage présenté de profil.

Le visage n'est donc, selon l'expression de Spitz, qu'un « précurseur de l'objet » (ou encore un « préobjet ») car « ce que l'enfant y reconnaît, ce ne sont pas les qualités essentielles de l'objet libidinal »[22], mais seulement un de ses attributs extérieurs. En fait, le sourire demeure lié ici à un contexte global, constitué par l'ensemble des situations agréables et rassurantes où le bébé voit se pencher vers lui le visage souriant et mobile de sa mère ; non seulement il n'y a pas d'objet individualisé (l'enfant sourit à n'importe qui et même à un masque), mais encore la reconnaissance du partenaire reste partielle, fragmentaire, liée qu'elle est à une position unique, plus exactement à une certaine perspective, qui est celle du sujet et en dehors de laquelle tout se passe comme si l'autre cessait d'exister : le visage n'a pas de profil, pas plus que le biberon n'avait d'envers dans les expériences de Piaget.

Cependant, tout automatique et indifférencié que soit le sourire à trois mois, il n'en révèle pas moins qu'à un mode d'être impersonnel se substitue un comportement qui commence à s'énoncer en termes de relation personnelle, et qu'un premier coup a été porté à l'adualisme primitif. C'est d'autant plus vrai que certains auteurs, utilisant des critères plus fins, tels que temps de latence, intensité et durée, ont pu montrer que dès la fin du troisième mois l'enfant souriait plus facilement, plus intensément et plus longtemps à un visage humain qu'à un masque ou à une photo grandeur nature ; il convient donc, note J. Bowlby[23], de distinguer ici entre stimulus suffisant (masque, photo) et stimulus optimum (visage humain) pour rendre compte de la discrimination qui s'ébauche. Ajoutons qu'une autre conduite, dont nous avons déjà parlé et qui constitue la contrepartie de celle du sourire, vient confirmer ce début de permanence conféré à la personne d'autrui : les cris et les pleurs au départ de l'adulte, par lesquels le nourrisson exprime activement et sans équivoque un affect négatif bien lié au partenaire humain, à sa disparition.

Il est significatif que le sourire, première manifestation explicite d'un affect positif, s'adresse d'abord aux personnes et plus tard seulement aux choses : c'est vers cinq mois seulement que l'enfant sourit à la vue d'un jouet ou de son biberon ; de même, avant cinq mois, l'enfant ne pleure ni ne crie lorsqu'on lui enlève un jouet. De fait, il semble y avoir un décalage régulier, de deux mois environ, entre les comportements du bébé vis-à-vis des êtres humains et ses conduites à l'égard des choses ; on le retrouve aussi dans la réaction, ou plutôt l'absence de réaction au visage humain tourné de profil (deux à trois mois) et au biberon présenté à l'envers (cinq mois). Il n'y a là rien que de très naturel, mais nous aurons à discuter sous peu l'interprétation différente que donnent de ces faits psychologues et psychanalystes.

Entre le stade préobjectal et la période objectale proprement dite, soit entre cinq et sept ou huit mois environ, on peut à nouveau distinguer une phase de transition, caractérisée notamment par la disparition du sourire automatique : le bébé fait désormais la différence entre personnes connues et inconnues, réservant son sourire aux premières, mais sans accorder encore, parmi celles-ci, une place particulière à sa mère. Ce dernier point toutefois doit à nouveau être nuancé puisqu'ici comme précédemment, on a pu observer que les sourires déclenchés par la vue du visage maternel étaient plus immédiats, plus intenses et plus durables que ceux qui s'adressaient aux autres figures familières. Bowlby en a tiré argument pour contester certaines des positions de Spitz, et nous aurons également à y revenir plus loin. Pour l'instant, contentons-nous de noter que la capacité de discrimination de l'enfant s'affine toujours davantage, signe qu'une nouvelle étape de son organisation psychique est en voie d'être atteinte.

Le stade objectal. Cette étape, elle, sera franchie vers le huitième mois et signalée comme la précédente par une conduite bien déterminée que R. Spitz a décrite sous le nom d'« angoisse du huitième mois »[24]. A un moment donné, le nourrisson réagit par la peur à la vue d'une personne étrangère et en l'absence de sa mère : il se détourne, crie, pleure, se débat, visiblement angoissé. Selon Spitz, ce n'est pas l'étranger comme tel qui angoisse le bébé, mais la disparition de sa mère, qui l'a plongé dans une profonde insécurité. L'arrivée de l'étranger, trompant son désir de revoir sa mère, réactive son anxiété, d'où cette répudiation vigoureuse de l'intrus, aussi bien intentionné et plein de sollicitude qu'il soit, dont le seul tort est d'être là quand la mère n'y est pas. Or précédemment, l'enfant ne réagissait pas quand sa mère le quittait, pourvu qu'un autre adulte, connu ou inconnu, fût présent. C'est donc que sa mère est maintenant distinguée de toutes les autres personnes de l'entourage et qu'elle occupe dans l'univers du bébé une place unique, qu'elle est devenue son objet d'amour. « Avant cela, nous pouvions difficilement parler d'amour puisqu'il n'y a pas d'amour tant que l'être aimé ne peut être distingué des autres et pas d'objet libidinal aussi longtemps qu'il demeure interchangeable[25]. » Pour Spitz, l'angoisse du huitième mois prouve sans conteste que le niveau objectal est atteint. Selon lui toujours, il s'agit de la première manifestation d'angoisse, qui est donc ici un phénomène *normal* signalant un progrès dans le développement affectif et social de l'enfant. De là à conclure que son absence révèle un trouble de la relation objectale — l'enfant reste incapable de distinguer affectivement sa mère d'un étranger — il n'y a qu'un pas (et l'on verra en effet que chez les bébés élevés en institution et privés d'une figure maternelle, cette réaction fait défaut). Notons cependant, pour rassurer les parents, que la crise du huitième mois n'est pas toujours aussi spectaculaire et qu'elle passe aisément inaperçue.

J. Bowlby s'est vigoureusement élevé contre les thèses de Spitz[26]. Tout d'abord, la peur de l'étranger selon lui ne saurait avoir d'autre motif que l'inconnu comme tel : « Strangeness *per se* is a common cause of fear »; par conséquent il est faux d'alléguer, comme le fait Spitz, que « face à un étranger, [le nourrisson] réagit au fait que ce n'est pas sa mère ». Spitz, dit Bowlby, confond ici deux formes distinctes, quoique liées, de comportement : la crainte de l'étranger et l'angoisse de séparation. La preuve, c'est que certains enfants réagissent par la peur à la vue d'un inconnu, alors même que la mère est présente — ce que Spitz d'ailleurs ne conteste pas, puisqu'il recommande à ceux qui désirent observer expérimentalement le phénomène de l'angoisse du huitième mois « de ne pas le faire en présence de la mère. Car, poursuit-il, lorsque les manifestations de l'angoisse du huitième mois sont frustes, la seule présence de la mère suffit à les rendre imperceptibles alors qu'en son absence, elles apparaîtraient sans équivoque[27]. »

Qu'il faille ou non faire la distinction entre peur de l'étranger et angoisse de séparation, il n'en reste pas moins à expliquer pourquoi, à un certain moment, l'enfant manifeste de l'angoisse à la vue d'un visage inconnu, alors que ce n'était pas le cas auparavant. Et ici la position de Spitz nous paraît inattaquable : le bébé ne saurait éprouver cette angoisse s'il ne distinguait pas les visages étrangers du visage de sa mère. D'ailleurs certains auteurs, cités par Bowlby (notamment M. Ainsworth), ont invoqué, pour rendre compte de l'apparition tardive de la peur des étrangers chez certains enfants, la relation entre cette réaction et l'attachement à la mère : plus le développement du second est tardif, plus la première l'est aussi, ce qui va bien dans le sens de l'interprétation de Spitz.

Une autre critique formulée par Bowlby à l'encontre de Spitz, c'est qu'il a, en considérant l'angoisse du huitième mois comme le signe de l'établissement d'une véritable relation objectale, oblitéré le fait que le nourrisson est capable tout à la fois de discerner les visages familiers des non familiers et de manifester de l'attachement bien avant le huitième mois. Ce reproche nous paraît découler d'un malentendu et voici pourquoi. Bowlby se fonde sur les travaux d'auteurs tels que Wolff, Ambrose, Ainsworth — pour ne citer que les principaux — qui ont montré qu'une série de comportements relevés chez le nourrisson durant la première année étaient surtout suscités et dirigés vers la mère. C'est ainsi, on l'a vu, qu'à partir du quatrième ou du cinquième mois (encore une fois les variations sont très grandes d'un enfant à l'autre), le bébé sourira plus facilement et plus largement à la vue de sa mère qu'à la vue de tout autre visage ; que ses pleurs seront aussi plus immédiats à son départ ; que tenu dans les bras d'une autre personne, il aura tendance à regarder sa mère plutôt que quelqu'un d'antre.

De telles observations sont du plus haut intérêt puisqu'elles saisissent comment la préférence pour la mère se fait jour insensiblement et montrent que celle-ci est, d'une certaine façon, distinguée des autres membres de l'entourage plus tôt qu'on ne l'avait cru jusqu'alors. Est-ce à dire que la mère existe déjà comme Objet d'amour distinct, unique ? Certainement pas puisqu'elle demeure encore interchangeable : son absence ne provoque encore aucune désadaptation, à condition qu'une autre personne soit présente, et les différences entre les conduites de l'enfant à son endroit et celles à l'égard des autres ne sont encore que des différences de degré. Alors que Bowlby et ses collaborateurs cherchent, et réussissent de façon remarquable, à mettre en évidence le développement progressif du *comportement d'attachement* à la mère, Spitz vise pour sa part à déterminer les étapes de l'établissement du lien *objectal*. C'est l'accent qui diffère ici, porté dans le premier cas sur le comportement d'attachement comme tel, dans le deuxième sur la reconnaissance de l'Objet comme distinct à la fois de tous les autres et du sujet lui-même, distinction qui fonde seule une authentique relation. Ainsi les découvertes plus récentes n'infirment en rien, selon nous, les conclusions de Spitz quant à la signification de l'angoisse du huitième mois.

Ce qui le fait bien voir, c'est la coïncidence, dans temps, de cette crise avec les débuts du quatrième stade de Piaget : «La recherche active des objets disparus». On se souvient que cette conduite, qui apparaît vers neuf, dix mois quand les objets cachés sont des choses inanimées, est plus précoce lorsqu'il s'agit de personnes ; Piaget l'avait précisément notée à *huit mois*. Sans être entièrement constitué puisqu'il manque encore à l'enfant la faculté de se le représenter, l'objet n'en est pas moins conçu à ce moment-là déjà comme possédant une existence autonome ; il est individualisé. La preuve c'est que sa disparition provoque une désadaptation qui pousse le bébé à réagir activement pour le retrouver. Il n'en va pas autrement dans la crise de l'étranger ; Spitz écrit textuellement : « l'enfant fait d'abord preuve d'un comportement d'exploration, c'est-à-dire qu'il recherche l'objet d'amour perdu, la mère[28]. » Ensuite, ne la trouvant pas, il réagit par l'angoisse à la vue de la personne étrangère, qui trompe son attente. C'est donc parce que l'Objet est constitué que le bébé s'angoisse à sa disparition. L'angoisse est le signe, la conséquence du progrès qui s'est accompli, exactement comme l'est la recherche de l'objet disparu et comme l'était le sourire à trois mois.

Si nous insistons sur ce point, c'est parce que le fait que la mère soit le premier objet constitué et que ce soit avec elle que se noue la première relation objectale, le fait aussi que les réactions de l'enfant vis-à-vis de son entourage humain marquent régulièrement une avance sur ses conduites à l'égard des choses, ces faits ne signifient pas, comme les psychanalystes ont tendance à l'affirmer, que le développement affectif précède le développement de l'intelligence. Si la mère est l'Objet affectif par excellence, elle est aussi l'Objet cognitif par excellence : perceptions, actions, connaissances, on peut dire que tout est provoqué, développé, acquis par l'intermédiaire de la mère ; elle parle, joue, tient constamment en éveil par son activité l'attention de son enfant ; elle cherche à susciter des initiatives, à obtenir des réponses. Dans les échanges entre la mère et son enfant interviennent donc une multitude de facteurs qui sont aussi bien cognitifs qu'affectifs, les premiers déterminant la forme de ces échanges, les seconds leur contenu. Que les affects jouent ici un rôle prépondérant, c'est ce qu'ont montré à l'évidence les observations de Spitz : la privation de l'amour maternel entraîne un arrêt ou une régression de l'évolution mentale, et de façon plus générale de la structuration du Moi ; elle peut aller jusqu'à mettre en danger la vie même du nourrisson. Mais à nouveau ici, ce n'est pas par hasard si de tels troubles n'ont été relevés que chez des nourrissons séparés de leur mère *après le troisième mois* (et plus souvent encore après le sixième). C'est à ce moment en effet que le bébé commence non seulement à ressentir et à manifester de véritables affects comme le prouve l'apparition du sourire au visage humain, mais encore à prêter aux objets un début de permanence. La formule déjà citée de S. Lebovici : « l'objet est investi avant que d'être perçu » devrait en réalité s'énoncer : l'objet est investi avant que d'être *constitué*, c'est-à-dire avant d'être conçu comme un objet indépendant du sujet et de son activité.

De fait, nous croyons avec Piaget, et nous espérons l'avoir montré, que ce problème si souvent débattu de l'antériorité de l'évolution affective par rapport à celle de l'intelligence (ou l'inverse) est un faux problème : comme l'affirme l'auteur genevois, toute conduite comporte toujours à la fois un aspect cognitif et un aspect affectif; ces deux aspects sont complémentaires — ce qui ne veut pas dire, bien sûr, qu'ils soient présents au même degré — pour la bonne raison que l'un des processus ne saurait fonctionner sans l'autre : l'intelligence structure la conduite, l'affectivité la motive, elle en constitue la dynamique. Cette complémentarité est implicitement reconnue par Spitz[29] quand, à propos des affects de plaisir et de déplaisir, il écrit que les actions qui réussissent engendrent le plaisir qui à son tour pousse l'enfant à répéter celles-ci, d'où une maîtrise croissante, alors qu'au contraire il abandonne « les actions qui mènent régulièrement à l'insuccès ». Ces affects sont ainsi le moteur des activités du bébé et contribuent à orienter celles-ci, et l'auteur a raison de souligner leur influence sur le développement de la perception et de l'intelligence. Toutefois la réciproque est vraie également, la réussite ou l'échec relevant des fonctions cognitives. Mais cette complémentarité apparaît plus clairement encore, en négatif, dans la mélancolie des nourrissons séparés de leur mère, qui bloque non seulement le développement de l'affectivité mais aussi celui des fonctions intellectuelles. Inversement une arriération mentale s'accompagnera d'une arriération affective. Bref, répétons-le une fois encore, les deux évolutions sont solidaires (et solidaires aussi, cela va de soi, des processus de maturation), les progrès — ou les arrêts — dans l'un des secteurs se répercutant dans l'autre et réciproquement.

Pour en revenir à l'angoisse de huit mois, qui marque donc l'avènement de la relation objectale (bien qu'elle n'implique pas encore que l'enfant soit capable de se représenter, d'évoquer l'image de la mère absente), elle indique qu'un nouveau palier est atteint dans l'intégration de la personnalité; on peut désormais parler de l'existence d'un Moi au sens psychanalytique du terme, Moi dont la réaction du sourire à trois mois avait signalé les débuts. Ce Moi, tout rudimentaire qu'il soit encore, commence à assurer un certain équilibre entre, d'une part les échanges du sujet avec les objets, personnes ou choses, et d'autre part la satisfaction de désirs et de besoins d'origine interne.

A partir de ce nouveau stade, le comportement social du bébé va faire de rapides progrès. Des relations différenciées se nouent avec d'autres personnes de l'entourage, une sorte de hiérarchie affective s'établit qui, un peu plus tard, s'étendra également aux choses.

A ce propos, il faut dire quelques mots du rôle joué par l'attachement à certains objets particuliers. Vers la fin de la première année, il est courant de voir le bébé vouer un véritable amour à un objet, presque toujours un objet doux et mou : poupée de chiffon, bout de tissu, couche, coin de couverture, etc. ; cet objet lui devient indispensable et les mères savent bien l'importance qu'il prend à l'heure du coucher et de la séparation — l'enfant s'endort sans problème s'il peut l'étreindre ou le sucer —, sa valeur apaisante dans les moments de détresse. D.W. Winnicott[30] a introduit pour le désigner le terme d'« objet transitionnel » car, selon lui, ces « premières possessions non-moi » se situent dans une zone d'expérience intermédiaire entre le subjectif et l'objectif ou, comme il le dit encore, « entre le pouce et l'ours en peluche »; en d'autres termes, l'objet transitionnel, ressenti à la fois comme non-moi et comme « une partie presque inséparable de l'enfant » marquerait une phase de passage vers la constitution de l'objet permanent ; cependant cet aspect génétique est secondaire, sinon discutable, en ce sens que l'objet transitionnel conserve généralement sa valeur et sa fonction de défense contre l'angoisse durant plusieurs années (et, dans certains cas, jusque dans l'âge adulte). Sans entrer davantage dans les vues théoriques de Winnicott et en simplifiant, on dira que l'importance de l'objet transitionnel réside essentiellement dans sa valeur d'objet substitutif car, s'il symbolise le sein ou la mère, il les remplace surtout : la mère échappe sans cesse à l'enfant, il n'est pas en son pouvoir de la garder sous contrôle, au contraire de l'objet transitionnel, cette possession qui le garantit alors contre l'anxiété causée par le départ de la mère, en particulier au moment de l'endormissement. L'objet transitionnel est donc étroitement lié à la relation objectale. L'absence de tout phénomène transitionnel constaté dans un groupe d'enfants élevés en institution dès leur naissance[31] tend à le confirmer *a contrario*.

Ceci nous ramène aux relations avec les personnes. Parallèlement à leur différenciation et à leur hiérarchisation, le registre des émotions de l'enfant s'enrichit de toute une gamme de sentiments variés : tendresse, colère, rage, envie, jalousie. Ch. Bühler et H. Hetzer ont observé cette dernière à neuf mois — le bébé pleure quand l'adulte s'intéresse à un autre que lui —, de même que les premières manifestations de despotisme et de rivalité entre enfants. Surtout, les échanges avec autrui deviennent beaucoup plus actifs, parce que l'enfant saura désormais non seulement comprendre certains signes (gestes notamment), mais encore les utiliser à son tour comme moyens de communication et de contact. C'est ainsi qu'il tendra la main à qui lui dit bonjour, ou retournera le geste d'adieu, qu'il renverra la balle qu'on lui a lancée, etc. En imitant de la sorte les gestes d'autrui à son égard, il montre qu'il commence à en saisir la portée sociale. Inutile d'insister une fois de plus sur les liens étroits entre de tels progrès et ceux de la perception et de l'intelligence, comme aussi de la maîtrise croissante du corps et de ses mouvements, qui permettent à l'enfant de déployer une activité de plus en plus dirigée, volontaire et indépendante.

Ceci nous amène au problème de la communication, qui représente, ainsi que nous l'avons déjà dit, un des aspects fondamentaux de la relation objectale. En retraçant les étapes qui mènent à celle-ci, nous ne l'avons étudiée que du dehors; il faut voir à présent ce qui se passe à l'intérieur de la dyade mère-enfant, comment se font et se développent les échanges entre les deux partenaires.

LA COMMUNICATION AU SEIN DE LA DYADE MÈRE-ENFANT

I. *Le rôle des affects*. En présence, deux êtres foncièrement différents : l'un avec un psychisme évolué, une personnalité achevée, une individualité bien formée; l'autre privé de toute conscience, incapable de différencier le moi du non-moi, avec pour tout bagage quelques mécanismes réflexes fonctionnant au début de façon anarchique, sans aucune coordination les uns avec les autres, totalement insuffisants à assurer la survie. Et pourtant, entre ces êtres si différents, vont naître et se développer, bien avant l'apparition de la parole chez le nourrisson, avant même l'émergence de la conscience, un langage, une communication qui marqueront fortement la destinée ultérieure du petit d'homme, son histoire personnelle, qui se confond avec celle de ses relations avec autrui, l'impuissance initiale, l'entière dépendance du nourrisson à l'égard de sa mère pour la satisfaction de besoins d'ordre physiologique d'abord, psychologique ensuite, font en effet de la qualité des échanges entre les deux partenaires un facteur déterminant, car c'est de cette qualité que va dépendre la *sécurité* du bébé, condition *sine qua non* de la bonne formation de son Moi et du développement harmonieux de sa personnalité. Mais il serait faux de croire que la nature des échanges entre la mère et son enfant n'a d'effet que sur ce dernier : sans être aussi déterminante, puisqu'elle n'a pas de valeur formative, elle n'en exerce pas moins une influence très importante sur les attitudes conscientes et inconscientes de la mère. Comme le souligne S. Lebovici[32], la mère elle aussi est sécurisée ou désécurisée selon qu'elle obtient ou n'obtient pas des réponses gratifiantes de la part de son bébé; et par réponses gratifiantes, il faut entendre aussi bien ces indices d'un développement normal que sont les repas expédiés sans problème, l'augmentation régulière du poids, un bon sommeil, etc. que les réactions, plus tardives, d'ordre psychologique, telles que le sourire par exemple. L'auteur cité illustre ces processus circulaires d'actions et de réactions entre la mère et l'enfant par le cas du bébé « gros et bon mangeur » qui peut « détendre une mère anxieuse et perfectionniste », et par là même modifier certains aspects de la relation au sein de la dyade. Inversement la mère peut se sentir frustrée lorsque l'enfant ne répond pas à son attente, s'obstiner et durcir son attitude ; il faut penser aussi au rôle néfaste de « certaines disharmonies d'évolution qui infligent de profondes blessures narcissiques à des mères déjà sensibilisées par la structure de leur personnalité »[33]. Nous touchons ici un point essentiel, à savoir l'importance du passé psychologique de la mère, de ses rapports antérieurs avec ses parents, de la façon dont elle a elle-même vécu la relation primitive avec sa propre mère. A cela s'ajoutent naturellement aussi ses relations actuelles avec son entourage, et au premier chef avec le père de l'enfant. S'il y a conflit ou désaccord, relève Spitz, ils se réfléchiront inévitablement sur le développement de l'enfant, et la réflexion en sera même « amplifiée comme dans un miroir déformant ». Du côté de la mère, la communication va donc d'emblée s'établir sur deux plans différents : les signaux émis par le nourrisson sont perçus d'une part au niveau conscient — la mère les interprète et y répond de manière à soulager la tension du bébé, en le prenant dans ses bras pour lui donner le sein ou pour le bercer, en changeant ses langes, etc. ; et d'autre part au niveau inconscient, où les réponses sont purement affectives et non intentionnelles, susceptibles même de prendre l'allure d'un réflexe conditionné, comme en témoigne cet exemple frappant noté par Spitz[34] alors qu'il observait deux mères et leur bébé : « L'une de celles-ci, Mary, avait sevré son bébé quelques jours auparavant. L'autre, Jane, nourrissait encore le sien. Les deux femmes étaient en train de bavarder lorsque le bébé de Jane, à côté d'elle dans un landau, se mit à s'agiter et indiqua, par des cris de plus en plus forts, qu'il avait envie d'être nourri. Jane se prépara à l'allaiter, tandis que le bébé impatient continuait à crier à qui mieux mieux. A ce moment, deux taches humides apparurent sur le chemisier de Mary indiquant que la communication du bébé avait mis en branle sa fonction autonome et qu'elle y réagissait en sécrétant du lait, quoiqu'elle eût arrêté de nourrir plusieurs jours auparavant. »

« Les deux niveaux auxquels la mère reçoit et perçoit les communications relatives à l'allaitement, poursuit l'auteur, se manifestent clairement dans cet exemple. On peut difficilement surestimer le rôle que jouent, pour ses relations avec l'enfant, les attitudes inconscientes de la mère envers le fait d'*avoir* un enfant en général, et envers l'individualité de son *propre enfant*[35] en particulier. »

C'est dire qu'entre les réponses données sur le plan conscient et celles provenant de l'inconscient, il pourra y avoir coïncidence ou bien contradiction, antagonisme ; telle mère par exemple sera parfaite dans les soins accordés à son enfant, le nourrissant aux heures voulues, scrupuleusement attentive à son hygiène, à son bien-être, etc., alors qu'en profondeur, ses réactions seront négatives ou ambivalentes. Or c'est précisément ces réactions-là que, mystérieusement, l'enfant percevra et enregistrera au contact du corps de sa mère, au travers de ses gestes, de sa façon de le toucher, de le prendre, de lui donner le sein.

Ces signaux provenant des attitudes inconscientes de la mère, imperceptibles de l'extérieur, vont jouer un rôle capital dans l'établissement de la relation objectale, dans l'organisation du Moi, exercer leur influence sur le développement de l'enfant dans tous les secteurs de sa personnalité. Contradictoires, variables, inconsistants, comme c'est le cas par exemple chez des mères trop anxieuses, instables ou hostiles, ils plongent l'enfant dans l'insécurité. Or la sécurité, nous l'avons déjà dit, est aussi indispensable au nourrisson que le lait de sa mère ; là où elle fait défaut, on assiste immanquablement à l'éclosion de troubles somatiques ou somato-psychiques : moindre résistance aux maladies, perte de poids, retard ou arrêt du développement psychologique, par exemple : absence de la réaction du sourire vers trois mois, de la crise d'angoisse de huit mois, retard aussi dans la manipulation des objets. Les remarquables travaux de Spitz ont révélé dans toute leur ampleur les effets catastrophiques de la carence affective maternelle. Cette carence peut avoir deux causes : la séparation d'une part et l'incapacité de la mère à jouer son rôle d'Objet sécurisant d'autre part.

La mélancolie des nourrissons séparés de leur mère a été observée chez des bébés privés de leur mère « *après un minimum de six mois de bonnes relations* »[36] et placés en milieu hospitalier (d'où le nom de « syndrome d'hospitalisme ») ; ces bébés étaient pourtant pris en charge par des nurses diplômées et parfaitement soignés. Durant le premier mois de séparation, le nourrisson pleure, se montre exigeant et s'accroche à l'observateur. Au cours du deuxième mois, les pleurs se transforment en gémissements, le poids diminue de façon régulière, les tests indiquent un arrêt du développement. Le mois suivant, il n'y a plus seulement arrêt, mais régression : le quotient de développement s'abaisse rapidement ; l'enfant se couche à plat ventre (position pathologique), refuse tout contact avec l'entourage, refuse aussi toute nourriture et ne dort plus. L'expression de son visage se fige. Après le quatrième mois de séparation, c'est la léthargie la plus complète : ni pleurs ni gémissements, le regard est immobile, rigide, le retard moteur et intellectuel ne cesse d'augmenter. Selon Spitz, c'est ici la période critique : si la séparation dépasse cinq mois, les troubles tendront à devenir irréversibles. Pour beaucoup de ces petits abandonnés, ce sera la mort ou, sinon, le marasme et un état voisin de l'idiotie.

Par contre, si avant ce seuil critique de cinq mois, la mère est rendue à l'enfant, c'est la guérison rapide, presque miraculeuse ; « les suites de cette intervention sont tellement surprenantes, écrit l'auteur, qu'il faut les avoir vues pour y croire »[37] : le bébé sort de sa léthargie, reprend vie, les troubles disparaissent, le quotient de développement s'élève aussi vite qu'il s'était abaissé pour rejoindre puis dépasser le niveau atteint avant la séparation. Par la suite cependant, Spitz a exprimé des réserves quant à l'étendue de ce rétablissement : « ... je doute que cette guérison soit totale : je suppose que ce désordre laissera des traces qui apparaîtront avec les années, mais nous n'en avons pas encore de preuves concluantes »[38]. Les travaux ultérieurs ont malheureusement confirmé cette présomption ; il semble bien qu'une telle expérience laisse effectivement des séquelles, ne serait-ce que sous forme d'une fragilité plus grande de la personnalité et d'une prédisposition accrue à l'anxiété.

L'apparition de ces états dépressifs chez des nourrissons privés de leur mère est liée à une série de circonstances bien déterminées : l'âge du bébé au moment de la séparation, son placement en milieu hospitalier, la qualité de ses relations préalables avec sa mère. C'est avant tout au cours du deuxième semestre de la première année que la séparation entraîne des troubles aussi graves ; nous ne nous en étonnerons pas puisque la relation objectale s'établit précisément durant cette période ; nous l'avons vu s'annoncer à six mois par la disparition du sourire automatique, signe d'une première distinction entre personnes familières et méconnues, et s'instaurer à huit mois, l'angoisse de l'enfant en présence d'une personne étrangère indiquant que sa mère est devenue l'Objet unique. Il arrive, plus rarement, que le bébé privé de l'affection maternelle entre trois et six mois (jamais avant) sombre lui aussi dans la mélancolie ; là aussi elle peut s'expliquer puisque c'est à partir du troisième mois que les réactions du nourrisson cessent d'être de simples réflexes pour prendre une nuance spécifiquement affective et que la communication entre la mère et son enfant devient, *de part et d'autre* (comme on le verra plus loin) une communication d'affects; en d'autres termes, que même au niveau archaïque où se situent ces échanges s'établit une certaine réciprocité. On conçoit que leur interruption brutale puisse à ce moment déjà perturber gravement l'enfant.

Les méfaits de la séparation seront atténués selon l'âge du bébé, ou supprimés si la mère est remplacée par un substitut adéquat, c'est-à-dire une personne qui tienne lieu à l'enfant de la mère qu'il a perdue, lui distribuant autant d'amour et de tendresse. Rien de tel dans nombre de milieux hospitaliers où les nurses, aussi dévouées soient-elles, sont obligées de s'occuper de dizaines de nourrissons à la fois et se trouvent dans l'impossibilité matérielle de se consacrer à un seul.

Depuis les premières observations de Spitz, une série impressionnante de travaux ont été consacrés à l'étude du comportement du nourrisson, ou du jeune enfant, séparé de sa mère et placé en institution (hôpital, pouponnière, etc.). Ceux de J. Bowlby et de ses collaborateurs (notamment J. Robertson), sont sans doute les plus systématiques et les plus complets et nous aimerions en rapporter ici quelques aspects essentiels.

Les principales thèses de Bowlby, qui a formulé une véritable théorie de la séparation[39], peuvent se résumer comme suit :

1. A partir de l'âge de six mois et jusqu'à trois ou quatre ans, toute séparation d'avec la mère, même de brève durée, représente pour l'enfant une expérience traumatisante. Contrairement à l'opinion de Spitz, la première année n'est pas plus critique à cet égard que les suivantes.

2. Au cours de la séparation (dans le cas de bonnes relations avec la mère et à condition qu'il n'y ait pas eu de séparation antérieure), le comportement de l'enfant passe par trois phases que Bowlby nomme : protestation, désespoir, détachement.

3. La détresse de l'enfant est identique dans son contenu et dans ses manifestations au deuil de l'adulte frappé par la perte d'un être cher.

Commençons par décrire les trois séquences de comportement isolées par Bowlby, qui se fonde avant tout, dans son élaboration théorique, sur les observations de J. Robertson. Nous passerons ensuite au point 1 en relatant une étude expérimentale menée par ce dernier auteur et sa femme. Quant au point 3, qui ne nous intéresse pas directement ici, nous le laisserons de côté.

Protestation, désespoir, détachement. Bowlby a soin de souligner que chacune de ces phases se prolonge en réalité dans la suivante, « si bien qu'un enfant peut, pendant des jours ou des semaines, se trouver dans un état de transition d'une phase à l'autre, ou d'oscillation entre deux phases »[40].

La phase initiale de protestation peut « débuter immédiatement ou être différée ; sa durée va de quelques heures à une semaine ou davantage[41] ». Avec des pleurs et des accès de colère, l'enfant réclame sa mère, utilise tous les moyens dont il dispose pour la faire revenir ; tout son comportement témoigne qu'il espère, qu'il s'attend à son retour.

Durant la deuxième phase, cet espoir semble progressivement abandonné et l'enfant tombe dans un état de profonde affliction. Il devient passif, pleure silencieusement, cesse de solliciter l'entourage et se replie sur lui-même. Parce que c'est une phase tranquille par rapport à la précédente, remarque Bowlby, on y voit parfois, bien à tort, l'indication que la détresse s'atténue.

La phase de détachement peut susciter une interprétation plus erronée encore : l'intérêt que l'enfant recommence à témoigner à ce qui l'entoure, personnes et choses, donne le change et est pris pour un signe de guérison. Or, lorsque sa mère vient lui rendre visite ou le chercher, il se passe cette chose étrange que l'enfant, loin de fêter son retour, demeure indifférent, semblant même parfois ne pas la reconnaître. Et si la séparation se prolonge au-delà d'une certaine durée — Bowlby indique le seuil critique de six mois — le sujet risque fort de rester fixé à cette phase de détachement : « il deviendra de plus en plus égocentrique et, au lieu de diriger ses désirs et ses affects vers les personnes, il se préoccupera de choses matérielles telles que sucreries, jouets et nourriture... Les jours de visites, il cessera de manifester des sentiments à l'arrivée et au départ de ses parents[42] », tout en s'intéressant avidement aux cadeaux qu'ils lui apportent. Souvent, il apparaîtra insouciant et joyeux, à l'aise et sans crainte avec tout le monde. Mais cette sociabilité ne sera que de surface, masquant en réalité une indifférence profonde à autrui. De mécanisme de défense qu'il était au début (selon Bowlby, le désir de retrouver la mère perdue et les griefs à son endroit sont refoulés), le détachement s'est transformé en une attitude durable.

Le comportement de l'enfant à son retour à la maison a également fait l'objet d'observations et d'enquêtes auprès des parents. Il dépendra de la phase atteinte pendant le séjour en institution, de la durée de celui-ci, de la fréquence des visites de la mère ; peu ou prou, il sera toujours perturbé et il faudra quelque temps avant qu'il ne redevienne ce qu'il était avant la séparation (à moins que celle-ci n'ait dépassé le seuil des cinq [Spitz] ou six [Bowlby] mois). Pour Bowlby, répétons-le, la séparation d'avec la mère provoque toujours chez l'enfant une détresse intense, que la présence d'un substitut maternel peut atténuer, mais non supprimer. Pourtant l'importance cruciale de cette présence nous paraît démontrée de façon exemplaire par l'étude de James et Joyce Robertson dont nous allons parler maintenant[43].

Jusqu'à celle-ci les effets de la séparation n'avaient guère été observés qu'en milieu institutionnel; d'un auteur à l'autre, les données étaient souvent très hétérogènes, qu'il s'agisse de l'âge des enfants, de leur milieu familial, du type d'institution où ils étaient placés, de la durée du séjour, des motifs qui avaient rendu celui-ci nécessaire, etc. Il était difficile de faire la part de ce qui était dû à la perte de la mère, au placement dans un milieu étranger, à l'absence d'un substitut maternel. Aussi, désireux d'étudier la séparation *per se* en même temps que de déterminer de façon rigoureuse le rôle de ces différentes variables, J. Robertson et sa femme procédèrent-ils de la façon suivante : combinant la fonction d'observateurs et de parents adoptifs, ils accueillirent dans leur foyer, un à un, quatre enfants dont les mères allaient entrer à la maternité pour la naissance d'un second bébé; la séparation devait être d'une dizaine de jours (en fait, pour deux des sujets, elle fut respectivement de 19 et 27 jours); l'âge des enfants variait de dix-sept à vingt-huit mois; tous vivaient avec leurs deux parents; c'était la première fois qu'ils étaient séparés de leur mère; les relations avec celle-ci étaient excellentes. La séparation fut très soigneusement préparée : chaque enfant put se familiariser au préalable avec ses futurs parents « adoptifs » et leur home, emmener chez eux les objets familiers de son environnement (son lit, ses jouets favoris, ainsi qu'une photographie de sa mère). De son côté, la mère « adoptive » se fit chaque fois mettre au courant des habitudes de l'enfant, de ses goûts et de ses aversions. Ainsi le dépaysement fut réduit au minimum et la séparation eut lieu dans des circonstances aussi favorables que possible. Chaque enfant eut aussi régulièrement la visite de son père.

Le comportement de ces quatre enfants fut comparé à celui d'un cinquième sujet, John (17 mois), « choisi » dans des conditions identiques (âge, motif et durée de la séparation, bonnes relations avec les deux parents) mais qui fut placé, sur le conseil du médecin de famille, dans une pouponnière. Là, il se trouva en compagnie d'enfants de son âge — dont la plupart étaient dans l'institution depuis leur naissance —, et pris en charge par de jeunes nurses qui ne s'occupaient pas d'un enfant en particulier, mais des uns ou des autres selon les circonstances et les moments. John eut lui aussi les visites régulières de son père. Comme celui des enfants « adoptés », son comportement fut observé et filmé par les auteurs pendant les neuf jours que dura la séparation.

Les résultats de cette étude comparative sont éloquents. Aucun des quatre enfants recueillis ne manifesta la détresse et le désespoir tant de fois décrits dans la littérature. Certes ils montrèrent des signes de tension et d'anxiété, mais, parce qu'ils ne furent à aucun moment submergés par leurs affects, ils purent, relèvent les auteurs, utiliser leurs ressources intérieures pour faire face à la perte de la mère ; ces ressources furent étayées par la relation de plus en plus étroite nouée avec la mère « adoptive », de sorte que tout au long du séjour, l'angoisse se trouva maintenue à un niveau où l'enfant pouvait la maîtriser. Le retour à la maison ne posa pas de problème.

Il en alla tout autrement pour John. Il faut avoir vu le film poignant tourné par J. Robertson pour croire qu'en l'espace de neuf jours un enfant bien portant, gai et sociable puisse s'effondrer au point de devenir un pauvre petit être désespéré, prostré et insensible à toute marque d'attention. Pourtant, les deux premiers jours, John résista vaillamment à l'épreuve de la séparation et du dépaysement. Eminemment confiant, il tenta de nouer une relation avec les nurses qui se succédaient auprès de lui, mais aucune n'avait vraiment le temps pour cela ; entouré d'enfants bruyants et agressifs, il réussit néanmoins à jouer de façon constructive, en s'isolant, à l'abri de leur brouhaha. A partir du troisième jour, la situation se détériora et bientôt sa détresse n'eut plus de bornes. Ses tentatives pour s'approcher de l'une ou de l'autre des nurses (qui changeaient sans cesse), rendues le plus souvent vaines par la présence de ses pairs, plus accapareurs et surtout plus habiles et plus combatifs, se firent de moins en moins nombreuses, puis cessèrent. Son seul recours fut alors un énorme ours en peluche, plus grand que lui, qu'il ne quitta plus, passant des heures affalé sur lui dans un coin ou sous une table, pleurant sans bruit et refusant de manger. A la fin du séjour, il était tombé dans un état de mélancolie si profonde que plus rien ni personne ne pouvait lui apporter le moindre réconfort ; en quelques jours, il était devenu le plus misérable de ces enfants abandonnés.

La réunion avec la mère fut dramatique : prostré sur les genoux d'une nurse, quand il la vit entrer, il fut, écrivent les auteurs, soudain « galvanisé » ; il se mit à hurler, mais au lieu de courir vers elle, il ne lui lança qu'un bref et furtif regard et, détournant la tête, se rejeta contre la nurse avec une expression affolée ; plusieurs fois, il la regarda ainsi, toujours en se détournant aussitôt. Lorsque après quelques instants sa mère voulut le prendre sur ses genoux, il se débattit en poussant des cris perçants, descendit à terre et courut vers l'observatrice. Celle-ci, après l'avoir calmé le rendit à sa mère. Pelotonné sur ses genoux, il continua à ne pas la regarder. Sur ces entrefaites, le père arriva ; John aussitôt se précipita dans ses bras ; il cessa alors de pleurer et pour la première fois regarda sa mère en face, «un long regard sévère», qui fit dire à celle-ci : «il ne m'a jamais regardée ainsi». (On saisit bien ici l'amorce de la phase de détachement.)

Les suites de cette douloureuse séparation furent longues à disparaître. Durant les premières semaines après son retour à la maison, John fut sujet à de violents accès de colère, eut une attitude de rejet total à l'égard de ses parents, se montra destructeur dans ses jeux. La deuxième semaine, il se calma, passant la plupart du temps à jouer tranquillement dans sa chambre ; mais la troisième vit se produire une brusque aggravation : accès de colère, refus de manger, mauvais sommeil, agitation pendant le jour, tendance aussi à s'accrocher à ses parents. Après un mois, John alla beaucoup mieux ; mais ce rétablissement était précaire encore, comme le fit voir une visite de Robertson, visite qui, pour quelques jours, replongea l'enfant dans son état antérieur. Une seconde visite trois semaines plus tard (sept après le retour à la maison) provoqua une nouvelle rechute, qui cette fois dura cinq jours. A l'âge de quatre ans et demi, c'est-à-dire trois ans après le séjour en pouponnière, John était devenu, nous disent les auteurs, «un beau petit garçon plein d'entrain, qui faisait la joie de ses parents». Deux traits cependant inquiétaient ceux-ci : sa peur de perdre sa mère et des accès périodiques et sans motif d'agressivité contre elle, traits que les auteurs rattachent à l'expérience traumatisante vécue.

Ces observations se passent de commentaires. Ce que nous voudrions souligner pourtant et que le lecteur aura sans doute noté, c'est que les réactions de John, dans un laps de temps beaucoup plus court, sont identiques à celles des nourrissons décrits par Spitz ; autrement dit que neuf jours de séparation ont suffi à provoquer chez lui une véritable «dépression anaclitique». C'est assurément l'aspect le plus surprenant — et le plus consternant — de l'étude rapportée. Quant au rôle vital du substitut maternel, il est parfaitement démontré. On ne répétera donc jamais assez qu'un enfant séparé de sa mère et placé dans un milieu étranger doit avoir la possibilité de nouer une relation affective privilégiée avec une personne de son nouvel entourage, de façon que ses besoins émotionnels puissent être satisfaits. Que la chose ne soit pas impossible en institution, contrairement à ce qu'on allègue si souvent, c'est ce qu'on verra en lisant le livre que M. David et G. Appel ont consacré à la pouponnière hongroise de Löczy[44]. Là, tout a été pensé et organisé de manière à éviter aux enfants (placés dès les premiers mois de leur vie et en général pour une durée de un à deux ans) les conséquences désastreuses de l'absence de la mère et de la vie en milieu institutionnel. C'est ainsi notamment que chaque enfant peut développer un attachement durable avec l'une des nurses (il y a trois nurses pour neuf enfants, chacune s'occupant plus spécialement de trois d'entre eux); les soins sont «aussi individualisés que possible», le maternage «réfléchi et défini dans son déroulement». Les résultats sont remarquables : durant leur séjour à Löczy, les auteurs ont été frappées par le développement harmonieux des enfants, tant physique que psychologique, la facilité des échanges, la rareté des conflits, le taux remarquablement bas d'agressivité. Tout en formulant certaines réserves, elles n'en affirment pas moins avec force leur conviction quant à la valeur du modèle institutionnel réalisé à Löczy. «Il parvient à préserver les enfants des carences graves, leur assure un bon développement, une organisation de leur appareil psychique et des possibilités de relation à autrui[45].»

Si nous nous sommes étendues aussi longuement sur le problème de la séparation, ce n'est pas seulement en raison de ses liens évidents avec le développement social; c'est aussi parce que l'on constate sans cesse, non sans étonnement, combien il demeure encore mal connu ou méconnu, en dépit de l'abondance des études qui lui ont été consacrées. Répétons pour finir que les réactions dépressives décrites ci-dessus ne se développent que chez le bébé ou le jeune enfant séparé d'une *bonne mère*. Spitz écrit[46] : «au cours de ces observations nous étudiâmes aussi les personnalités des mères elles-mêmes et leurs rapports avec leur enfant. Nous découvrîmes, ce qui ne devait surprendre personne, que les résultats de la séparation étaient funestes seulement lorsqu'au préalable ces rapports étaient bons. Quand ils étaient au contraire franchement mauvais et que la mère détestait ou maltraitait son enfant, les résultats de la séparation consistaient en une rapide amélioration du profil des quotients de développement.» Autrement dit, la mère qui rejette son enfant compromet gravement l'évolution de celui-ci, et la séparation devient alors bénéfique.

La cause ici est entendue. Mais *l'incapacité à jouer le rôle d'Objet sécurisant* n'est pas seulement le fait de mères dénaturées. Nous avons vu qu'elle pouvait tenir aussi, c'est le cas le plus fréquent, à une personnalité névrotique et notamment à une ambivalence profonde. Sans avoir des conséquences aussi néfastes que la séparation d'avec une bonne mère ou que le contact prolongé avec une marâtre puisque l'affection, bien qu'instable ou ambivalente, est là quand même, les déviations psychiques de la mère n'en provoqueront pas moins en général des troubles divers chez l'enfant qui laisseront des traces jusque dans son comportement d'adulte.

Ceci nous ramène au problème de la communication entre la mère et son enfant. Nous avons commencé par le pathologique, c'est-à-dire par les cas où les échanges sont soit interrompus, soit de mauvaise qualité, parce que de tels cas non seulement démontrent l'importance de ces premiers échanges mais aussi en éclairent le déroulement *normal*.

Lorsque les attitudes affectives profondes de la mère sont positives, elles prennent une efficacité remarquable ; elles aiguisent sa connaissance des besoins et des désirs de son enfant, connaissance qui devient alors intuition, prescience, « instinct » ; les signaux émanant de son inconscient sont stables et cohérents ; tout se conjugue pour donner au nourrisson la sécurité qui lui est si nécessaire. Car, par l'intermédiaire des signaux que lui offre sa mère, il va peu à peu introjeter « l'image en miroir que lui fournit l'attitude de l'Objet envers lui et le processus narcissique de l'estime de soi commence avec cette possibilité de se sentir bon parce qu'on sent la mère bonne »[47]. Bien sûr, au niveau primitif où s'effectuent ces échanges préverbaux, échanges d'affects, non dirigés, échappant de part et d'autre — pour des raisons différentes — à l'intention et à la conscience, les choses ne sont pas aussi explicites. Il n'en demeure pas moins vrai que de la sécurité engendrée par ces premiers échanges découlera à son tour, mais plus tard, l'estime de soi. Il vient un moment en effet où, la relation objectale dûment établie et stabilisée, l'enfant, comme l'écrit Lebovici, se sent bon parce que sa mère l'aime. Au cours de l'évolution ultérieure, ce sentiment cessera de dépendre exclusivement de l'amour de l'Objet ; le sujet acquerra un sentiment plus autonome, c'est-à-dire plus intériorisé, de sa valeur personnelle ; autonomie très relative encore durant la seconde et même la troisième enfance, que nous verrons chanceler à l'adolescence où l'estime de soi se trouve entièrement remise en question, et qui, si tout va bien, s'affirmera de façon définitive à l'âge adulte. Comme tant d'autres traits de la nature humaine, la valorisation de l'être s'enracine donc elle aussi dans la relation primitive avec la mère ; toute faille ici fera du nourrisson un enfant puis un adulte désécurisé et, partant, dévalorisé, victime de sentiments tenaces d'infériorité. Si tous les « complexes d'infériorité » ne remontent pas à la petite enfance, beaucoup pouvant être dus à des avatars ultérieurs, l'insécurité ou plutôt l'asécurité entraînée par une carence maternelle durant la première année s'accompagne invariablement d'une « avalorisation » de l'individu[48].

II. *Les débuts de la communication intentionnelle.* Dans les pages qui précèdent, nous avons constamment utilisé le terme de signal, mais sans préciser une chose essentielle, à savoir que si l'on se place du point de vue subjectif du bébé, ce terme de signal est dépourvu de sens. Au cours des trois premiers mois de son existence, les réactions du nourrisson ne sont que de simples décharges provoquées par un état de tension; ses cris d'affamé par exemple, ne sont absolument pas des appels, mais l'expression externe du malaise créé par la faim. Ils ne prennent valeur de message que pour la mère. Or c'est là, ainsi que Spitz à la suite de Freud l'a montré et développé, un fait capital dans lequel il faut voir ni plus ni moins que la genèse des processus humains de communication. C'est la conjonction entre l'impuissance totale du nouveau-né à subvenir au moindre de ses besoins et l'aptitude de la mère à les discerner et à les satisfaire qui est à l'origine de la capacité de l'être à comprendre et à se faire comprendre de son prochain, capacité qui conditionne tout son développement. De simples processus réflexes acquièrent, *du seul fait de l'inégalité des partenaires en présence*, une fonction secondaire de communication. Cette fonction n'entre en jeu tout d'abord que du côté de la mère; si l'on se place sur le plan *conscient* et *cognitif*, la communication commence par être à sens unique, plus exactement elle sera non intentionnelle de la part du bébé, dirigée et volontaire de la part de la mère. Le comportement du premier joue le rôle d'indice et, comme tout indice, il véhicule une information qui, de par la nature du lien unissant la mère et son enfant, est interprétée par celle-là comme un message et un appel.

Parce que ses états de tension sont régulièrement soulagés, ses besoins assouvis par la mère, le nourrisson devient peu à peu capable, grâce au développement de son psychisme, de saisir les heureuses conséquences de ses cris ou de ses pleurs; ceux-ci prendront donc pour lui aussi la signification d'un appel, acquerront en plus de leur fonction de décharge, la fonction secondaire d'une communication. Ainsi se trouveront posés les premiers jalons du langage. « Au fond, a dit fortement Merleau-Ponty, ce n'est pas seulement le mot maman qui est le premier que l'enfant prononce, c'est tout le langage qui est pour ainsi dire maternel[49]. » Au début du stade dont nous parlons, c'est-à-dire à partir du troisième mois, il va de soi que la valeur significative de ses réactions, le nourrisson ne la perçoit encore que de façon très vague et confuse : ses cris ne sont que des moyens de faire réapparaître les « tableaux » particulièrement intéressants que sont les personnes; son sourire, que, tout naturellement la mère interprète déjà comme un message de tendresse, comme une réponse à sa propre affection (et c'est bien pour cela qu'elle réagit parfois par des sentiments inconscients de frustration au retard ou à l'absence de l'apparition du sourire), ce sourire n'est en réalité, nous l'avons vu, qu'une réponse automatique à une configuration privilégiée : le visage humain souriant et vu de face. S'il marque donc une première différenciation entre personnes et choses, le sourire n'en demeure pas moins une réaction indifférenciée à l'égard de celles-là. Mais avec la maturation des facultés sensorimotrices, la coordination des différents schèmes de comportement, qui impriment à celui-ci un caractère toujours plus intentionnel et dirigé ; grâce surtout à l'activité de la mère — fortement motivée d'ailleurs par des « erreurs d'interprétation » comme celle dont nous venons de parler — qui cherche sans cesse à susciter et à développer l'activité de son enfant, la communication va elle aussi devenir chez celui-ci de plus en plus dirigée et consciente. Au langage « expressif », informulé et purement affectif se substitue ou se superpose (car elle ne l'abolit pas) de façon graduelle une communication à distance, par gestes d'abord, plus tard par la parole ; peu à peu, le bébé disposera à son tour, comme c'était d'emblée le cas chez sa mère, de deux registres, émotionnel et inconscient d'une part, conscient et cognitif d'autre part, pour percevoir, recevoir les signaux en provenance du partenaire et pour y répondre.

L'avènement de la relation objectale, qui met fin au régime de l'« unité-à-deux » (Odier), marque le passage de la passivité à l'activité dans l'expression des sentiments ; plus précisément, elle marque l'apparition des sentiments, dans la mesure où l'on peut les définir comme des affects s'adressant à un être (ou à un objet) identifié et individualisé. Jusque-là, le bébé recevait passivement l'amour et les soins de sa mère, incapable de manifester autrement que par un sourire, des cris ou des pleurs son « accord » ou son « désaccord » avec telle attitude ou telle décision maternelle, et, si l'on accepte la distinction faite ci-dessus, d'éprouver et de lui témoigner des sentiments en retour. Maintenant, il répond par des signes non équivoques à sa tendresse : il l'embrasse, lui tend les bras ; maintenant seulement la mère devient « ce qu'elle a cru être pour lui depuis le jour du premier sourire »[50]. Paradoxalement, ce peut être là pour la mère un moment difficile, et qui en tout état de cause exige d'elle une réadaptation psychologique, puisqu'elle va désormais devoir « se poser par rapport à un être qui bien qu'issu d'elle-même n'est plus elle »[51].

Cette distance, à la fois psychique et physique (liberté croissante de mouvement) qui s'instaure entre l'enfant et sa mère, la locomotion va l'accroître singulièrement, et du même coup obliger la mère à des comportements nouveaux : elle ne peut plus aller et venir à son gré, assurée de laisser son bébé en sécurité dans son berceau : indépendant désormais dans ses déplacements — à quatre pattes d'abord, sur ses deux pieds ensuite — il touche à tout, saisit tout, échappant sans cesse à l'attention la plus vigilante, courant mille périls, réels ou imaginaires. A chaque instant, la mère doit intervenir : l'heure des ordres et des défenses a sonné.

La soumission de l'enfant aux interdictions de sa mère implique deux choses : premièrement, qu'il comprenne la signification du « Non », qu'il s'agisse du mouvement de dénégation de la tête ou du mot lui-même — Spitz a consacré un remarquable ouvrage à l'étude de ces signes universels de communication que sont le Non et le Oui[52] et nous en résumerons tout à l'heure quelques-uns des aspects principaux —; deuxièmement, il faut que l'enfant soit capable de tolérer la frustration, autrement dit de renoncer à un plaisir immédiat pour une gratification dans le futur. Le désir d'approbation l'emporte ici sur la satisfaction matérielle : le désir d'être aimé, la peur de ne l'être plus sont les mobiles qui poussent l'enfant à se plier aux exigences de sa mère; la crainte de perdre l'Objet d'amour, dont l'angoisse de huit mois était une des manifestations, est remplacée par celle de perdre l'amour de l'Objet, ce qui montre bien la permanence attribuée à ce dernier et la stabilité d'une relation qui s'inscrit désormais dans la durée. En termes plus généraux, on dira avec Freud qu'au « principe du plaisir » qui est celui de l'assouvissement immédiat et le seul que connaisse le Ça, s'est substitué peu à peu le « principe de réalité » qui régit le Moi, précisément chargé, rappelons-le, de veiller à l'adaptation au réel. Ce jeune Moi, qui vient tout juste de se former, demeure, est-il besoin de le souligner, extrêmement fragile et chétif devant les pulsions du Ça; mais il commence à être en mesure sinon toujours de leur imposer silence, du moins de leur donner une expression compatible avec un comportement socialisé.

La compréhension du geste de négation : le mouvement de rotation de la tête accompagné du mot « Non », intervient au cours des trois premiers mois de la seconde année; leur emploi par l'enfant à partir de quinze mois seulement. Mais entre les deux il y a une phase de transition où le petit sujet utilise geste et mot en quelque sorte à tort et à travers : il secoue la tête en disant « Non » à tout mais n'en accomplit pas moins ce qu'on lui demande de faire, tend la main vers l'objet qu'on lui offre, etc. Ceci montre d'une part l'importance de l'imitation dans le développement de la communication, donc de l'apprentissage social en général : l'enfant s'approprie les gestes d'autrui à son égard; et d'autre part qu'il ne saisit pas encore bien la valeur sémantique du Non, laquelle suppose une élaboration conceptuelle que permet seule la représentation.

III. *Le rôle de l'imitation et de l'identification.* Ouvrons ici une parenthèse pour décrire tout d'abord la genèse de l'imitation, dont nous avons très peu parlé jusqu'ici. Un premier point acquis, c'est que la capacité de reproduire un modèle — au commencement simplement perçu, puis, avec l'apparition de la fonction symbolique, absent — n'est pas innée : comme les autres facultés humaines, elle s'acquiert et s'épanouit au contact de l'entourage; ses progrès, on retrouve toujours ici le même mouvement dialectique, conditionnent à leur tour ceux du développement social. En schématisant une évolution extrêmement complexe, dont Piaget a retracé les étapes[53], disons que durant les trois premiers mois, de la simple contagion vocale (dès les premiers jours, les pleurs d'un nourrisson déclenchent automatiquement ceux du voisin; vers le deuxième mois les pleurs cessent quand ceux du voisin s'arrêtent), cette évolution aboutit à un début très rudimentaire d'imitation : celle-ci se produit quand l'observateur répète un son que le bébé venait d'émettre et qu'il reprend alors à son tour, et même, mais de façon sporadique, quand l'observateur reproduit un son connu du bébé sans que celui-ci l'ait émis immédiatement auparavant. Entre trois et neuf, dix mois (3e stade de Piaget), le nourrisson imite de manière toujours plus systématique des gestes et des mouvements *connus* et qu'il peut rattacher à des *parties visibles de son corps* : il ne réagit pas si, par exemple, l'observateur tire la langue ou porte son doigt à la bouche. On ne s'étonnera pas d'apprendre que, parallèlement à la dissociation progressive du moi et du non-moi, l'enfant devient peu à peu capable d'imiter non seulement des «mouvements non visibles sur le corps propre» (9, 10-12 mois), mais encore des modèles nouveaux (12-18 mois). C'est durant cette période (5e stade) qu'apparaissent les premières imitations verbales des mots adultes. Enfin, c'est entre seize et vingt mois que se situent les débuts de l'imitation *différée*, c'est-à-dire la reproduction des modèles absents, qui implique la représentation. L'imitation différée signifie en effet que les modèles sont intériorisés, en d'autres termes qu'ils existent à l'état d'*images*. Piaget voit ainsi dans l'image mentale le «produit intériorisé de l'imitation». L'auteur insiste sur l'apparition *simultanée* (autour de 18, 20 mois) de la représentation au sens large, soit la pensée ou représentation conceptuelle, de la représentation au sens étroit définie par la présence de l'image (modèles internes, souvenirs), et enfin du langage. Le phénomène, selon lui, ne saurait s'expliquer que par l'émergence à ce moment-là d'une fonction nouvelle, la fonction symbolique.

Si, après ce rapide survol, nous revenons maintenant aux recherches de Spitz, nous nous rendons mieux compte du rôle de l'imitation dans les débuts de la communication sémantique. Nous avions mentionné l'apparition, après l'avènement de la relation objectale, des premières conduites imitatives traduisant le début d'une certaine réciprocité de la part de l'enfant (tendre la main, renvoyer la balle, etc.); ici cependant, les modèles proposés ne s'écartaient guère des actions spontanées de l'enfant. En revanche, l'emploi du mouvement dénégatif de la tête pour signifier le refus correspond à l'« imitation de modèles nouveaux » qui définit le cinquième stade de Piaget. Seulement cette acquisition se trouve, comme tant d'autres, profondément marquée par la nature affective du lien qui unit la mère et l'enfant. A partir du moment où celui-ci commence à marcher, la mère, nous l'avons vu, est obligée de multiplier les interdictions, qui tout naturellement seront bien plus nombreuses que les permissions et l'approbation. Pour cela, elle se sert du « Non » accompagné du signe de la tête. Au fur et à mesure que l'indépendance de l'enfant s'accroît, le « Non » sera plus fréquent et s'appliquera à des situations toujours plus variées. Cette expérience renouvelée aura tôt fait d'amener le jeune sujet à en comprendre le sens, de façon confuse d'abord, plus claire ensuite. Mais surtout ces défenses répétées, qu'elles viennent empêcher ou interrompre son action, ou encore interdire la satisfaction d'un désir, seront ressenties par l'enfant comme des frustrations et déclencheront ses pulsions agressives. Seulement cette agressivité se heurte à un Moi déjà capable de maîtriser dans une certaine mesure les pulsions du Ça. Le mécanisme de défense mis en œuvre ici par le Moi sera celui de l'« identification avec l'agresseur » (Anna Freud); l'« agresseur » et l'Objet d'amour ne sont en l'occurrence qu'une seule et même personne, dont l'enfant redoute par-dessus tout de n'être plus aimé; il serait donc dangereux de laisser la voie libre à la charge agressive accumulée à la suite des frustrations répétées infligées par les interdictions maternelles. En s'appropriant le signe de tête et le « Non » de sa mère, l'enfant donne à la pulsion agressive une expression socialisée. Le « Non » sera une manière de retourner à l'« agresseur » son agressivité. Du même coup, sur le plan conscient et cognitif cette fois-ci, l'identification à la mère frustrante va accélérer les processus de la communication sémantique : si, ainsi que nous l'avons dit plus haut, l'enfant commence par utiliser le geste et le mot « Non » à mauvais escient, un peu à la façon d'un petit perroquet et aussi par simple plaisir d'exercer une nouvelle acquisition, celle-ci ne tarde pas à prendre sa véritable fonction, qui est de signifier le refus. « Auparavant, écrit Spitz, l'enfant employait la résistance physique dans les situations de déplaisir. Maintenant il peut exprimer le refus sans avoir recours à l'action...[54] » Mais il y a plus : les premières imitations ou identifications avec les gestes d'autrui, qui apparaissent entre six et neuf mois déjà mais surtout dans le dernier quart de la première année, n'étaient que des reproductions en miroir des gestes de l'adulte ; «l'enfant se rangeait consciemment *du côté*[55] de l'adulte et s'efforçait de "faire comme il fait". Mais par la suite, l'enfant, à l'aide de processus inconscients, réussit à attacher une signification sémantique au geste du «Non» et l'emprunte à l'objet d'amour ; à ce moment, il devient capable de l'utiliser *contre* l'adulte... Le résultat du processus d'identification est un changement dans le Moi de l'enfant, survenant comme conséquence des charges affectives issues du Ça... Ce changement se manifeste dans la personnalité de l'enfant en tant qu'accroissement de l'autonomie, le rendant capable de signifier spontanément son refus par l'adoption du geste adulte[56]».

Le lecteur aura peut-être remarqué l'ambiguïté des notions d'imitation et d'identification. A notre connaissance, il n'existe aucune définition qui permette de les distinguer de façon satisfaisante l'une de l'autre. Sans entrer dans des considérations théoriques, il est possible, nous semble-t-il, d'affirmer que l'identification implique *toujours* l'imitation, alors que la proposition inverse n'est pas vraie : je peux imiter une personne, en adopter un geste, une attitude, une manière d'être sans m'identifier avec elle, simplement parce que je trouve ce geste, cette attitude, cette manière d'être agréables, élégants, distingués, efficaces, etc. ; cela revient à dire que l'imitation peut être délibérée et consciente, au contraire de l'identification qui est toujours inconsciente. L'identification serait donc une imitation inconsciente et puissamment motivée par l'affect. Dans l'exemple cité, si j'éprouve un très fort attachement pour la personne que j'imite, ou une attirance qui peut avoir toutes sortes de mobiles, positifs ou négatifs (par exemple si j'ai tendance à me dévaloriser), conscients et inconscients, alors mon imitation deviendra en partie ou complètement inconsciente, c'est-à-dire identification. Comme nous le verrons au chapitre suivant, il y a cependant des cas où l'imitation, bien qu'inconsciente, n'implique pas l'identification : les enfants de moins de sept ans s'imitent en effet les uns les autres sans le savoir parce qu'ils confondent leur point de vue avec celui d'autrui ; la raison de telles imitations réside dans l'immaturité intellectuelle de l'enfant et n'est pas d'ordre affectif, ou ne l'est que secondairement.

Il est évident que dans la relation mère-enfant, ce sont les processus d'identification qui interviennent au premier chef chez l'enfant et qui exercent une si forte influence sur son développement. Mais Spitz attire aussi l'attention sur le rôle d'un facteur qu'on néglige en général à savoir l'imitation (qui peut aller jusqu'à l'identification) du bébé *par la mère, par les parents* qui, dans leurs rapports avec ce dernier reproduisent ses vocalises, ses gestes, sa manière de parler, ses intonations, etc.

IV. *Les schèmes précurseurs du Non et du Oui selon Spitz.* Nous aimerions traiter encore un dernier aspect des recherches de Spitz sur les débuts de la communication humaine parce qu'il nous paraît à la fois très nouveau, très éclairant et bien dans la ligne de la psychologie génétique : c'est celui qui touche à l'origine de ces gestes universellement employés (même si dans certaines cultures ils sont inversés) pour signifier le «Non» et le «Oui» que sont les mouvements de tête de gauche à droite et de haut en bas. L'auteur la décèle dans les schèmes moteurs primitifs du nourrisson.

En ce qui concerne le «Non», son attention a été éveillée par un comportement caractéristique du bébé privé d'affection. On se souvient qu'après quelques mois de séparation d'avec sa mère, le nourrisson refuse tout contact avec l'entourage ; or il le fait en roulant sa tête de gauche à droite sur l'oreiller. Il ne s'agit pas là d'une conduite automatique, car elle ne survient qu'à l'approche d'une personne et à la suite d'une tentative d'entrée en matière, qui tire le bébé d'un état par ailleurs léthargique. D'autre part, ce mouvement de rotation de la tête n'est jamais utilisé par le bébé normal du même âge (c'est-à-dire entre huit mois et un an) pour signifier le refus de contact : il se détourne, baisse la tête, cache son visage ou ses yeux, etc., comme nous l'avons vu faire en présence de l'Étranger. Et l'emploi du mouvement dénégatif de la tête à la manière adulte n'a jamais été observé avant quinze mois. Il serait donc invraisemblable que le bébé privé d'affection, dont tout — observation, tests, etc. — indique l'arrêt puis la régression du développement, soit en avance sur le plan de la communication sociale et que ses mouvements «céphalogyres» négatifs aient un sens intentionnel et dirigé. Ils ont la signification d'un refus, ce qui n'est pas la même chose. Spitz émet très logiquement l'hypothèse que, quoique «doté d'une signification du point de vue de la personnalité particulière des enfants privés d'affection... ce comportement est probablement lié à un schème qui avait existé à un stade de développement antérieur»[57]. Ce schème, l'auteur l'a retrouvé dans un comportement noté dès les premières minutes de la vie extra-utérine, donc préformé : le nouveau-né, au contact du sein, cherche le mamelon par des mouvements de tête exactement semblables aux mouvements négatifs des nourrissons souffrant d'hospitalisme. Ce schème est celui du «fouissement»[58]; il disparaît graduellement au cours des trois premiers mois, par suite de l'habileté croissante du bébé à trouver et à prendre du premier coup le mamelon entre ses lèvres. C'est dire que les mouvements de tête négatifs du nourrisson séparé de sa mère représentent bien une régression à un stade primitif, avec cependant quelque chose en plus : la signification du refus de contact. Mais cette signification de refus associée à ou exprimée par un comportement aussi archaïque que le fouissement permet précisément à Spitz de voir dans celui-ci le schème précurseur du geste sémantique «Non». Seulement, les mouvements céphalogyres du petit mélancolique ne constituent pas, contrairement à ce que l'on pourrait croire à première vue, une étape intermédiaire entre le schème du fouissement et celui, volontaire et dirigé, du «Non», mais en quelque sorte une impasse. Cherchant ailleurs, c'est-à-dire revenant à l'observation de l'enfant au sein, Spitz découvre le chaînon qui lui manquait dans un geste qui apparaît vers six mois : *l'évitement.* «... l'enfant développe un nouveau comportement par lequel il indique qu'il est rassasié et qu'il désire terminer son repas. Il tourne énergiquement la tête, d'un côté à l'autre, en l'écartant du sein qui le poursuit. Ceci est tout à fait différent de son comportement passif au cours des six premiers mois; à ce moment, l'enfant rassasié, les lèvres mollement relâchées, abandonnait le mamelon et s'endormait au sein. Si la mère essayait de réintroduire le mamelon, elle n'obtenait aucune réaction...

«En ce qui concerne ses aspects moteurs, ce comportement d'évitement ressemble tout à fait au mouvement du fouissement. Mais, alors que le schème du mouvement n'a pas changé, celui-ci a acquis un but opposé. Le fouissement avait comme fonction de trouver le mamelon; le comportement d'évitement a la signification d'un refus du mamelon. Ce même mouvement, réapparaissant au cours de la seconde année en tant que signal "Non", est doté de la signification du comportement d'évitement (c'est-à-dire du refus).

«... La succession génétique conduisant au signe de tête "Non" consiste donc en trois étapes : 1) le fouissement, un schème moteur d'expiration phylogénétiquement établi, apparaissant au niveau de la non-différenciation; 2) le comportement d'évitement dû au rassasiement, un refus conscient, apparaissant au début des relations objectales réciproques élémentaires; 3) le signe de tête "Non", un geste sémantique, au niveau des relations objectales où la communication sémantique, à l'aide des symboles [des signes plutôt] verbaux, est amorcée par l'acquisition du symbole de la négation[59].»

Quant au geste «Oui», qui semble suivre de peu celui du «Non», l'auteur en découvre de même le schème précurseur dans la situation de l'allaitement; il ne s'agit plus cette fois d'un schème inné, mais acquis, car le mouvement de tête de haut en bas, contrairement au mouvement latéral, exige un développement et une force musculaires que le nourrisson ne possédera pas avant le cours du troisième mois : c'est vers ce moment seulement qu'il devient capable de soulever sa tête de l'oreiller. Pour déceler le prototype moteur du « Oui », Spitz a dû avoir recours non pas seulement à l'observation mais à l'expérimentation : si, passé l'âge de trois mois, la mère retire, au cours de la tétée et à intervalles réguliers (en l'occurrence 60 secondes) le sein à l'enfant, celui-ci, à chaque retrait, tend la tête pour retrouver le sein, puis devant l'échec, la laisse retomber pour recommencer ensuite. Ce sont ces mouvements d'approche répétés de la tête qui constitueraient le schème précurseur du geste d'acquiescement.

La nécessité de recourir à l'expérimentation pour découvrir un tel schème rend les développements de Spitz sur la genèse du « Oui » moins convaincants que ceux qui concernent le « Non »; peut-être est-ce une des raisons pour lesquelles ils n'occupent dans l'étude de l'auteur qu'une place relativement minime. Mais il y en a certainement une autre, essentielle à notre avis : à savoir que le refus et le « Non » sont des signes beaucoup plus nets, clairs, péremptoires de l'évolution qui s'accomplit dans la différenciation entre le moi et le non-moi que l'affirmation et le « Oui ». Ce sont le déplaisir, les frustrations inévitables, la résistance en un mot des objets et du milieu à l'action de l'enfant qui mènent à la prise de conscience de soi et à la communication. On vient d'en avoir un exemple dans l'expérience même de Spitz : il a fallu priver le nourrisson du sein pour retrouver le schème qui plus tard deviendra l'équivalent du « Oui ». Comme l'auteur le relève lui-même, « la communication est une fonction de détour, et, comme toutes les fonctions de détour, elle opère suivant le mode du principe de réalité, à savoir en remettant à plus tard la satisfaction pulsionnelle dans le but d'y aboutir d'une manière plus efficace »; et un peu plus bas : « la communication s'est peu à peu séparée de l'action à travers les expériences répétées de retard apporté à la satisfaction de besoins. Cette frustration transforme l'action, qui est une voie de décharge, en avenue de communication »[60].

De ses recherches, Spitz conclut que l'universalité du signe de refus et du signe d'affirmation, du « Non » et du « Oui », s'explique par l'universalité de la situation d'allaitement (les choses se déroulent de la même manière pour le bébé nourri au biberon) et de façon plus générale, comme nous l'avons déjà indiqué, que les caractéristiques de la communication humaine sont déterminées par l'état initial et prolongé de dépendance absolue du petit d'homme à l'égard de sa mère et par l'« instinct » qui pousse celle-ci à satisfaire les besoins de son enfant.

Un mot encore sur la compréhension et l'exécution des ordres et des défenses : l'enfant en vient assez rapidement à s'y conformer en dehors de la présence de la personne dont ils émanent, ce qui signifie qu'il les intériorise peu à peu. On le voit même, ou plutôt on l'entend, non seulement utiliser le «Non» pour signifier son refus ou son désaccord à autrui, mais l'appliquer à ses propres actes, se le dire à lui-même lorsqu'il est sur le point d'enfreindre une consigne reçue. Une partie de sa personnalité adopte donc à l'égard de l'autre l'attitude des parents, jouant, si l'on peut dire, le rôle de garde-fou. Ainsi se trouvent posés les premiers fondements dont Freud a révélé l'existence et que nous verrons se développer et se constituer au moment de la situation œdipienne.

*
* *

En résumé, nous avons suivi l'évolution de la relation objectale de la naissance jusque vers la fin de la seconde année : partis d'un point où «l'autre» n'existe pas, nous avons vu un sujet, cessant graduellement de se confondre avec le monde extérieur, établir des échanges de plus en plus dirigés, conscients, formulés, articulés, avec un partenaire de mieux en mieux reconnu et individualisé. A ce développement qu'un mot peut résumer : *décentration*, ont concouru aussi bien la maturation somatique que les progrès des fonctions cognitives et affectives et que l'action du partenaire lui-même. Cette restructuration de l'univers proche, cette nouvelle saisie du réel auxquelles l'enfant accède dans le dernier trimestre de la seconde année, sont dues au jeu d'une série de processus évoluant non pas de façon parallèle mais *en interaction les uns avec les autres*.

NOTES

[1] A. Freud, *Le Moi et ses mécanismes de défense*, PUF, Paris, 1949, p. 3-4.
[2] H. Hartmann, *La psychologie du Moi et le problème de l'adaptation*, PUF, Paris, 1968.
[3] R.A. Spitz, *La perte de la mère par le nourrisson*, dans *Enfance*, nov.-déc. 1948.
[4] Ch. Odier, *L'homme esclave de son infériorité*, Delachaux et Niestlé, Neuchâtel, 1950.
[5] R.A. Spitz, *La première année de la vie de l'enfant*, PUF, Paris, 1958, p. 5. Ce livre, aujourd'hui épuisé, constituait selon les termes mêmes de Spitz «une première et brève version» publiée en français de l'ouvrage plus important paru en anglais en 1965 et traduit en français sous le titre : *De la naissance à la parole*, PUF, Paris, 1968.
[6] R.A. Spitz, *La première année de vie de l'enfant*, PUF, Paris, 1958, p. 25.
[7] S. Lebovici, *La relation objectale chez l'enfant*, dans *Psychiatrie de l'enfant*, vol. III, fasc. 1, PUF, p. 169.
[8] Voir J. Piaget, *La Construction du réel*, chap. I, Delachaux et Niestlé, Neuchâtel, 1950.
[9] J. Piaget, *op. cit.*, p. 5.
[10] J. Piaget, *op. cit.*, p. 12.

¹¹ *Ibid.*, p. 4.
¹² Le terme d'égocentrisme sous la plume de Piaget n'a pas son acception habituelle, morale ou affective ; il désigne uniquement une attitude intellectuelle, signifiant précisément l'absence de distinction entre soi et le monde extérieur, avec tout ce que cela implique de subjectivité et de déformation inconscientes. Plus tard, lorsqu'à l'intelligence sensori-motrice des dix-huit ou vingt premiers mois succédera l'intelligence représentative, Piaget désignera du même terme la confusion du point de vue propre avec celui d'autrui, parce qu'il s'agit là d'une attitude analogue à celle du nourrisson mais se situant cette fois sur le plan supérieur de la pensée et non plus sur le plan de l'action. Notons encore que l'égocentrisme radical des premiers mois de la vie correspond à peu près à ce que les psychanalystes appellent le «narcissisme primaire» dans le domaine affectif, à condition, précise Piaget, d'y voir «un narcissisme sans Narcisse».
¹³ J. Piaget, *op. cit.*, p. 36.
¹⁴ *Ibid.*, p. 17.
¹⁵ *Ibid.*, p. 47.
¹⁶ J. Piaget, *op. cit.*, p. 76.
¹⁷ Précisons que les âges indiqués n'ont toujours qu'une valeur relative parce que variables d'un sujet à l'autre. C'était déjà le cas pour ceux indiqués par Piaget, mais la variabilité est encore beaucoup plus grande quand il s'agit de l'affectivité ; en outre, les passages d'un stade à l'autre sont, dans ce domaine, plus difficiles à saisir objectivement, les critères plus malaisés à définir.
¹⁸ P.H. Wolff et B.L. White, «Visual Pursuit and Attention in Young Infants», *Journal of Child Psychiatry*, 1965, 4, p. 473-484.
¹⁹ J.D. Call, «Newborn Approach Behaviour and Early Ego Development», *International Journal of Psychoanalysis*, 1964, 45, p. 286-295.
²⁰ H. Hetzer et B. Tudor-Hart, *Die frühesten Reaktionen auf die menschliche Stimme*, in : Ch. Bühler, H. Hetzer, B. Tudor-Hart, *Soziologische und physiologische Studien über das erste Lebensjahr*, G. Fischer, Iena, 1927.
²¹ P.H. Wolff, *Observations on the Early Development of Smiling*, in : *Determinants of Infant Behaviour*, vol. 2, Methuen, Londres, 1963.
²² R.A. Spitz, *De la naissance à la parole*, p. 69.
²³ Voir J. Bowlby, *Attachment and Loss*, vol. I : *Attachment*, p. 280-287, Hogart Press, Londres, 1970.
²⁴ R.A Spitz, *De la naissance à la parole*, PUF, Paris, 1968. Spitz a soin de souligner que l'âge auquel on observe cette «crise», ainsi que sa forme, sont encore plus variables d'un enfant à l'autre que tout autre phénomène.
²⁵ *Op. cit.*, p. 118.
²⁶ J. Bowlby, *op. cit.*, p. 327-328.
²⁷ R.A. Spitz, *op. cit.*, p. 119.
²⁸ R.A. Spitz, *Le Non et le Oui*, PUF, Paris, 1962, p. 42.
²⁹ R.A. Spitz, *La première année de la vie de l'enfant*, PUF, Paris, 1958, chap. V et VI.
³⁰ D.W. Winnicott, *De la pédiatrie à la psychanalyse*, Payot, Paris, 1969.
³¹ R. Provence et R.C. Lipton, *Infants in Institutions*, Bailey & Swinfen, Londres, 1963. Cité dans J. Bowlby, *Attachment and Loss*, vol. I, p. 311.
³² S. Lebovici, *La relation objectale chez l'enfant*, dans *Psychiatrie de l'enfant*, vol. III, fasc. 1, p. 147-226, PUF, Paris.
³³ *Ibid.*, p. 170.
³⁴ R.A. Spitz, *Le Oui et le Non*, PUF, Paris, 1962, p. 50.
³⁵ Souligné par l'auteur.
³⁶ C'est nous qui soulignons.

[37] R.A. Spitz, *La perte de la mère pour le nourrisson. Troubles du développement psychosomatique*, dans *Enfance*, novembre 1948.
[38] R.A. Spitz, *De la naissance à la parole*, PUF, Paris, 1969, p. 211.
[39] J. Bowlby, *Attachment and Loss*, vol. I : *Attachment* et vol. II : *Separation*, Hogarth Press, Londres, 1970 et 1973.
[40] *Attachment and Loss*, vol. I, p. 27. Toutes les citations sont traduites par nous.
[41] *Ibid.*, p. 27.
[42] *Ibid.*, p. 28.
[43] J. et J. Robertson, *Young Children in Brief Separation. The Psycho-analytical Study of the Child*, XXVI, 1971, p. 264-315.
[44] M. David et G. Appell, *Löczy ou le maternage insolite*, Ed. du Scarabée, Paris, 1973.
[45] *Op. cit.*, p. 164.
[46] R.A. Spitz, *La perte de la mère pour le nourrisson. Troubles du développement psychosomatique*, dans *Enfance*, novembre 1948.
[47] S. Lebovici, «La relation objectale chez l'enfant», *Psychiatrie de l'enfant*, vol. III, fasc. 1, PUF, p. 176.
[48] Voir à ce propos Ch. Odier, *L'homme esclave de son infériorité*, Delachaux et Niestlé, Neuchâtel, 1950.
[49] M. Merleau-Ponty, *Les relations avec autrui chez l'enfant*, cours professé au Collège de France, Centre de Documentation Universitaire, Paris, 1958.
[50] R. Diatkine et J.A. Favreau, «Le psychiatre et les parents», *Psychiatrie de l'enfant*, vol. III, fasc. 1, PUF, Paris, 1961, p. 234.
[51] *Ibid.*, p. 235.
[52] R.A. Spitz, *Le Non et le Oui*, PUF, Paris, 1962.
[53] J. Piaget, *La formation du symbole chez l'enfant*, 1re partie, Delachaux et Niestlé, Neuchâtel, 1945.
[54] R.A. Spitz, *op. cit.*, p. 41.
[55] Souligné dans le texte.
[56] R.A. Spitz, *op. cit.*, p. 43-44.
[57] R.A. Spitz, *op. cit.*, p. 10.
[58] Traduction de «to root», fouiller avec le grouin, qui se dit de l'animal et qui s'applique aussi, comme le note la traductrice, au figuré à des personnes : to root among papers : fouiller dans des paperasses.
[59] R.A. Spitz, *op. cit.*, p. 71-72.
[60] R.A. Spitz, *op. cit.*, p. 110.

Chapitre 2
L'entrée dans le groupe

Pour des raisons faciles à comprendre, nous n'avons parlé, au cours du chapitre précédent, que du comportement du petit enfant vis-à-vis de l'entourage adulte : totalement dépendant, le bébé vit en symbiose avec sa mère, dans un univers clos où ses égaux ne sauraient trouver place; pendant les six premiers mois, il les ignore complètement et si, par la suite, il est capable de s'intéresser quelques instants à un autre bébé, il n'éprouve nul besoin de cette présence étrangère. De toute manière, les occasions de contact, à moins qu'on ne les crée systématiquement comme l'ont fait par exemple Ch. Bühler et ses collaboratrices, demeurent rares avant l'entrée à l'école maternelle ou au jardin d'enfants.

C'est là précisément que tout à l'heure nous allons retrouver et suivre les petits. Mais avant d'aborder les rapports entre enfants et la naissance du groupe, sur lesquels elles auront d'ailleurs des répercussions importantes, il nous faut parler de deux crises bien définies qui, entre la troisième et la sixième année viennent transformer profondément les relations du jeune être avec ses parents et l'entourage en général : la crise de personnalité de trois ans, appelée aussi crise d'opposition (*Trotzalter*) et le conflit œdipien qui en est la conséquence immédiate. La période nous intéressant ici est en effet caractérisée par une effervescence affective génératrice de problèmes, de conflits et de heurts entre l'enfant et ses parents; elle n'est pas sans présenter des analogies avec une autre phase de turbulence et de fermentation : l'adolescence. A des niveaux différents, ce sont là en effet deux moments critiques dans la construction et la mise en place de la personnalité, marqués notamment par un besoin aigu d'affirmation de soi.

LA CRISE DE PERSONNALITÉ DE TROIS ANS

En réalité cette crise s'amorce dès la fin de la seconde année déjà, mais s'exacerbe autour de trois ans, d'où son nom. Spitz, on s'en souvient, observait que l'acquisition du «Non» marquait un commencement d'autonomie en permettant à l'enfant de se manifester sans danger *contre* l'adulte. Cette possibilité nouvelle, il ne tarde pas à l'utiliser et même à l'exploiter pour s'opposer vigoureusement à son entourage, comme s'il n'avait attendu qu'elle pour cela. Un brusque revirement se produit dans ses relations avec autrui : jusqu'ici docile et soumis, le voilà soudain négatif, entêté, oppositionnel. Les parents le disent insupportable, capricieux, désobéissant, se plaignent de ne plus pouvoir «en faire façon» et s'étonnent que l'ange soit devenu démon. C'est la première épreuve de force : le petit être, prenant conscience de lui-même, entend se poser comme une personne dans la constellation familiale; le moment où le moi s'affirme dans une opposition vigoureuse à celui d'autrui. Cette première affirmation du moi s'accompagne d'un subjectivisme aigu, d'une exaspération du sentiment personnel qui s'expriment dans ce que H. Wallon a appelé les réactions de prestance : l'enfant a conscience de l'effet qu'il produit; il sent quand on l'observe, cherche à se faire remarquer, à accaparer l'attention, spécialement en présence de personnes étrangères, par toutes sortes d'attitudes, de gestes, de mimiques, dont le moins qu'on puisse dire c'est qu'elles manquent de spontanéité; il se donne volontiers en spectacle, mais une simple remarque suffit souvent à le troubler : il rougit et, pris d'un accès soudain de timidité, court cacher son visage dans les jupes de sa mère; ou il boude, ou fait une «scène». On a noté aussi l'apparition à ce moment-là des premiers sentiments de honte. Tous ces comportements indiquent que l'enfant se voit maintenant avec les yeux d'autrui : fini, pour un temps tout au moins, le délicieux naturel des tout petits. Mais pour se voir avec les yeux d'autrui, il faut guetter ses réactions, donc l'observer. Les premières manifestations du sentiment de personnalité, quelque négative que soit la forme qu'elles revêtent, sont le signe qu'un nouveau progrès s'est accompli dans la distinction entre le Moi et le Toi, et par là même dans la structuration du psychisme. Une telle différenciation a néanmoins ses limites, et nous aurons l'occasion de relever plus loin le décalage qui existe, sur ce point comme sur beaucoup d'autres, entre l'action et la pensée.

La prise de conscience et l'affirmation de soi comme individualité distincte se traduisent par d'autres signes encore : l'enfant, qui jusqu'alors se désignait par son prénom, parle maintenant de lui en disant « je », et surtout « moi » : « moi je », « moi aussi », qu'il répète en écho et utilise à tort et à travers, mais toujours sur un ton impérieux qui marque sa volonté de s'imposer et de sortir d'un rôle de second plan pour occuper le devant de la scène. Il ne s'agit pas ici d'une simple acquisition grammaticale, mais bien d'une compréhension nouvelle de la réalité sociale, mieux : d'un vécu social. Le cas des enfants autistiques, incapables (quand ils ne sont pas mutiques) de manier correctement les pronoms personnels et évitant par-dessus tout l'emploi du « Je », est là pour le prouver : chez ces sujets, devenus autistiques parce que les toutes premières interactions avec la mère ont manqué à s'établir, le langage n'a pas été « investi »; il est demeuré creux et vide parce que ne s'y est pas inscrite, pour n'avoir pas d'abord été vécue, la relation avec l'autre. De là les troubles du langage si caractéristiques de l'autisme infantile : les inversions pronominales (en particulier le « Tu » pour le « Je », jamais l'inverse) et l'évitement du « Je », alors que le bagage des autres mots peut être parfois considérable.

L'emploi vers le même moment des possessifs — mon, ma, mien — indique la naissance de la notion de propriété; symbole de force et de puissance, la possession consolide le sentiment du Moi et deviendra elle aussi moyen de s'affirmer et de s'opposer, surtout face aux petits camarades. Notons encore que l'emploi de la première personne coïncide avec le moment où l'enfant se reconnaît sur des photos ou dans les différentes séquences d'un film *comme un et toujours le même*. Ceci est très important car avant trois ans (et même parfois un peu après), il ne parvient pas ou parvient mal à concevoir l'unité de la personne, à ordonner ses déplacements dans le temps et dans l'espace. Tout se passe en effet comme si les différentes images d'un même être, qu'il s'agisse de lui ou des autres, se juxtaposaient dans son esprit au lieu de se fondre dans une représentation unique; comme si une personne, pourtant reconnue maintenant comme indépendante et autonome, pouvait sans contradiction exister en quelque sorte à plusieurs exemplaires. Voici deux observations de Piaget[1] concernant sa fille, faites l'une lorsque celle-ci n'avait que quinze mois et l'autre à trois ans cinq mois.

1. La fillette est au jardin avec sa mère et voit arriver son père. « Où est papa ? » lui demande sa maman. Aussitôt la petite tourne la tête en direction de la fenêtre du bureau où elle a l'habitude de voir son père ! Et cependant il est évident que pour elle, les deux papas : le « papa à sa fenêtre » et le « papa au jardin » sont un seul et même personnage; mais,

note Piaget, « elle n'arrive pas à extraire suffisamment ce personnage des tableaux d'ensemble auxquels il est lié, pour ne pas le chercher à deux places à la fois ». Il en va de même dans l'exemple suivant, beaucoup plus tardif :

2. La même fillette, après avoir dit adieu à son parrain et l'avoir vu partir en voiture, court aussitôt dans la chambre où il avait logé en disant : « je veux voir si parrain est parti. » — « Oui, il est parti », constate-t-elle ensuite pour elle-même.

N'est-ce pas Flaubert qui raconte que tout enfant, une domestique apparemment excédée lui avait lancé : « va donc voir à la cuisine si j'y suis ! » et que, candidement, il y était allé ? Cette expression populaire et goguenarde n'a en effet rien d'illogique aux yeux des petits puisqu'ils ne doutent pas qu'une même personne puisse se trouver en deux endroits à la fois. Mais à partir de trois ou quatre ans, une telle illusion disparaît, et ils ne se laissent plus prendre à d'aussi grossières attrapes, ayant désormais une notion claire de l'unité de l'être.

Cependant, en dépit de ses efforts pour s'affirmer, s'opposer et dominer, l'enfant se heurte à plus fort que lui; il se heurte surtout à la réalité. Mais grâce à l'avènement de la pensée symbolique, il possède maintenant le moyen de s'évader hors du réel, de donner libre cours à son besoin de puissance sans entrer constamment en lutte avec l'entourage : dans ses jeux, dans les interminables histoires qu'il se raconte à lui-même, dans ses fantasmes, on peut suivre le cheminement du Moi qui s'affirme. Ses poupées ou ses animaux en peluche : autant de sujets sur lesquels il règne en despote; sans s'en rendre compte, il les traite comme on le traite, leur fait ce qu'on lui fait ou désire qu'on lui fasse. Les psychanalystes et les psychothérapeutes d'enfants ont bien vu tout le parti qu'il y avait à tirer du jeu, par lequel si souvent et si clairement les petits expriment et liquident, sur un plan purement symbolique, leurs conflits familiaux inconscients.

En résumé, la crise de trois ans c'est, vue par l'observateur, la première manifestation des traits distinctifs de la personnalité et du caractère; et du point de vue subjectif de l'enfant, la découverte de sa propre individualité en même temps que de celle d'autrui, car comme toujours les deux processus sont complémentaires : le sentiment aigu de son moi pousse l'enfant à s'affirmer face à l'Autre, à essayer son pouvoir en se mesurant à lui; la résistance de l'Autre renforce la prise de conscience. Précisons, pour éviter tout malentendu, que prise de conscience et affirmation de soi ne signifient pas ici connaissance de soi, une telle connaissance impliquant l'introspection; il ne s'agit encore que d'une perception intuitive, qui va de pair avec un très fort degré d'indifférenciation, sur le plan de la pensée et de la représentation, entre le moi et le monde extérieur, le point de vue propre et celui d'autrui.

Il faut souligner pour finir que la crise d'opposition revêtira des aspects différents non seulement selon la personnalité du sujet, mais aussi selon la constellation familiale ; elle ne se déroulera pas de la même façon chez un enfant unique, chez un aîné ou chez un cadet. Nous n'avons pas parlé, parce que nous y reviendrons plus bas, des sentiments de jalousie qui animent le petit vis-à-vis de toute personne susceptible d'accaparer l'intérêt de la mère, qu'il entend avoir toute à lui ; il est évident que le degré et la forme même de tels sentiments dépendront beaucoup de la présence ou de l'absence de frères et de sœurs (dans le second cas, le père à toutes les chances de devenir la cible par excellence), du nombre de ceux-ci, de la place du sujet dans la fratrie.

LE COMPLEXE D'ŒDIPE

La crise de trois ans précède immédiatement, ou même coïncide avec les débuts du conflit œdipien ; en fait, elle le prépare et celui-ci nous apparaît à plus d'un égard comme le prolongement de celle-là. N'est-ce pas en effet la prise de conscience de son individualité propre qui entraîne chez l'enfant le besoin de se situer dans le triangle qu'il forme avec son père et sa mère ? Par ailleurs, cette prise de conscience demeure encore partielle ou, si l'on veut, globale mais confuse : l'enfant, qui s'entend répéter qu'il est un petit garçon ou une petite fille, n'a pas encore une idée bien claire de ce que cela signifie, même s'il connaît déjà les différences anatomiques entre les sexes ; en d'autres termes, il n'a pas encore le sentiment de son identité de garçon ou de fille ; il ne l'acquerra qu'en s'identifiant au parent du même sexe que lui, identification qui marquera précisément la fin ou, pour parler le langage psychanalytique, la « liquidation » du complexe d'Œdipe. Mais cette évolution, qui s'achève normalement vers six ans, est jalonnée de difficultés, dont la résolution dépendra pour une large part de la personnalité et de l'attitude des parents. Elle est capitale dans la vie de l'individu car elle influencera son orientation psycho-sexuelle ultérieure.

On sait que Freud a désigné sous le nom de complexe d'Œdipe, par analogie avec le héros du mythe antique qui tue son père et épouse sa mère, le désir intense du petit garçon de posséder sa mère et d'évincer son père pour prendre sa place auprès de l'Objet d'amour, ainsi que la rivalité symétrique de la fillette avec sa mère dont l'enjeu est alors l'amour du père.

Là ne s'arrêtent pas les correspondances avec le mythe grec : Œdipe ignorait qu'en tuant Laïos, il tuait son père et qu'en épousant Jocaste il épousait sa mère. Pareillement chez l'enfant, la tragédie se déroule dans l'inconscient ; il n'a conscience ni de son agressivité pour le rival du même sexe — éclatante pour l'observateur averti —, ni de la sensualité qui imprègne ses sentiments et son comportement à l'égard du parent désiré. Un des plus grands scandales qu'ait provoqué Freud, c'est bien d'avoir osé affirmer que la sexualité était déjà à l'œuvre chez le jeune enfant, et avec plus d'audace encore, déclaré que celui-ci était à cet égard un «pervers polymorphe». Des clameurs d'indignation s'élevèrent un peu partout pour dénoncer la dépravation de l'auteur. Et pourtant il n'est que d'observer les caresses et les baisers passionnés dont le petit garçon peut couvrir sa mère pour en percevoir le côté sensuel, les «chatteries» de la petite fille à l'égard de son père pour en saisir le caractère séducteur. Tous les parents savent aussi que le garçonnet passe par une phase d'«exhibitionnisme» et de masturbation. Il n'y a rien là que de très normal, et surtout rien qui ternisse en quoi que ce soit la pureté, la fraîcheur, l'innocence et l'ingénuité de l'enfant de cet âge qui, encore une fois, n'a aucune conscience de la nature sexuelle de ses impulsions, au contraire de ce qui se passera à la puberté. Ce sont bien plutôt des parents ou des éducateurs dominés par leurs propres tabous sexuels qui, en attachant une importance exagérée à de tels comportements, contribueront par leurs réactions inadéquates à donner à leur enfant, et à fixer, des sentiments de culpabilité dont le motif lui échappera mais qui ne l'amèneront pas moins à ressentir tout ce qui concerne les organes génitaux comme honteux, sale, défendu, et à refouler, pour le plus grand dommage de son équilibre psychique, toute tendance s'y rapportant de près ou de loin.

Mais revenons au complexe d'Œdipe. Le lecteur s'est étonné sans doute de ce que nous ayons jusqu'ici laissé dans l'ombre un personnage aussi important que le père. C'est que durant la première année, il intervient surtout, nous l'avions mentionné en passant, par personne interposée, c'est-à-dire à travers la mère, ce qui ne signifie pas que son rôle soit négligeable, bien au contraire : il conditionne et détermine pour une large part les attitudes de la mère à l'égard de son enfant : «... la façon dont la mère intègre le père de l'enfant... préside à sa manière d'investir l'enfant, à son comportement et induit ce que le père sera pour lui. Par exemple, dans la mesure où [la mère] est insatisfaite dans sa relation conjugale, elle reporte sur l'enfant une grande part de ses revendications affectives, elle compromet cette fonction d'autorité paternelle[2].»

Bien que le père, et de nos jours sans doute plus que par le passé, s'occupe aussi directement du nourrisson, on peut dire cependant que c'est au cours de la seconde année qu'il entre véritablement en scène. Cette entrée n'est d'ailleurs pas toujours bien accueillie et le père commence souvent par apparaître comme un gêneur. En dépit de sentiments positifs de tendresse, d'admiration, etc., l'enfant peut alors passer à son égard par une phase plus ou moins violente de jalousie, tant est fort son désir de garder sa mère pour lui seul. Commune aux filles et aux garçons, cette première phase de jalousie n'est donc pas de même nature que la rivalité et l'agressivité manifestées par le garçon après ou au moment de la crise de personnalité; dans la situation triangulaire œdipienne en effet, c'est en vrai petit mâle qu'il se dresse contre son père pour prendre sa place auprès de la mère. Mais ce n'est pas impunément qu'on s'attaque à un rival aussi puissant, par ailleurs aimé, révéré, admiré en même temps que détesté. D'une telle ambivalence résulte pour l'enfant une intense culpabilité inconsciente, qui s'exprime en particulier par des fantasmes de castration. Dans l'inconscient du petit garçon en effet, la réponse (le châtiment) du père à son désir de l'évincer ne peut être que la castration. Il y a dans cette peur d'une menace parfaitement imaginaire quelque chose de très archaïque — quelque chose qui appartient sans doute aux couches les plus profondes de notre inconscient — et qui persiste en dépit de toutes les informations et explications qu'on peut donner à l'enfant (même si, en apparence, celles-ci sont acceptées) : le garçonnet continue à croire que si la fillette n'a pas de pénis, c'est qu'on ne lui en a pas donné ou qu'on le lui a enlevé, et que par conséquent la même mésaventure pourrait lui arriver à lui; cette croyance (marquée du sceau de la pensée prélogique propre à l'enfant de cet âge) prend un caractère extrêmement redoutable au moment où il s'attaque au père tout-puissant, d'autant plus redoutable que l'agressivité contre celui-ci sera plus forte. Aussi l'angoisse de castration l'amène-t-elle à renoncer à ses désirs incestueux pour sa mère et précipite-t-elle ainsi le dénouement de l'œdipe.

Chez la fillette, les choses se passent différemment, le complexe de castration ouvrant le conflit œdipien au lieu d'en hâter le terme. Pour elle en effet (c'est-à-dire dans ses fantasmes), la castration est un fait accompli; l'absence de pénis est ressentie comme un préjudice subi et la crise œdipienne va, semble-t-il, être vécue comme une tentative d'obtenir un dédommagement du père, « d'obtenir comme cadeau un enfant du père » (Freud). Pour la fillette d'ailleurs (et c'est ce qui explique que certains aspects de l'œdipe féminin soient encore mal élucidés), la situation est de toute façon plus complexe que celle du garçon : c'est en effet avec l'Objet d'amour de toujours, l'Objet sécurisant par excellence, la mère, qu'elle entre en rivalité ; l'ambivalence vis-à-vis de celle-ci risque donc d'être encore plus grande, l'agressivité ressentie comme encore plus dangereuse et plus culpabilisante que ce n'est le cas pour le garçon à l'endroit du père. Pour lui, le complexe d'Œdipe n'implique pas de changement d'Objet, alors que chez la fillette l'attachement préœdipien à la mère entre en conflit avec l'attachement œdipien au père.

Il est aisé d'apercevoir le rôle capital que vont jouer dans le déroulement de la crise œdipienne les attitudes conscientes et surtout inconscientes des parents, attitudes qui dépendent aussi bien de la nature de leurs relations l'un avec l'autre que de la structure de leur personnalité et de la manière dont ils ont eux-mêmes résolu leur propre œdipe. Qu'un père trop autoritaire ou trop rigide ou trop jaloux soit incapable de tolérer la moindre velléité d'agressivité et de rivalité chez son fils, qu'une mère «captatrice» ou insatisfaite dans sa vie conjugale (les deux vont souvent de pair) profite de la situation pour s'attacher trop fortement l'enfant, que celui-ci devienne à son tour un objet de rivalité et de conflit entre les parents eux-mêmes, dans ces cas et dans bien d'autres encore, c'est tout le développement affectif ultérieur qui s'en trouvera perturbé, voire sérieusement compromis. Car le dénouement heureux de la crise œdipienne suppose *l'identification* de l'enfant au parent du même sexe en même temps que le refoulement du conflit qui l'oppose à celui-ci. Ainsi le petit garçon qui s'efforce par tous les moyens d'accaparer sa mère et d'éloigner son père («Je sais pas comment tu peux partir en vacances avec papa» disait à sa maman un bambin de quatre ans d'un ton à la fois méprisant et plein de reproche), devant l'inutilité de tels moyens, en découvre un autre : devenir comme papa ; il se met alors à imiter les attitudes, les gestes, les conduites paternels, faisant semblant de fumer la pipe ou la cigarette «comme papa», prenant une grosse voix «comme papa», etc. Pour peu que les parents encouragent ce comportement et que le père se prête au jeu — en emmenant son fils avec lui, en lui montrant comment construire une cabane, tailler des branches pour s'en faire un arc, planter des clous, bref en utilisant toutes les occasions pour souligner, entre son fils et lui, l'existence d'une solidarité «d'hommes» et pour lui offrir une image virile —, à l'hostilité et à la rivalité se substitueront graduellement une sorte de complicité masculine. S'identifiant à son père, l'enfant acquiert le sentiment de son identité de garçon. Il en ira de même entre la petite fille et sa mère.

Le complexe d'Œdipe entraîne ainsi un nouveau progrès dans la voie de l'individualisation, non pas seulement de la personne de l'enfant mais encore de celle de ses parents et de ses relations avec eux. En effet, à partir du moment où le garçon ou la fillette s'avise que le parent du même sexe lui barre le chemin vers l'autre, il devient beaucoup plus attentif à un certain nombre de traits propres au rival, comme aussi aux liens qui existent entre les parents. Auparavant le père, par exemple, pouvait bien susciter des sentiments de jalousie, apparaître à l'enfant (fille ou garçon) comme un rival susceptible de le déposséder de l'amour maternel ; mais c'était au même titre que n'importe quel autre membre de l'entourage, frères ou sœurs, tiers, etc. ; sa personnalité n'était pas prise en considération mais seulement son rôle, à certains moments, d'intrus, de gêneur, son rôle d'obstacle en somme. Au contraire dans la rivalité œdipienne, le rival s'individualise. De façon générale, on peut dire que la mère et le père commencent à être perçus dans leur féminité ou leur masculinité comme telle. Sous l'impulsion du conflit œdipien, se développe, s'affine, se nuance donc toujours plus cette différenciation de soi et de l'entourage que nous avons vu progresser avec la crise d'opposition de trois ans.

Mais surtout le conflit œdipien donne naissance à une nouvelle instance de la personnalité : le Surmoi. Héritier du complexe d'Œdipe (selon la formule désormais classique de Freud), le Surmoi l'est, écrit P. Ricœur[3], «au double sens qu'il en procède et le réprime». Ce ne sont pas les parents (du moins pas les parents réels) qui viennent interdire les désirs incestueux de l'enfant et mettre fin au conflit, mais bien cette instance intérieure qui se constitue à partir de l'identification aux parents, par l'intériorisation des interdictions et des attitudes répressives que leur *prête* (et tout particulièrement au parent rival) inconsciemment l'enfant. Il importe de souligner en effet que l'identification constitutive du Surmoi n'est pas une identification aux parents réels, tels qu'ils sont, mais aux parents tels que l'enfant les imagine, tels qu'il les déforme ou les idéalise à travers ses fantasmes[4]. Or ces parents imaginaires — en termes psychanalytiques, ces images parentales — sont presque toujours beaucoup plus sévères et plus inflexibles que les parents réels, à cause de la culpabilité inconsciente qui découle de l'agressivité vis-à-vis du parent rival, à cause aussi, nous y reviendrons, de la pensée prélogique du jeune enfant, aux yeux duquel les exigences et les interdits de l'adulte tout-puissant prennent aisément un sens magique. C'est ce qui explique le caractère intransigeant et despotique du Surmoi, fort éloigné le plus souvent de ce que sont les parents dans la réalité. Nous reparlerons du Surmoi à propos de la morale enfantine ; il suffit pour l'instant de retenir que sa formation est corrélative au déclin du complexe d'Œdipe.

Le conflit œdipien est, répétons-le, un de ces moments cruciaux de l'existence, dont les effets se feront sentir jusque dans l'âge mûr. Un bon nombre des névroses, des conflits affectifs, des déboires sentimentaux de l'adulte proviennent de ce qu'il n'a pas réussi, enfant, à établir une identification satisfaisante avec le parent du même sexe; et nous verrons en parlant de l'adolescence quelle influence décisive la résolution ou la non-résolution de l'œdipe exercent sur l'issue de la crise juvénile.

Il faut relever encore que, contrairement à ce que pensait Freud, le complexe d'Œdipe n'est pas universel. Les travaux toujours plus nombreux des anthropologues et des ethnologues au cours de ces trois dernières décades ont en effet montré que sans être exclusivement lié à notre culture occidentale, il faisait défaut chez un certain nombre de peuplades primitives, ou du moins ne se déroulait pas selon le schéma classique. Citons à ce propos un cas qui nous paraît exemplaire parce qu'illustrant bien à quel point des attitudes apparemment similaires doivent être interprétées de façon différente suivant la culture dans laquelle elles s'enracinent. Ce cas est celui des Mundugunors, une tribu de cannibales et de chasseurs de têtes de la Nouvelle-Guinée[5]. Toute l'organisation sociale de la tribu, ou hommes et femmes sont aussi virils et agressifs les uns que les autres, où les enfants sont haïs par les uns comme par les autres, repose sur l'hostilité et la rivalité, plus particulièrement sur l'hostilité et la rivalité entre père et fils. Complexe d'Œdipe ? Nullement, car le principal enjeu n'est pas la mère, mais *la sœur*. Et pourquoi la sœur ? Parce que pour se marier, un homme doit donner une de ses sœurs en échange de la femme qu'il désire; s'il n'a pas de sœur, il ne lui reste que la solution de l'enlèvement, ce qui signifie un combat sans merci avec le père ou les frères de la future épouse, puisque c'est leur ôter la possibilité d'un échange pour leur propre compte. La polygamie vient exaspérer encore le conflit entre père et fils : à tout moment le père peut se servir de sa fille pour acquérir une nouvelle femme, privant ainsi son ou ses fils d'une chance de mariage; d'autant plus que, selon un système très particulier d'allégeance, il a tout pouvoir sur sa fille, tandis que le fils, appartenant à la lignée rivale de la mère, n'a aucun droit sur sa sœur. Cet étrange système a pour conséquence de maintenir tous les membres de la tribu, hommes, femmes et enfants dans un perpétuel climat d'agressivité, de méfiance, de sournoiserie. Il explique aussi le rejet de l'enfant, dès la grossesse, par la mère aussi bien que par le père (la première redoutant que ce soit une fille, le second, un fils), et qu'une fois né, le bébé quand il n'est pas aussitôt tué, devienne source de haine entre les deux parents.

L'agressivité des Mundugunors montre une fois de plus l'importance du déterminisme culturel ; la personnalité humaine est un produit social, comme coulée dans un moule tout préparé, dont l'étroitesse et la rigidité sont en proportion inverse de la complexité de chaque culture. L'observation d'un grand nombre de sociétés révèle que même les différences de sexe, que nous avons, nous, tendance à considérer comme un donné — nature active, virile, agressive de l'homme, opposée à la passivité et à la douceur féminine —, ne sont nullement constantes mais elles aussi conditionnées socialement. C'est parce que notre civilisation les a toujours accentuées et valorisées (encore que les choses soient peut-être en train de changer depuis quelques années) que nous les croyons congénitales et non acquises. Il est par conséquent imprudent de transposer d'une culture à l'autre un même schéma d'explication, alors même qu'il s'applique à des données qui paraissent identiques.

LES RELATIONS ENTRE ENFANTS

Il est grand temps d'en venir maintenant aux rapports des enfants entre eux, qui vont désormais retenir notre attention, et cela jusqu'au seuil de l'adolescence. Ces relations exercent en effet une influence déterminante sur la socialisation du jeune être : c'est en se frottant à ses semblables qu'il acquerra peu à peu son indépendance et son autonomie, le sens de la réciprocité, de la solidarité, de la justice, de toutes ces qualités indispensables à la vie en groupe et à la coopération. Il les ignore au départ et ne saurait les apprendre de l'adulte seulement. Qu'il le veuille ou non, celui-ci ne peut éviter de jouer un rôle autoritaire et de maintenir l'enfant dans la dépendance et dans l'hétéronomie. Aussi férus de principes libéraux en matière d'éducation qu'ils puissent être, parents et maîtres se trouvent dans l'impossibilité d'éviter d'imposer aux petits, qui ont tout à apprendre, une foule de consignes, de règles, de notions dont ceux-ci sont encore bien incapables de saisir le sens ; ils ne peuvent tout leur expliquer et sont bien obligés de brûler les étapes. Ces notions toutes faites, reçues de l'extérieur, le jeune enfant les accepte en bloc, sans les discuter ; il pourra bien s'insurger, désobéir, il ne mettra pas un instant en doute la valeur des préceptes qu'on lui inculque, d'autant plus incontestables que l'adulte jouit à ses yeux d'un prestige illimité. Seulement, faute d'en comprendre le pourquoi, il ne les assimilera pas, ou plutôt il les assimilera en les déformant, c'est-à-dire en les appliquant à sa façon. La contrainte adulte, comme toute contrainte, est source d'hétéronomie ; l'autonomie, condition même de la coopération, ne peut naître que de l'égalité. Comment l'enfant l'acquerrait-il, si ce n'est au contact de ses pairs, puisque c'est avec eux seulement qu'il va se trouver sur un véritable pied d'égalité.

Mais il ne suffit pas de mettre des petits ensemble pour qu'il y ait société. L'apprentissage de la vie en commun est loin de se faire sans l'autre, et le groupe au début n'existe pas. Au cours de la période envisagée ici, c'est-à-dire entre la deuxième et la septième année, nous verrons les enfants commencer à se rapprocher mais rester incapables encore de toute collaboration, au moins suivie, les uns avec les autres. A l'intérieur de cette période, il est possible de distinguer deux moments : une phase d'isolement, durant laquelle les échanges demeurent encore très limités ; puis, à partir de quatre ans environ, une phase caractérisée par des interactions de plus en plus nombreuses. Ces deux moments toutefois ne représentent pas des stades à proprement parler, car le passage de l'un à l'autre n'implique pas de transformation qualitative : si l'on voit s'ébaucher des comportements de groupe, la nature des relations entre les enfants ne change pas, en ce sens que les différents facteurs qui font obstacle à la coopération persistent et persisteront jusque vers sept ou huit ans. A cet âge seulement, on assistera à un nouveau tournant dans l'évolution sociale de l'enfant, sous l'influence notamment des transformations essentielles qui s'accomplissent dans le domaine de la pensée ; le groupe alors s'organise et se structure graduellement, donnant naissance à une véritable société enfantine.

1. *L'isolement.* Tous ceux, éducateurs ou psychologues, qui s'occupent de jeunes enfants ont été frappés par le même phénomène : l'isolement des petits, l'absence ou la rareté de contacts véritables. Autour du bac de sable, près de la caisse de plots ou de jouets, chacun s'absorbe dans son jeu, poursuivant ses propres buts et paraissant ignorer jusqu'à la présence de ses compagnons. En réalité, ils n'y sont pas toujours aussi insensibles qu'il ne le semble, comme en témoignent les imitations réciproques (mais inconscientes), les brefs regards jetés en direction de celui qui parle ou qui pleure ; tout en jouant pour soi, un petit peut très bien demeurer attentif à ce qui se passe autour de lui, mais souvent alors il donne l'impression de n'être pas concerné (il y a naturellement de grandes variations d'un enfant à l'autre, et d'un moment à l'autre). Sans parler des heurts et des conflits, sur lesquels nous reviendrons, il y a certes des interactions, et même parfois des actions communes ; mais outre qu'elles sont toujours extrêmement éphémères, elles sont soit commandées par le matériel (par exemple tirer et pousser un char), soit suscitées par un enfant qui s'impose un instant et dont les partenaires ne font alors qu'imiter les gestes — imitation qui dévie d'ailleurs presque aussitôt et redevient activité solitaire ou parallèle. Il n'existe pas ou pratiquement

pas de coordination et plutôt que d'interactions, il serait plus juste de parler d'interférences. En fait de groupe, il n'y a d'abord que simple juxtaposition de sujets indépendants les uns des autres. Le camarade que l'enfant recherche surtout à cet âge, c'est l'adulte : c'est lui qu'il vient tirer par la manche pour une partie de balle ou de balançoire, lui qu'il appelle pour admirer sa construction de plots ou son dessin, vers lui qu'il se tourne dès qu'il a besoin d'aide. L'adulte est auréolé d'un immense prestige : il peut tout, sait tout, voit tout, et le petit désire passionnément lui ressembler : «quand je serai grand...» dit-il sans cesse; en attendant, il l'imite dans ses jeux, copiant ses attitudes, ses gestes, ses mimiques; il parle à ses poupées ou à ses animaux avec les mêmes mots, les mêmes intonations que sa maman, ausculte ses «malades» avec le même air grave que le médecin qui est venu le soigner, gronde ses «élèves» comme la maîtresse à l'école. Cette fascination exercée par l'adulte diminuera progressivement, au fur et à mesure que l'enfant se tournera davantage vers ses semblables et découvrira les plaisirs, les avantages aussi, des rapports entre égaux. A partir de cinq ou six ans déjà, l'adulte n'est plus aussi facilement accepté dans les jeux bien qu'il demeure encore l'arbitre de tous les conflits. Ici toutefois, on peut se demander dans quelle mesure le fait qu'un nombre croissant d'enfants (à cause notamment du travail de la mère hors de son foyer) entrent aujourd'hui beaucoup plus tôt en contact et passent plus de temps les uns avec les autres, n'entraîne pas un apprentissage plus précoce de la vie en commun, n'amène pas les petits à se tourner plus tôt les uns vers les autres. Certaines observations que nous avons pu faire dans des crèches le donneraient à penser et incitent à n'accorder qu'une valeur très relative aux âges indiqués.

Chacun joue pour soi, et chacun parle aussi pour soi. Les petits parlent beaucoup, parlent sans cesse, et la classe ou le jardin de l'école maternelle sont comme des ruches bourdonnantes. Mais à qui, pour qui parlent-ils? Le plus souvent pour personne et pour tout le monde! Ils annoncent tout ce qu'ils vont faire, commentent tout ce qu'ils font, mais parlent sans s'adresser à quelqu'un en particulier, sans se soucier de savoir si on les écoute ou pas : «moi je vais bâtir une maison», «moi je fais un train», «moi je peins des arbres en jaune», etc. Peu importe aussi que les questions demeurent sans réponses; la plupart du temps, elles n'en attendent pas. Parfois, un enfant reprend une phrase de son voisin, la répète et la scande, par simple jeu. Chacun a besoin de se faire entendre, mais non de se faire écouter. C'est là ce que Piaget a appelé le «monologue collectif»[6]; provoqués par la présence des autres, les propos de l'enfant — mis à part les demandes et les ordres — ne sont guère destinés à l'échange et à l'information; au début le langage, autant sinon plus qu'un instrument social, est le support de l'action individuelle, qu'il sert à commenter et à stimuler; c'est que parole et action demeurent encore intimement liées, et les petits incapables d'agir sans parler; souvent même la parole prolonge ou remplace l'action, suppléant à l'impuissance du geste (qu'on pense à l'écart qui sépare les gribouillis de l'enfant de trois ans et le commentaire qui le précède et l'accompagne). De là d'intarissables soliloques. Bien que la part de ces propos égocentriques et du monologue collectif diminue avec l'âge, le langage n'en reste pas moins jusque vers sept ans à mi-chemin entre l'individuel et le social. C'est ainsi que toute discussion demeure impossible, à moins qu'on appelle discussion le simple choc d'affirmations. Si je discute avec quelqu'un, mon premier souci est de me faire comprendre de mon interlocuteur, d'expliquer et de justifier ce que j'avance; réciproquement, je m'efforce de saisir sa position, en me plaçant à son point de vue; j'en tiens compte soit en modifiant le mien, soit en élevant de nouvelles objections. Bref, tout dialogue consiste en un perpétuel ajustement et réajustement des points de vue d'un interlocuteur à l'autre, faute de quoi il devient un dialogue de sourds. Or c'est précisément à des dialogues de sourds que ressemblent les conversations des petits de moins de sept ans : chacun procède par affirmations catégoriques, sans éprouver le besoin d'expliciter ses vues ni d'entrer dans celles des autres, sans souci aucun de clarté. Cette phase d'élaboration égocentrique par laquelle passe le langage reflète exactement la physionomie du groupe. Ce qui fait encore défaut à cet âge, c'est précisément la faculté de se mettre en pensée à la place d'autrui. Nous touchons ici du doigt un des principaux, sinon le principal obstacle à l'établissement de relations véritablement sociales et à la formation durable du groupe : l'égocentrisme de la pensée enfantine dont nous parlerons plus loin. Auparavant, il nous faut revenir en arrière afin de voir comment les tout petits sortent peu à peu de leur isolement pour se tourner les uns vers les autres.

2. *Les débuts du groupe.* Les heurts et les conflits vont jouer ici un rôle majeur. Ce sont eux qui, en obligeant l'enfant à tenir compte de l'existence de ses pairs, briseront l'isolement, relatif nous l'avons vu, dans lequel il est enfermé. Le sujet qui, avec ou sans intention, marche sur le château de sable que son voisin est en train de construire, ou qui s'empare de ses jouets, ou encore qui le bouscule pour prendre sa place tout près de la maîtresse, s'aperçoit vite que ce voisin existe et que, contrairement à ce qu'il aurait tendance à croire, ce voisin n'est pas un simple plot qu'on peut manier à volonté. De telles collisions entre les activités des différents enfants forcent peu à peu ceux-ci à prendre

conscience de la personnalité des autres, à compter avec leurs intérêts, leurs désirs, leur volonté.

Les conflits ouvrent ainsi la voie aux approchements. Éducatrice et psychanalyste, S. Isaacs[7] a souligné la valeur sociale de l'agressivité. Dans la petite école qu'elle dirigeait elle observa que le comportement des enfants à leur entrée passait par trois phases bien déterminées : *a*) observation hostile des autres enfants; *b*) hostilité déclarée; *c*) attitude amicale. La seconde phase marque un progrès puisqu'elle implique un rapport actif avec les autres : abandonnant son attitude passive de réserve, le nouveau venu commence en général par se jeter au travers des activités de ses camarades, les poussant de côté, leur chipant leurs jouets, etc.; souvent il suffit qu'un autre enfant ait ou désire quelque chose pour que notre petit sujet la veuille à son tour, impérativement; insatiable est sa convoitise. Aussi bien n'est-ce pas l'objet comme tel qui compte à ses yeux, mais l'objet-que-l'autre-possède, sous-entendu : objet qui le rend plus fort et plus puissant que moi, qui ne l'ai pas. C'est la relation avec autrui — en l'occurrence la rivalité — qui est en jeu ici. Apparemment négative et antisociale, l'agressivité serait au contraire la première réponse sociale de l'enfant envers ses petits compagnons.

Mais d'où vient cette hostilité initiale contre les autres enfants, qui contraste si fort avec la confiance et l'amitié aussitôt témoignées à l'adulte? D'où, sinon des premières expériences familiales. Au moment de l'entrée à l'école, les sentiments et les attitudes à l'égard des parents, des frères et des sœurs sont transférés sur la maîtresse et sur les camarades : toute grande personne est d'emblée identifiée au parent protecteur, tout enfant considéré comme un intrus et un rival. Durant les premières années, le petit dépend si totalement de l'amour de ses parents que tout partage lui est intolérable; c'est la loi du tout-ou-rien et ce qui explique que la seule présence d'un autre enfant soit ressentie comme une menace. A cela s'ajoutent les attitudes de prestance et la volonté du petit, dans son besoin de s'affirmer, de dominer ses compagnons et d'accaparer l'attention de l'adulte. Et ce ne sont pas seulement les relations de l'enfant avec les parents réels qui influencent ses comportements sociaux, mais encore ses rapports avec cette part de lui-même qui représentent les parents tels qu'il les intériorise peu à peu et d'où va naître le Surmoi. Or ces parents imaginaires sont, comme on l'a vu, des parents qui jugent, condamnent, punissent, en vertu de la loi archaïque du talion qui régit le Surmoi; qui condamnent en particulier ces tendances destructrices, ces désirs agressifs à l'égard des autres enfants. De là des sentiments souvent intenses de culpabilité et d'anxiété, et l'oscillation rapide entre des attitudes extrêmes, tour à tour amour ou haine, des petits les uns vis-à-vis des autres.

S. Isaacs relève à ce propos l'importance et la valeur profonde du don, qui est ressenti moins pour lui-même que pour ce qu'il représente. Le don, observe-t-elle, est le signe d'amour par excellence; recevoir un don signifie que l'on est digne d'être aimé, et non pas mauvais et agressif; et pour le donateur, c'est pareillement se sentir bon, exempt de désirs insatisfaits et de sentiments de jalousie; c'est en outre se sentir fort, indépendant, à l'image du parent tout-puissant, auquel l'enfant qui donne s'identifie. De part et d'autre, le don sécurise et apaise la culpabilité.

Si les heurts, les conflits, l'agressivité en un mot, ouvrent une première brèche dans l'égocentrisme de l'enfant en le contraignant à tenir compte de l'existence des autres, ce sont eux aussi qui, paradoxalement, vont donner naissance au groupe. Selon les observations de S. Isaacs toujours, les petits groupes de deux que l'on voit se constituer à partir de quatre ou cinq ans sont motivés non pas encore par des sentiments de sympathie ou d'amitié entre les deux partenaires, mais par l'hostilité contre un tiers (toujours un enfant, jamais un adulte). Tout se passe au début comme si une relation un peu stable ne pouvait s'établir entre deux enfants qu'à la condition qu'un troisième soit détesté. L'auteur explique le phénomène par l'ambivalence foncière du jeune enfant qui aime et déteste à la fois ses camarades et qui, pour aimer complètement l'un, est obligé de déplacer toute son hostilité sur un autre. C'est cette dissociation de l'amour et de la haine qui, en dernière analyse, rendrait possible l'expérience entre deux enfants d'une émotion ou d'une attitude communes, *partagées*. Expérience capitale, puisque d'elle vont découler les premiers sentiments de solidarité. D'abord dirigée contre l'«ennemi», l'activité des deux alliés s'orientera vite vers des fins plus constructives. Ils découvriront le plaisir d'être ou de faire quelque chose ensemble, plaisir qui deviendra bientôt le seul moteur, la sympathie mutuelle se substituant ainsi à l'hostilité vis-à-vis de l'exclu.

Au commencement du groupe, il y aurait donc non pas l'affect *pour* mais l'affect *contre*. C'est là d'ailleurs une vérité d'ordre très général. Chacun sait à quel point la présence d'un ennemi (ou selon les cas d'un simple étranger) peut cimenter l'unité d'un pays, d'une classe, d'une famille, etc., et rassembler des forces jusque-là centrifuges. Le clan se définit d'abord par opposition à ceux qui n'en font pas partie. L'on sait aussi, inversement, combien il est plus difficile de s'entendre à trois qu'à deux ou à quatre. Mettez trois enfants, même liés, même plus âgés, ensemble, le groupe se scindera presque immanquablement selon la formule deux contre un, et les conflits surgiront. Qui n'a vécu dans son enfance l'amertume de s'être vu, après avoir pourtant contribué à les rapprocher, évincé de la sorte par deux bons amis ou amies? La situation triangulaire en soi est source de rivalité et de dispute; mais par là même, comme nous venons de le noter, elle est chez les petits à l'origine des premiers rapprochements. Une fois découvert le plaisir d'agir ensemble, les attitudes amicales prendront très vite le pas sur les réactions d'hostilité. Cependant les enfants restent incapables encore de toute collaboration suivie et les petits groupes qui se constituent spontanément ici ou là sont instables, mouvants, éphémères, à peine formés se désagrégeant déjà si l'adulte n'intervient pour en maintenir la fragile cohésion. En fait, on peut à peine parler de groupe à cet âge, même si les enfants, qui n'aiment plus jouer seuls, se cherchent maintenant des compagnons. Car le besoin de compagnie est une chose et l'aptitude à coopérer une autre; cette aptitude, nos petits sujets ne la possèdent pas encore; plusieurs facteurs entravent son acquisition, que nous allons passer en revue et au premier rang desquels il faut mentionner l'égocentrisme dont nous avons déjà dit quelques mots à propos du langage.

3. *Quelques entraves au développement de la coopération*

a) *L'égocentrisme.* Dans une note du chapitre précédent, nous avions indiqué déjà que le terme d'égocentrisme tel qu'il est utilisé par Piaget désignait une attitude intellectuelle et non pas morale ou affective. C'est, si l'on veut, mais sur un autre plan : celui de la pensée, un adualisme analogue à celui du nourrisson. Le jeune enfant confond son point de vue avec celui d'autrui comme le bébé confondait son propre corps avec les objets de l'univers environnant. Il n'imagine pas qu'il puisse y avoir d'autres perspectives que la sienne, la considérant comme la seule possible et, par conséquent, celle de tout le monde. Voici quelques exemples d'une telle attitude tirés des nombreuses observations et expériences effectuées par Piaget, et qui feront mieux comprendre de quoi il retourne.

L'une d'entre elles consistait à mettre l'enfant devant une montagne en carton avec, sur ses différents pans, une maison, des arbres, etc. Après en avoir fait le tour et une fois assis, le sujet était prié de choisir parmi une série de dessins celui qui correspondait à ce qu'il voyait, puis à ce que voyait une poupée (ou l'expérimentateur) placée de l'autre côté de la montagne; on répétait l'expérience en variant les positions respectives. Immanquablement, qu'il s'agisse de lui ou de la poupée, l'enfant de moins de sept ans choisit le dessin qui correspond à son propre point de vue sans parvenir à concevoir que celui du vis-à-vis soit différent.

Autre exemple : à cinq ans, un enfant sait en général désigner sa main gauche et sa main droite; mais jusqu'à sept ou huit ans, il se trompera régulièrement quand on lui demandera d'indiquer la gauche et la droite de la personne qui lui fait face. On retrouve les mêmes difficultés pour la notion de frère et sœur : un petit garçon de six ans dit qu'il a un frère nommé Pierre; à la question : «Et Pierre, est-ce qu'il a un frère?», il répond par la négative. Toujours, faute de pouvoir se mettre en pensée à la place d'autrui, l'enfant reste accroché à son propre point de vue. Cet égocentrisme est tout à fait inconscient et le petit croit fermement agir et penser comme tout le monde. R. Fröjland-Nielsen[8] a imaginé une série d'expériences qui font bien ressortir le phénomène. C'est ainsi que si l'on demande à deux enfants de cinq ou six ans d'exécuter *ensemble* un dessin au tableau noir, on obtient invariablement non pas un, mais deux dessins juxtaposés, aux similitudes par ailleurs éloquentes. Et le plus étonnant, c'est que d'une part les deux équipiers affirment en toute bonne foi qu'ils ont bien dessiné «ensemble» et que d'autre part, ils n'ont nulle conscience de s'être imités mutuellement. L'enfant croit donc collaborer alors qu'il poursuit une activité individuelle et, inversement, il croit inventer alors qu'en réalité il imite autrui. En d'autres termes, il ne distingue pas ce qui vient de lui et ce qui vient du groupe. «... L'égocentrisme, écrit Piaget[9], est aussi bien suggestibilité et absorption inconsciente du moi dans le groupe qu'ignorance du point de vue des autres et absorption inconsciente du groupe dans le moi.»

On conçoit qu'une pareille confusion rende impossible une véritable coopération. Les enfants de cet âge ne jouent jamais réellement *ensemble*, comme ils le croient; ils jouent *à côté les uns des autres*. Ce n'est plus l'isolement des tout petits — ils se font part de leurs réussites, se parlent, s'interpellent —; ce n'est pas encore le groupe. Ou alors, comme l'écrit J. Chateau[10], il s'agit seulement d'«un groupe segmentaire fait d'unités autonomes», comparable à celui que «constituent des pêcheurs voisins au bord d'une rivière et non à l'équipe de marins qui ont charge d'un morutier». Qui dit équipe, dit en effet collaboration; et la collaboration exige l'entente des partenaires, c'est-à-dire la coordination réciproque de leurs gestes, de leurs mouvements, de toutes leurs actions; chacun doit comprendre, deviner, anticiper même, les intentions de l'autre en pressentant ce que le ou les partenaires attendent de lui. Encore une fois, pour coopérer, il faut pouvoir se mettre en pensée à la place d'autrui, changer de point de vue, aller et venir sans cesse de soi à l'autre et de l'autre à soi. Cela demande une mobilité de pensée qui est tout juste le contraire de la pensée égocentrique, laquelle demeure figée dans une position unique.

Cette incapacité à coopérer est particulièrement frappante dans les jeux sociaux proprement dits, c'est-à-dire les jeux de règles. La règle intervient dès qu'il y a compétition ; elle a pour fonction d'organiser les rapports entre joueurs, de prescrire les conditions dans lesquelles ceux-ci peuvent jouer ou doivent au contraire céder leur tour, de désigner les gagnants et les perdants. Elle délimite donc un cadre à l'intérieur duquel les participants sont contraints de tenir compte les uns des autres, de jouer ensemble... ou devraient l'être. Toutes les observations montrent que chez les enfants de cinq, six ans, il n'en est rien parce que la règle n'a encore pour eux, en pratique, aucun caractère obligatoire. Piaget a mené une vaste enquête sur le jeu de billes, regardant jouer et interrogeant des enfants de tous âges[11]. Ce jeu, un des plus répandus qui soit, comporte un ensemble de règles extrêmement compliquées, qui varient d'une région, d'une ville et souvent même d'un quartier à l'autre. Elles ont pour particularité de se transmettre sans l'intervention de l'adulte par les enfants eux-mêmes, des aînés aux plus jeunes. Il est rare qu'à l'âge qui nous intéresse ici, les petits n'en connaissent pas au moins quelques-unes, apprises en regardant jouer et en imitant les grands, parfois, suprême honneur, en ayant été admis à participer au jeu de ceux-ci — jamais pour bien longtemps d'ailleurs, les grands s'apercevant vite de l'impossibilité de jouer sérieusement avec eux. Les petits commencent en effet par appliquer les règles de la façon la plus fantaisiste, c'est-à-dire que, une fois de plus, chacun joue pour soi et pour son propre plaisir, pratiquant à sa façon telle ou telle règle retenue des aînés. Celui-ci a dessiné le carré réglementaire à l'intérieur duquel il s'amuse simplement à lancer toutes ses billes, tandis que son « partenaire », du même âge, joue de son côté à la « poursuite » avec ses propres billes. Pas le moindre souci, ni chez l'un ni chez l'autre, d'uniformiser les règles, encore moins de se surveiller réciproquement. Et pourquoi l'auraient-ils ce souci ? Il faudrait pour cela que l'un cherche à l'emporter sur l'autre ; or il n'y a pas de compétition et les mots gagner ou perdre, à plus forte raison celui de tricher, n'ont aucun sens pour eux. Le but du jeu n'est pas social : seul compte le plaisir individuel — plaisir essentiellement moteur (lancer des billes, viser, etc.), comme le note Piaget, qui conclut que « l'enfant joue individuellement avec une matière sociale »[12].

C'est plus net encore dans un jeu comme celui de la marelle[13]. Ici, à cause des cases étroites dessinées à même le sol où il faut pousser le caillou du pied, les enfants sont bien obligés de jouer chacun à leur tour, sous peine de collisions continuelles, et cette succession est strictement réglée. Mais avant sept ans, tout en connaissant la règle qui oblige le joueur ayant commis une faute à s'arrêter, les enfants se refusent à céder spontanément leur tour lorsqu'ils ont «failli» : ils continuent à pousser leur pierre jusqu'à ce qu'ils en aient assez ou, cas le plus fréquent, qu'un autre les chasse; d'où cris, disputes et abandon du jeu, à moins que chacun ne se décide à dessiner sa propre marelle. La question du «chacun son tour», condition même de tout jeu en groupe, est une des plus ardues à résoudre pour les petits. D'abord bien sûr, parce qu'un «tiens vaut mieux que deux tu l'auras» : ils ne jugent qu'en fonction de la situation présente et ne peuvent croire que leur tour viendra réellement, cela d'autant plus qu'ils prêtent tout naturellement aux autres leurs propres réactions (en quoi ils n'ont pas tout à fait tort!) et sentent bien que le camarade, une fois dans la place, ne la quittera pas de sitôt. Ensuite, parce que le «chacun son tour» implique une opération mentale logique, une sériation, dont ils sont encore incapables : si j'ai joué en premier, je dois savoir qu'après moi, il y aura Pierre, puis Paul, puis Claude, etc., avant que mon tour revienne; que par conséquent, cela fera trois fois où je ne jouerai pas ou, ce qui est pareil, que je ne rejouerai qu'en quatrième place. Ce n'est guère avant sept ans que l'enfant parvient à établir de telles relations et à raisonner de la sorte. En attendant, il faudra l'intervention répétée de l'adulte pour que la règle du «chacun son tour» soit à peu près acceptée et appliquée.

Il faut cependant mentionner ici les résultats d'une étude récente[14] qui ont montré qu'à l'âge égal, soit six ans, le comportement social des enfants observés différait de manière significative selon qu'ils se trouvaient à l'école maternelle ou à l'école primaire. Alors que dans la cour de récréation des écoles maternelles, les sujets de six ans se comportaient à peu près comme ceux de quatre ans (et comme nous venons de le décrire), les élèves du même âge des écoles primaires étaient déjà capables de jouer à des jeux de règles et d'y jouer correctement. Dans ce dernier cas, on pense évidemment aussitôt à la pression des modèles fournis par les aînés mais, ainsi que l'observent justement les auteurs, cela ne suffit pas à expliquer «les voies par lesquelles [ces modèles] sont intégrés, par lesquelles sont apprises et acceptées les règles». A notre avis, on pourrait faire l'hypothèse qu'il y a là un effet de l'entrée plus précoce aujourd'hui des petits dans le groupe : si les enfants des écoles primaires se situent à un stade plus avancé du développement social que ceux du même âge des écoles maternelles, ce serait parce que, «tirés vers le haut», si l'on ose dire, par un milieu plus stimulant, ils actualiseraient rapidement des possibilités existant en réalité déjà à l'état latent.

b) *L'hétéronomie*. Du point de vue subjectif de l'enfant, la non-observance des règles de jeu ne signifie nullement son irrespect à l'égard de celles-ci. Bien au contraire, car tout en en faisant l'usage le plus arbitraire, les petits non seulement sont convaincus qu'ils les appliquent correctement, à l'imitation exacte de leurs aînés, mais encore et de façon paradoxale, les considèrent comme sacrées et intangibles. Interrogés sur l'origine des règles du jeu de billes, ils affirment qu'elles ont été inventées il y a très longtemps par quelque mystérieuse Grande Personne, quand ce n'est pas par le Bon Dieu lui-même; et lorsqu'on leur demande s'il est possible de les modifier ou d'en inventer de nouvelles, ils répondent tous, et catégoriquement, par la négative. Ce respect quasi mystique de la règle, qu'on vient de voir si malmenée en pratique, contraste à tous égards avec l'attitude des enfants plus âgés. Pour les grands de dix ans et plus, c'est *l'application* de la règle, non son contenu comme tel, qui est sacrée. D'une part, les règles du jeu ne sont pas d'origine adulte : elles ont été inventées par des enfants, et cela à la suite d'un accord mutuel entre les joueurs; et d'autre part, ces règles sont toujours susceptibles d'être révisées et transformées, pourvu que tous les participants s'entendent au préalable. Une fois l'entente réalisée, les règles sont alors rigoureusement observées et des sanctions prises contre ceux qui les enfreignent. Chez les petits donc : respect mystique mais purement formel de la règle; chez les grands : attitude rationnelle, réaliste à l'égard de celle-ci mais s'accompagnant d'une scrupuleuse mise en pratique. Autrement dit hétéronomie d'un côté, autonomie de l'autre.

L'attitude du jeune enfant est hétéronome parce que la règle demeure extérieure à sa conscience au lieu d'être intériorisée comme c'est le cas chez les aînés. Il n'en comprend pas le sens ni par conséquent la nécessité. Cette hétéronomie ne résulte pas seulement de l'égocentrisme, qui ne rend pas compte du respect mystique des petits pour la règle. Selon Piaget, l'hétéronomie est le produit de la contrainte adulte : comme l'indique son explication de l'origine des règles de jeu, l'enfant commence en effet par les assimiler aux consignes de l'adulte. C'est le prestige et l'autorité dont jouit celui-ci qui donnent force de loi à ces consignes imposées du dehors; les petits ne s'y soumettent que parce qu'elles émanent de personnes pour lesquelles ils éprouvent du respect — respect unilatéral par opposition au respect mutuel qui caractérise les relations entre égaux. Mais, comme nous l'avons vu, ils demeurent incapables de comprendre le sens de toutes les règles qu'on leur inculque, et c'est pourquoi, tout en les vénérant en théorie, ils les déforment en pratique. Le jeu vient de nous en fournir l'exemple; il en est de même de n'importe quel précepte moral. Piaget l'a bien fait ressortir à propos du mensonge[15] en présentant à des sujets âgés de cinq à douze ans les deux histoires suivantes :

1. Un enfant rencontre dans la rue un gros chien qui lui fait très peur. De retour à la maison, il raconte à sa mère qu'il a vu un chien énorme, un chien «gros comme un veau».

2. Un autre enfant, rentrant de l'école, annonce à sa maman qu'il a fait une bonne note — ce qui n'est pas vrai car ce jour-là il n'y a pas eu de notes du tout —; heureuse, la mère le félicite et le récompense.

Chaque enfant était invité à se prononcer sur la gravité relative de ces altérations de la vérité. Or tous ceux de moins de sept ans déclarèrent sans ambages le premier mensonge beaucoup plus «vilain» que le second, parce qu'un chien gros comme un veau, «ça n'existe pas», tandis qu'il est tout à fait plausible qu'on fasse une bonne note à l'école; bien plus : la mère n'ayant pas remarqué le mensonge, celui-ci perdait de ce fait une bonne partie de sa gravité. Tout en comprenant fort bien que, dans le premier cas, le héros avait exagéré son récit sous l'empire de la frayeur, les petits ne démordaient pas de leur position, montrant par là que le caractère intentionnel du mensonge n'entrait pas en ligne de compte. Poussé plus avant, l'interrogatoire révéla que la gravité du mensonge dépendait aussi de la personne à qui il était fait pour les petits, il est moins laid de mentir à d'autres enfants qu'à un adulte, d'une part parce que ce sont les grandes personnes qui interdisent de mentir, et d'autre part parce qu'elles finiront toujours par s'apercevoir qu'on leur ment (l'adulte est omniscient aux yeux des enfants de cet âge). En d'autres termes, le mensonge n'est vraiment répréhensible que : 1. lorsqu'il s'écarte par trop de la réalité; 2. lorsqu'il s'adresse à l'adulte; 3. lorsqu'il est découvert. A l'autre extrême, les grands de dix ans et plus condamnent le mensonge parce qu'il sape la confiance réciproque, fait du tort aux camarades, etc. Ici le respect de la règle est motivé par le respect mutuel et la solidarité. La règle n'est plus liée à la personne qui l'a donnée mais intériorisée : l'enfant la suit parce qu'il en a découvert lui-même le bien-fondé et la signification. Il a cessé de se référer à une autorité supérieure — ses parents, le maître, etc. — pour porter un jugement autonome.

Le «*réalisme moral*» des petits, c'est-à-dire l'absence de prise en considération de l'intention qui motive la conduite, s'applique de même aux sanctions, qui sont évaluées selon le principe de la *responsabilité objective* : elles doivent être proportionnées aux conséquences matérielles de la faute commise; un sujet qui, sans le vouloir, par pure maladresse, brise un vase précieux devra être puni plus sévèrement, par exemple, que celui qui, dans un mouvement de colère ou de vengeance, jette et casse son verre.

Piaget note que le réalisme moral apparaît très tôt au cours du développement, sous une forme spontanée qui ne se systématisera que par la suite. Il cite à ce propos l'exemple de sa propre fille qui, à deux ans et dix mois, manifestait un remords évident de ne pouvoir manger, parce que malade, la ration qui lui avait été prescrite ; remords que l'attitude pourtant compréhensive et consentante de ses parents ne réussit pas à atténuer. Toute infraction à une consigne adulte, même involontaire, même encouragée par l'adulte dont elle émane, déclencherait ainsi un sentiment de culpabilité. C'est dire le pouvoir coercitif, le caractère impératif et catégorique de telles consignes. A partir de trois ou quatre ans, l'enfant commence à différencier la faute, c'est-à-dire l'acte commis intentionnellement, de l'« accident », involontaire, mais *en ce qui le concerne seulement* et en pratique, non en théorie. L'appréciation de la conduite d'autrui demeure beaucoup plus sévère parce que, écrit Piaget, « elle nous apparaît dans sa matérialité bien avant d'être comprise dans son intentionnalité ». Et de façon générale, le réalisme moral est beaucoup plus systématique sur le plan théorique et verbal que sur le plan de l'action, la pensée accusant toujours un retard sur celle-ci.

Le réalisme moral, l'hétéronomie qui découle de l'extériorité des consignes reçues toutes faites de l'adulte et qui explique le divorce entre la théorie et la pratique, indiquent clairement qu'on ne saurait encore parler à ce stade de conscience morale, qui se définit par l'intériorisation de la règle, autrement dit par l'autonomie. En revanche, il existe un rapport évident entre les attitudes morales de l'enfant de cinq ou six ans telles que Piaget les a saisies au travers de ses jugements, et le Surmoi qui se forme et se développe au même moment. Cette instance morale inconsciente garde jusque dans l'âge adulte le sceau de son origine primitive ; elle est, si l'on peut dire, datée par son style comme l'est un monument qui conserve les caractères de l'époque à laquelle il a été construit : le Surmoi en effet se trouve précisément régi par le réalisme moral et l'hétéronomie, en particulier par la soumission aveugle, inconditionnelle à certains ukases parentaux. C'est d'ailleurs le réalisme moral qui explique pourquoi les images parentales introjetées sont en général beaucoup plus sévères et répressives que ne le sont les parents réels : le principe de la responsabilité objective qu'on a vu prévaloir dans l'appréciation et le jugement conscients de la faute s'applique aussi au « crime » inconscient, au souhait de mort dirigé contre le parent rival, comme un châtiment qui doit fatalement en découler. Une fois de plus on aperçoit l'interdépendance des processus cognitifs et affectifs.

Ouvrons maintenant une parenthèse pour dire quelques mots des rapports entre le Surmoi et la conscience morale. C'est une question qui demeure controversée dans la théorie psychanalytique. Pour Odier[16] par exemple, le Surmoi est l'une des deux sources de la vie morale, son influence occulte continuant à s'exercer après l'apparition de la conscience proprement dite, dont l'élaboration, au cours de la troisième enfance et durant toute l'adolescence encore, se confond avec la conquête de l'autonomie. Selon l'auteur, la vie morale serait donc régie par deux systèmes antinomiques : l'un archaïque, prélogique et inconscient, qui s'intercale entre le ça et le Moi, barrant l'accès de ce dernier à certaines tendances refoulées, châtiant dans l'ombre et suscitant, par sa justice sommaire et clandestine, une culpabilité susceptible de paralyser les forces vives du Moi ; l'autre conscient, autonome, fonctionnant selon les normes logiques de la pensée adulte et librement attaché à d'authentiques valeurs spirituelles. La santé psychique de l'individu dépendrait en grande partie de son aptitude à concilier dans la mesure du possible les exigences de ces deux systèmes. Adoptant un point de vue différent, d'autres auteurs estiment que le Surmoi est susceptible d'évoluer et de s'assouplir au cours de l'existence, tendant alors à coïncider de plus en plus avec le Moi. De manière générale, il semble que les psychanalystes aient tendance aujourd'hui à déplacer l'accent porté initialement par Freud et ses successeurs immédiats sur la « cruauté » ou encore le « sadisme » du Surmoi — cet aspect étant considéré comme régressif et propre à la névrose — et à insister sur ses caractères positifs : dans le cas d'une évolution normale, le Surmoi viendrait étayer la conscience morale ; son influence occulte serait partout présente, mais ne déterminerait plus les options et les systèmes de valeurs du sujet ; il exercerait en quelque sorte un droit de regard, assurant la conformité des actes et des jugements avec les valeurs et les idéaux du groupe choisi, suppléant à d'éventuelles défaillances du Moi dans sa lutte contre les pulsions. Le Surmoi est donc conçu ici comme « une véritable assise fonctionnelle », comme « un système de sécurité vigilant »[17]. On pourrait résumer cette évolution en avançant que, sous l'influence notamment de la morale autonome qui se développe ultérieurement[18], le Surmoi est susceptible de perdre en partie ce caractère prélogique, « réaliste » qui l'a marqué à sa naissance.

Pour en revenir à la contrainte adulte, on dira en conclusion que, source d'hétéronomie, elle a pour effet de renforcer l'égocentrisme enfantin ; elle s'exerce dans le même sens, c'est-à-dire qu'elle va, elle aussi, à l'encontre de la coopération, laquelle implique l'autonomie. Coopération et autonomie, encore une fois, ne sauraient naître que des rapports entre égaux et du respect mutuel. C'est dans la société de ses pairs que l'enfant se libérera de l'emprise de l'adulte. Déjà nous l'avons vu, vers quatre ou cinq ans, cesser de s'adresser exclusivement à celui-ci pour se tourner vers ses camarades. Vient un moment même où la présence d'une grande personne est jugée indésirable ; un pas de plus, et elle sera ressentie comme une intrusion. Autour de six ans, les enfants commencent à prendre conscience, confusément encore, de tout ce qui sépare leur monde du monde de l'adulte. Petits, ils avaient cru y pénétrer tout uniment ; maintenant cet univers leur apparaît de plus en plus incompréhensible, fermé, secret. Ils s'en détournent peu à peu pour se découvrir solidaires les uns des autres ; mais ce sentiment de solidarité demeure diffus, précaire et fragile à cet âge parce qu'il ne repose pas encore sur une notion claire de la réciprocité.

c) *L'instabilité du caractère enfantin.* Si l'égocentrisme et l'hétéronomie constituent les principaux obstacles à la collaboration, ce ne sont pas les seuls ; et J. Chateau[19] a raison d'insister sur l'instabilité et surtout l'emportement et l'impulsivité du jeune enfant. On sait avec quelle facilité celui-ci passe d'un jeu à l'autre ; un rien le distrait et fait dévier son intérêt ; il se lasse vite, s'ennuie vite. Certes, il est capable de s'absorber de façon durable dans une activité, au point même d'en oublier le monde qui l'entoure, mais précisément, cela n'arrive que lorsqu'il joue seul. Il en va tout autrement dès que plusieurs enfants se trouvent ensemble, à plus forte raison quand il s'agit d'un jeu organisé où chacun doit tenir sa place ou son rôle. Au jeu de la chandelle, de la bague d'or, du chat et de la souris, le petit s'impatiente de ne pas recevoir le mouchoir ou la bague, de n'être pas tout de suite le chat ou la souris ; il tire de ses poches quelque objet qui l'amuse davantage, taquine son voisin, quitté le cercle pour aller regarder à la fenêtre, etc. A ce taux, c'est vite la débandade et l'anarchie. Lors d'une enquête sur le groupe menée dans les écoles de Genève, on demandait à trois ou quatre enfants d'une même classe d'organiser une « représentation dramatique » dont ils étaient libres de choisir eux-même le thème. Le thème, notons-le en passant, avait ici un peu la même fonction que la règle dans d'autres jeux : celle de diriger et de coordonner les diverses activités des participants. Mais entre cinq et sept ans, ces activités demeurèrent incohérentes, décousues et la collaboration plus que sporadique, chacun suivant ses propres impulsions, et ses propres initiatives sans tenir compte des autres et modifiant le thème à son gré : le Petit Chaperon Rouge joue gravement à la dînette avec les fraises cueillies dans la forêt, cependant que le Loup poursuit, dans une course effrénée, une Mère-Grand plusieurs fois dévorée, ainsi que la Maman qui s'apprête à l'être avec un ravissement manifeste. Le thème pas plus que la règle n'a encore d'effet contraignant ; il est vite oublié et le jeu dégénère rapidement en poursuites ou en batailles.

Égocentrisme certes, mais aussi impulsivité et excitation. Dans la joie comme dans la colère, les réactions du jeune enfant sont extrêmes, car il ne maîtrise encore ni ses émotions ni sa motricité ; il s'excite, hurle, trépigne et ne peut tenir en place. Une surabondance d'énergie lui fait sans cesse dépasser la mesure, rend ses gestes et ses mouvements maladroits et excessifs. On comprend que dans ces conditions les jeux de groupe, en dépit même de la présence de l'adulte ou de meneurs plus âgés, se désorganisent rapidement, sombrant dans l'anarchie et le désordre. « Le petit, écrit Chateau[20], se réjouit fort du jeu, sa joie éclate dans toute son attitude, dans ses paroles, dans ses gestes ; et bientôt il marche trop vite, il quitte les rangs... au lieu de chanter, il hurle jusqu'à devenir rouge... C'est là un fait général dans certains jeux. Pour les petits, la marche y devient course, le chant y devient cris et la discipline y devient anarchie. » Et l'auteur d'ajouter : « Jamais je n'ai pu voir dans un jeu les petits garder leur place dans une file. »

Nous venons d'énumérer les principaux facteurs qui rendent aléatoire toute coopération réelle entre les membres du groupe et retardent la constitution d'une véritable société enfantine. Toutefois, dans ces groupes instables, mouvants et désordonnés, où chacun agit à sa guise, on entrevoit déjà le jeu de certaines forces centripètes, dont le rôle deviendra évident au stade suivant. Ces forces sont représentées par les meneurs. Il s'en trouve chez les petits déjà (au moins dès trois ans) ; ce sont ceux qui prennent le plus d'initiatives de contact, mais leurs tentatives pour faire participer les autres à leurs activités et à leurs fantaisies tournent en général presque aussitôt court. Un peu plus tard par contre, on voit des enfants qui réussissent à s'imposer et à réunir autour d'eux et dans une activité commune un certain nombre de partenaires. L'autorité de ces meneurs reste cependant toujours très éphémère parce que despotique et n'ayant pour fin que la satisfaction de celui qui l'exerce : les autres ne sont que les instruments de son plaisir et de ses désirs. A lui les beaux rôles ; aux autres de tenir l'échelle sur laquelle il veut grimper, de tirer le char, de tourner la corde, de former de leurs mains entrecroisées la chaise qui lui servira de trône. Mais les subalternes ne tardent pas à se révolter et le jeu se disloque. Il n'en reste pas moins que durant quelques instants le jeune tyran aura été le centre d'un vrai groupe, sa tyrannie un facteur de cohésion. Ce rôle du meneur, qui s'ébauche seulement ici, se précisera entre sept et dix ans. Nous verrons alors le groupe s'organiser solidement autour de quelques fortes personnalités, et leur autorité, plus durable et plus efficace qu'à cinq ou à six ans parce que plus souple et plus soucieuse de l'intérêt de tous, cimenter l'union du groupe.

Mais pour important que soit le rôle du leader, tout ce qui précède montre qu'il ne saurait à lui seul suffire à instaurer solidarité et camaraderie entre les enfants. La preuve, c'est que la morale que comportent celles-ci, parents et maîtres se sont efforcés en vain de l'inculquer aux petits : ne pas mentir, ne pas rapporter, céder son tour, tenir compte des droits et des intérêts d'autrui, ces règles sont restées autant dire lettre morte. La morale de la réciprocité, fondement de la vie en commun et de la coopération, et qui tient tout entière dans le précepte : ne pas faire aux autres ce que l'on ne voudrait pas que l'on vous fasse et inversement, suppose le déclin de l'égocentrisme ; de l'égocentrisme affectif certes, mais au premier chef de l'égocentrisme intellectuel tel que l'a défini Piaget. C'est dans la mesure où cette morale pourra reposer sur une expérience réellement vécue, au lieu d'être imposée de l'extérieur, que les enfants en découvriront le sens et qu'elle s'intériorisera.

Mais avant d'aborder le passage de l'égocentrisme à la coopération, de l'hétéronomie à l'autonomie, objet du chapitre suivant, il nous faut encore parler d'une méthode d'étude du groupe susceptible de fournir des données complétant et enrichissant celles que l'on peut tirer de l'observation directe et des interrogatoires. Cette méthode, il s'agit du test sociométrique de Moreno, nous permettra d'envisager par la suite le groupe dans une perspective plus large, et notamment sous l'angle de sa dynamique affective. Ce test vise en effet à mettre en évidence les attractions et les répulsions qui unissent ou qui séparent les membres d'un groupe, en même temps que la position de chaque individu à l'intérieur de celui-ci du point de vue de ces relations d'affinité ou de non-affinité.

L'APPROCHE SOCIOMÉTRIQUE

Inventé par le psychiatre J.L. Moreno[21], le test sociométrique est aussi simple qu'ingénieux : il consiste toujours à demander au sujet de désigner dans le groupe auquel il appartient les personnes qu'il voudrait avoir pour compagnons dans une situation donnée (attraction) et celles dont il ne voudrait en aucun cas (répulsion). C'est ainsi par exemple que dans une classe, chaque enfant sera prié de choisir ceux de ses condisciples qu'il aimerait pour voisins de banc ou pour camarades de jeu, qu'on demandera à des étudiants avec qui ils voudraient former un groupe de discussion, une équipe de sport, aux jeunes filles d'un internat qui elles désireraient avoir à leur table pour les repas, aux soldats d'une troupe quels compagnons ils se choisiraient pour effectuer telle ou telle mission, etc. Le test peut être appliqué à n'importe quel groupement; il envisage toujours plusieurs situations bien déterminées, en général trois ou quatre (jeu, travail, loisir, etc.) en rapport avec la nature et les activités du groupe — on ne demandera pas à des savants de laboratoire avec qui ils voudraient constituer une équipe de football! Pour chacune de ces situations, les sujets sont invités à choisir, par ordre de préférence et en motivant leurs choix, trois de leurs camarades, avec la liberté de désigner chaque fois les mêmes s'ils en ont envie. On procède de façon identique pour les exclusions.

Le test sociométrique donnera donc une image de la configuration affective du groupe. Moreno est parti de l'idée que cette infrastructure, qui ne se dessine qu'en filigrane au travers des interactions des sujets, échappant en grande partie à l'observation, était pour le moins aussi importante à connaître que ce qu'il appelle la structure «officielle», c'est-à-dire apparente, extérieure, du groupe. Car la dynamique de celui-ci est largement déterminée par les sympathies et les antipathies qui existent entre ses membres et qui sous-tendent leurs comportements les uns à l'égard des autres. Le rendement scolaire, la collaboration au sein d'une équipe de jeu ou de travail seront infiniment meilleurs si chaque sujet se trouve entouré de compagnons avec lesquels il a des affinités; un enfant renfermé, taciturne, peut s'épanouir au contact d'un camarade secrètement admiré mais à qui il n'avait pas pu ou pas osé manifester ses sentiments. Le test sociométrique a donc d'abord une incidence pratique: amener chacun a exprimer au travers de ses choix et de ses rejets ses attitudes affectives à l'égard des autres, puis, en tenant compte de celles-ci, constituer un groupe aussi harmonieux que possible.

Mais le test est aussi, et c'est en cela qu'il nous intéresse un instrument d'étude scientifique des relations interpersonnelles, de leur évolution, de leur dynamique. Comme tel, il a connu un succès considérable aux États-Unis d'abord, puis en Europe, et inspiré d'innombrables travaux. Comme son nom l'indique, il a l'avantage d'introduire la mesure dans un domaine qui jusqu'alors était demeuré réfractaire aux chiffres: c'est ainsi que la position de chaque individu dans le groupe sera donnée par le nombre de choix et de rejets qu'il aura reçus; qu'on pourra donc mesurer le degré de son prestige ou de son ascendant auprès de ses camarades; que le nombre de choix mutuels et leurs combinaisons permettront d'évaluer la cohésion du groupe, etc. Fait remarquable, la mesure ne vient pas ici, comme si souvent, figer la réalité vivante; au contraire, le test est conçu pour saisir le groupe dans son effervescence même, pour restituer l'aspect le plus spontané, le moins organisé des relations entre ses membres.

Ses résultats sont transcrits sur un « sociogramme », sorte de carte géographique du groupe : chaque sujet est représenté par un cercle, des flèches le relient aux individus qu'il a choisis (ou rejetés) et par qui il a été choisi (ou rejeté), les doubles flèches indiquant les choix (ou les rejets) réciproques. On voit immédiatement la position de chacun ainsi que la configuration du groupe : structure en étoile lorsque la majorité des choix se sont concentrés sur un ou deux individus, structure décentralisée révélée par la présence de petits clans, séparés ou non les uns des autres, structure anarchique quand les choix partent dans toutes les directions sans se rencontrer jamais. Comme déjà dit, ce sont en effet les choix réciproques et leurs combinaisons qui constituent l'indice le plus sûr de la solidité ou de la fragilité du groupe : plus nombreuses seront les paires, et surtout plus complexes, plus riches, plus ouvertes les figures qu'elles forment entre elles, plus grande sera sa cohésion ; elle sera d'autant plus faible que les paires demeureront rares et isolées.

En ce qui concerne la position des sujets dans le groupe, l'expérience montre que les choix se répartissent de façon très inégale : quelques individus en reçoivent nettement plus que leur part, ce sont les « stars », tandis qu'à l'autre extrême, plusieurs — les « isolés » — n'en reçoivent aucun ou presque aucun. Pour peu que ces derniers se trouvent en même temps rejetés par beaucoup de leurs camarades, il s'agira presque toujours alors, surtout chez les enfants, de sujets mal adaptés socialement et posant des problèmes. Quant aux stars, ce seront souvent les personnalités dominantes du groupe (c'est en général le cas quand le nombre des suffrages reçus est particulièrement spectaculaire), mais pas forcément toujours, contrairement à ce qu'affirme Moreno. D'une enquête que nous avons effectuée dans des classes d'enfants âgés de six à quinze ans[22], il est ressorti en effet qu'on ne pouvait assimiler les stars à des leaders ; que leur position s'expliquait parfois par un prestige ne reposant que sur des qualités extérieures, telles que le rang scolaire, l'apparence physique, l'adresse dans les jeux, etc., et non sur un véritable ascendant. Nous avons observé que, dans les petites classes notamment, les choix se portaient volontiers sur les bons élèves, les enfants sages et appliqués. A une ou deux reprises, il s'est même trouvé des stars qui n'avaient été choisies que pour ces raisons-là et qui par ailleurs étaient franchement antipathiques à la plupart de leurs camarades. De tels faits n'enlèvent rien de sa valeur au test sociométrique (ils n'indiquent que la faiblesse de certaines des thèses et des interprétations de son auteur !) mais montrent la nécessité d'approfondir les motivations des choix, qui ne reposent pas toujours ou pas seulement sur des préférences personnelles ; le test permet incontestablement de repérer les sujets qui jouent un certain rôle dans le groupe, mais ce rôle n'est pas le même d'un groupe à l'autre ni surtout d'un âge à l'autre, et il s'agit de savoir en quoi il consiste.

C'est cela précisément que nous avons essayé de déterminer dans notre enquête. Après avoir étudié l'évolution des configurations sociométriques en fonction de l'âge, nous avons repris dans chaque classe les deux enfants qui avaient été le plus souvent choisis et les deux qui l'avaient été le moins, et interrogé sur eux le reste de leurs camarades. Tout en gardant la forme libre de la conversation, l'interrogatoire fut mené de façon systématique ; nous avions en effet dressé une sorte d'inventaire de toutes les situations susceptibles de se présenter à l'école et impliquant les traits essentiels, positifs ou négatifs, de la personnalité. La plupart de ces situations et de ces qualités ou de ces défauts nous avaient été suggérés d'ailleurs par les motivations invoquées par les enfants dans le test sociométrique (je le choisis « parce qu'il me prête ses choses, parce qu'il ne triche jamais, parce qu'elle est jolie, etc. »). C'est ainsi qu'une série de questions portaient sur la camaraderie (prêter, aider, souffler, rapporter, etc.) et sur certains traits de caractère (bonne humeur, gaîté, esprit), d'autres sur l'attitude en classe (rang scolaire, application, sagesse), etc. A titre de vérification, nous demandions à chaque enfant d'énumérer les qualités que devait à ses yeux posséder un ami idéal.

Ce que nous voulions en procédant de la sorte, c'était connaître les personnalités des stars et des isolés et les connaître au travers des témoignages des autres enfants. Nous partions de l'hypothèse que les caractéristiques qui font de certains sujets des stars ou des isolés n'étaient pas les mêmes à tous les âges, que quelques-unes d'entre elles pouvaient même à certains moments être considérées comme des qualités et à d'autres comme des défauts ; en bref, que les motivations des choix devaient refléter le système de valeurs du groupe et évoluer parallèlement à celui-ci.

C'est bien ce que notre enquête mit en évidence. Les stars sont apparues en premier lieu comme les individus qui incarnaient le plus complètement les normes et les valeurs, on pourrait dire l'idéal du groupe. Or, pour peu que cet idéal se trouve entaché d'hétéronomie, c'est-à-dire inspiré du dehors par l'adulte, ou que l'accent porte avant tout sur des valeurs extérieures (force, adresse, etc.) et ne concernant pas le caractère ou le comportement social, les stars ne seront pas nécessairement alors les membres les plus influents du groupe, ni même les plus aimés ; et parmi les isolés pourront se trouver des sujets qui, loin d'être rejetés, jouissent de l'estime de chacun.

A travers les appréciations des enfants d'âge différent sur les stars et les isolés, nous avons donc pu suivre l'évolution génétique du système de valeurs du groupe, et aussi celle du jugement enfantin sur autrui; les progrès de l'objectivité se sont manifestés ici par la cohérence et la richesse croissantes des portraits psychologiques que nous avons obtenus.

Nous ne résumerons brièvement dans ce chapitre que les résultats concernant les enfants de six ans. Des classes de cet âge, les sociogrammes ont fourni une image extrêmement peu structurée, anarchique même : les choix partent dans tous les sens et sont rarement payés de retour; les quelques paires sont le plus souvent isolées les unes des autres. Tout se passe comme si les enfants s'étaient manqués, distribuant leurs choix à mauvais escient et montrant par là combien leurs relations sont encore mal ajustées; ils ne perçoivent pas ou perçoivent mal les sentiments qu'ils inspirent aux autres, par suite de leur incapacité à sortir d'eux-mêmes. C'est au niveau des affinités, la même absence de réciprocité, le même égocentrisme que sur le plan du comportement; la même instabilité aussi, car les sentiments, loin d'être fixés, fluctuent en fonction du moment et des circonstances, comme l'indiquent les jugements portés : ceux-ci sont extrêmement sommaires et presque toujours fondés sur des cas particuliers : un sujet dira par exemple d'un camarade qu'il est gentil et qu'il l'aime bien «parce qu'une fois il m'a prêté sa gomme»; mais quelques instants plus tard, il pourra tout aussi bien le déclarer méchant parce que le même enfant aura refusé de lui prêter quelque chose d'autre. Les petits ne portent pas en effet d'appréciation globale, ne font pas une sorte de bilan des circonstances où un tel a agi d'une façon et de celles où il a agi d'une autre : aussitôt qu'ils ont à l'esprit un exemple privilégié, le jugement devient ou tout à fait négatif ou tout à fait positif.

Quant aux motivations des choix, nous avons déjà mentionné que les suffrages étaient allés de préférence aux enfants les plus dociles, les plus soumis, les plus appliqués; des enfants appréciés de leurs camarades mais qui, de l'avis même de ceux-ci, confirmé par celui des maîtresses, ne jouaient dans la réalité qu'un rôle très effacé. Le test sociométrique n'avait donc pas mis en évidence ici les personnalités dominantes (il y en avait). Pourquoi? Tout simplement parce qu'à cet âge, l'idéal c'est le conformisme, la soumission aux normes adultes; on rejette ceux qui s'en écartent et de façon générale tout ce qui sort de l'ordinaire. Parmi les isolés, se trouvaient non seulement les plus mauvais élèves de la classe — «elle n'a pas beaucoup d'amies, nous dit-on d'une fillette qui n'avait reçu aucun choix, parce qu'elle ne fait pas bien ses lettres; ses lettres sont tout des gribouillis»! —, mais encore les pitres et les turbulents. Et les qualités qu'on souhaite voir chez l'ami idéal, c'est toujours, à côté de l'inévitable gentillesse, l'obéissance, la sagesse, l'application dans le travail. On insiste aussi beaucoup, chez les garçons comme chez les filles, sur l'apparence extérieure : «qu'elle soit jolie», «qu'il ait des cheveux blonds», «qu'elle ait une jolie jupe en soie et une blouse à manches courtes»! Il n'est pas question encore de camaraderie, comme le montre par ailleurs l'attitude des petits vis-à-vis d'une question comme celle de la dénonciation : tous, ils estiment non seulement qu'il est juste de dénoncer, mais encore qu'il faut dénoncer un camarade qui a fait une bêtise ou commis quelque maladresse, «parce que comme ça, disent-ils, la maîtresse peut punir», ou «parce qu'elle peut réparer les dégâts», ou plus simplement encore «parce qu'il faut que la maîtresse sache». Deux enfants seulement sur la cinquantaine que nous avons interrogés ont déclaré qu'on ne devait pas rapporter, mais c'était uniquement parce que la maîtresse le réprouvait et non par référence à la solidarité entre camarades.

Il est clair que les choix de ces enfants de six ans ont été largement influencés par des normes et des valeurs qui leur étaient extérieures : les qualités que l'on apprécie chez les autres — en théorie, sinon toujours en pratique —, ce sont celles prônées par l'adulte. Et l'on retrouve pareillement dans tous leurs jugements l'hétéronomie et le réalisme moral si caractéristiques de cet âge.

NOTES

[1] J. Piaget, *La construction du réel*, Delachaux et Niestlé, Neuchâtel, 1959, p. 54.
[2] S. Lebovici et M. Soule, *Connaissance de l'enfant par la psychanalyse*, PUF, Paris, 1970, p. 439.
[3] P. Ricœur, *De l'interprétation. Essais sur Freud*, Le Seuil, Paris, 1965.
[4] A côté des attitudes hostiles attribuées au parent haï et redouté seront aussi introjetées les qualités positives du parent aimé et admiré; les premières sont constitutives du Surmoi; les secondes de l'Idéal du Moi.
[5] Voir M. Mead, *Sex and Temperament in Three Primitive Societies*. The New American Library, coll. Mentor Book, New York, 1950.
[6] J. Piaget, *Le langage et la pensée chez l'enfant*, Delachaux et Niestlé, Neuchâtel.
[7] S. Isaacs, *Social Development in Young Children*, G. Routledge, Londres, 1933.
[8] R. Fröjland-Nielsen, *Le Développement de la sociabilité chez l'enfant*, Delachaux et Niestlé, Neuchâtel, 1951.
[9] J. Piaget, *La formation du symbole chez l'enfant*, Delachaux et Niestlé, Neuchâtel, 1945, p. 76.
[10] J. Chateau, *L'enfant et le jeu*, Ed. du Scarabée, Paris, 1954, p. 9.

[11] J. Piaget, *Le jugement moral chez l'enfant*, Alcan, Paris, 1932.
[12] J. Piaget, *op. cit.*, p. 29.
[13] Voir G. Noelting, «L'infraction à la règle dans les jeux d'enfants», *Rev. suisse de Psychol.*, n° 1, 1962, p. 24-31.
[14] M.C. Hurtig, M. Hurtig, M.H. Julien-Laferriere et M. Paillard, *Jeux et activités des enfants de 4 et 6 ans dans la cour de récréation*, dans *Enfance*, 1971, n°s 1-2 et 4-5.
[15] J. Piaget, *Le jugement moral chez l'enfant*, Alcan, Paris, 1932.
[16] Ch. Odier, *Les deux sources, consciente et inconsciente, de la vie morale*, Ed. La Bâconnière, Neuchâtel, 1947.
[17] M. Roch, *Du Surmoi*, «Héritier du complexe d'Œdipe», Vingt-septième congrès des psychanalystes de langues romanes, PUF, Paris, 1966.
[18] Plus précisément par l'intériorisation de nouveaux modèles n'ayant plus, en raison du développement plus avancé du sujet, la valeur «contraignante» (au sens de Piaget) des premiers.
[19] J. Chateau, *L'enfant et le jeu*, Ed. du Scarabée, Paris, 1954.
[20] J. Chateau, *op. cit.*, p. 101.
[21] Voir notamment J.L. Moreno, *Les fondements de la sociométrie*, PUF, Paris, 1954.
[22] B. Reymond-Rivier, *Choix sociométriques et motivations*, Delachaux et Niestlé, Neuchâtel, 1961.

Chapitre 3
Vers la coopération et l'autonomie

L'AVÈNEMENT DE LA PENSÉE LOGIQUE

L'âge de sept, huit ans[1] marque un tournant décisif dans le développement de l'enfant, le début d'une phase nouvelle qui va nous conduire jusqu'au seuil de la puberté, c'est-à-dire jusque vers douze ans. Par rapport à la précédente, caractérisée par une turbulence et une intense fermentation affectives, cette période est une période d'assimilation tranquille et d'adaptation à la réalité. Freud l'a appelée «phase de latence» parce qu'après la résolution du complexe d'Œdipe, les pulsions sexuelles sont mises en veilleuse; simultanément les attitudes subjectives font place à un intérêt croissant pour les données objectives du réel. Mais parler de phase de latence, ce n'est pas expliquer les changements qui s'accomplissent, le regard neuf que l'enfant va désormais poser sur le monde extérieur. Ce sont les transformations radicales de la pensée enfantine qu'il faut d'abord invoquer ici car, à bien des égards, elles commandent toutes les autres, modifiant de proche en proche la représentation que l'enfant se fait de l'univers et donnant un caractère nouveau à ses relations avec autrui.

L'avènement de la pensée logique, puisque c'est de cela qu'il s'agit, en délivrant l'enfant de son égocentrisme va enfin lui donner prise sur la réalité : jusqu'alors soumis à toutes les illusions de sa perception, il devient capable de les rectifier par le raisonnement et d'introduire dans le monde mouvant et trompeur des apparences ordre, stabilité et cohérence. Grâce à la mobilité nouvelle de sa pensée, il peut désormais envisager simultanément les différents aspects d'une situation ou d'un problème et rattacher les effets aux causes. Traduit de façon concrète à l'aide de quelques-unes des expériences imaginées par Piaget et ses collaborateurs : l'enfant ne croit plus, comme c'était le cas auparavant, qu'il aura plus (ou moins) de chocolat à manger si de deux tablettes identiques, il choisit celle qu'on lui a demandé de casser en petits morceaux ; ni qu'il pourra faire un collier plus long (ou plus court) avec des perles alignées en rang qu'avec le même nombre de perles disposées en tas ; pas plus qu'il ne croira (mais un peu plus tard seulement car la notion de poids est plus abstraite que celle de quantité) qu'une boule de plasticine sera plus légère (ou plus lourde) une fois roulée en mince saucisse ou aplatie en galette. Pour les enfants parvenus à ce stade, c'est l'évidence même que la quantité et la matière, puis le poids et enfin le volume se conservent en dépit des transformations physiques de l'objet, puisque, arguent-ils, « on n'a rien enlevé ni rien ajouté », que ceci compense cela : si les morceaux de chocolat sont plus petits, il y en a beaucoup, si la saucisse de plasticine est plus mince que la boule, elle est aussi plus longue, etc., et qu'il suffit de remettre les morceaux ensemble ou de refaire la boule pour constater l'équivalence. Or une telle logique est parfaitement étrangère aux petits, incapables de raisonner sur des relations, c'est-à-dire sur deux données à la fois ; dans l'exemple du chocolat, tantôt ils déclarent qu'il y en a plus quand il est en morceaux, tantôt qu'il y en a moins selon que leur attention se fixe sur le nombre de morceaux ou sur leur taille ; mais l'équivalence entre le tout non fragmenté et le tout fragmenté n'est jamais reconnue parce que les sujets ne tiennent pas compte *à la fois* de la quantité et de la grandeur des morceaux de chocolat. Autrement dit, les notions de conservation n'existent pas et la pensée de l'enfant ne possède pas la *réversibilité* qui lui permettrait d'annuler mentalement les transformations de l'objet et de revenir au point de départ, réversibilité qui est le fondement même de tout raisonnement logique.

La logique enfantine est, bien sûr, une logique concrète, portant sur des faits, sur les relations des objets entre eux, et non sur des idées et des proportions comme la logique formelle ou abstraite qui caractérisera la pensée de l'adolescent et celle de l'adulte. Elle n'en marque pas moins, sur le plan intellectuel, le commencement de l'autonomie. Répétons-le, l'enfant peut maintenant prendre du recul à l'égard des choses en se dégageant des illusions de sa perception ; plus jeune, il les épousait toutes et, ramenant tout à lui, interprétant tout par rapport à lui, appréhendait de surcroît la réalité à travers le prisme déformant de ses désirs et de ses craintes : dans l'explication égocentrique et magique que le petit se donne du monde, les objets, les plantes, les phénomènes naturels sont doués de vie et de conscience, chargés d'intentions : le soleil, les nuages le suivent, il se sent observé par les étoiles ou par la lune, qui rit quand il est gai mais fronce son visage s'il s'est montré désobéissant. Tout participe de tout, tout peut agir sur tout, car il n'y a pas de frontière nette entre le monde intérieur de la pensée et des sentiments et la réalité extérieure, entre les phénomènes psychiques et les phénomènes physiques ; de là les rituels magiques, si fréquents, destinés à réaliser tel désir, à conjurer tel danger ou telle menace. B. Inhelder[2] rapporte le cas d'une fillette de quatre ans dont la mère était gravement malade et qui, le cœur gros, immola son jouet préféré, croyant par ce sacrifice contribuer à la guérison de sa maman.

A propos du Surmoi, nous avons déjà eu l'occasion de relever au chapitre précédent l'interdépendance du mode de penser enfantin et des processus affectifs inconscients de l'adulte normal. Chez le névrosé, cette interdépendance apparaît de façon beaucoup plus nette encore, ainsi que l'a souligné Odier[3]. Dans le secteur régressif de sa personnalité, c'est-à-dire cette partie du Moi qui, au lieu d'évoluer normalement, s'est arrêtée à un stade infantile, les sentiments et les réactions du névrosé, aussi intelligent et logique soit-il par ailleurs, sont commandés par la pensée magique et animiste, les croyances irrationnelles. Toutes les fois qu'il se trouve dans une situation touchant à ses complexes profonds, il se met à « raisonner » (ou plutôt à déraisonner) comme l'enfant de moins de sept ans. Mais ne nous faisons pas d'illusions, nous avons chacun notre petit coin où fleurit la pensée magique ; il y a d'abord toutes les superstitions plus ou moins anodines : la crainte du vendredi 13, les objets-mascottes, les porte-bonheur ; lorsque nous « touchons du bois » ou que « nous nous tenons les pouces » pour quelqu'un, nous pensons magiquement ; et qui de nous ne s'est dit en montant les marches d'un escalier, en marchant sur le bord d'un trottoir : « si le nombre des marches est un nombre pair, je recevrai une lettre » ; « si j'arrive à éviter jusqu'au bout les lignes du trottoir, je réussirai mes examens ». Seulement, et c'est là que réside la différence entre le normal et le pathologique, *nous n'y croyons pas*, cela reste une sorte de jeu ; ou si une partie de nous-mêmes y croit, l'autre partie, la partie logique, rationnelle n'y croit pas et s'amuse.

Laissons-là les superstitions adultes pour revenir à l'enfant. Il est clair, après tout ce que nous avons vu précédemment, que les progrès décisifs de son intelligence déborderont le domaine du raisonnement pour influencer aussi son comportement social. Une fois libérée de sa gangue d'égocentrisme, la pensée va imprimer une nouvelle structure aux rapports interpersonnels. Mais réciproquement, les facteurs sociaux ne sont pas demeurés étrangers à cette libération, comme l'illustre si joliment l'exemple qui suit, cité par B. Inhelder[4]. Il s'agit d'une conversation surprise dans la rue entre deux garçons de huit ans environ : « Tu sais, dit l'un, la lune, elle me suit quand je cours » ; l'autre de répliquer : « mais moi aussi, elle me suit ». Une expérience est alors décidée : l'un courra en remontant la rue, l'autre en la descendant ; bien entendu sans résultat : chacun proclame que c'est avec lui que la lune a marché. Mais les garçonnets réfléchissent : « ce n'est pas possible que la lune nous suive tous les deux », et concluent : « elle a seulement l'air de nous suivre ». C'est donc aussi par la confrontation avec les autres, par la mise en commun d'idées et d'expériences que l'enfant en vient à corriger ses illusions et à gagner de la réalité une représentation objective ; en d'autres termes, sa pensée se socialise. L'exemple ci-dessus montre bien le double aspect de la transformation qui s'est opérée par rapport au stade antérieur : plus jeunes, les deux enfants s'en seraient simplement tenus chacun à l'affirmation : la lune me suit, sans y voir rien de contradictoire ; ici, non seulement on compare son point de vue à celui de l'autre, mais encore on cherche à savoir, à comprendre : on organise une expérience « pour voir », dont on tire en commun la leçon.

LES INCIDENCES DE LA PENSÉE LOGIQUE SUR LE COMPORTEMENT SOCIAL

Grâce à cette faculté de se placer maintenant au point de vue du camarade et de saisir ses intentions, qui rend possible une véritable coopération, l'enfant va nouer des relations plus durables et plus électives à l'intérieur du groupe, et développer en même temps un sentiment toujours plus fort de son appartenance à la communauté. Dans le test sociométrique, l'augmentation régulière et progressive des choix mutuels témoigne non seulement que des amitiés solides se sont établies, mais indique encore un ajustement de plus en plus sûr des rapports de l'enfant avec les membres de son groupe, d'une perception plus fine des sentiments qu'il inspire, d'une attention croissante à autrui. A partir de neuf ou dix ans, les sujets n'ayant pas au moins un choix payé de retour sont l'exception et il s'agit presque toujours d'enfants présentant des troubles de caractère.

Certes, la coopération ne s'apprend pas d'un jour à l'autre ; au début, elle demeure limitée, et ce n'est que vers dix ans qu'elle acquiert sa pleine signification de camaraderie, de fair-play, de solidarité. Il n'en reste pas moins qu'à partir de sept, huit ans, les groupes que l'on voit se former spontanément dans le préau de l'école, sur les places de jeu, dans la rue, ne sont plus les groupes segmentaires que nous avons décrits au chapitre précédent. Les enfants se retrouvent pour jouer ensemble et le caractère compétitif, donc social, de bon nombre de leurs jeux — en dehors même des jeux de règles traditionnels — atteste le changement qui s'est accompli. Il y a maintenant chez tous un désir dominant de se mesurer avec le (ou les) partenaire et le souci de l'emporter sur lui. C'est pourquoi, comme l'observe si bien J. Chateau[5], des jeux ou des activités qu'on pourrait qualifier de neutres parce qu'il est possible de les pratiquer seuls ou en groupe : le saut, la course, le ballon, la bicyclette, etc., tournent presque invariablement à la compétition dès que deux ou plusieurs enfants sont réunis : qui courra ou pédalera le plus vite, sautera le plus loin, lancera la balle le plus haut? Or de tels jeux exigent déjà un minimum d'organisation et par conséquent d'entente mutuelle : il faut décider d'où l'on partira et où l'on arrivera, de quel point l'on sautera, quel but on visera. Au commencement, cette organisation est tout ce qu'il y a de rudimentaire; la compétition, mal réglée, est anarchique et son issue incertaine, chacun croyant en général l'avoir emporté. On se trouve encore à mi-chemin entre les conduites égocentriques et la coopération. Mais qu'un enfant ait suffisamment d'autorité pour s'imposer et tout change : chacun se voit assigner sa place et son tour, ceux qui auraient tendance à courir et à sauter au hasard ou à faire de la bicyclette pour leur propre plaisir, en oubliant le but compétitif du jeu, sont rappelés à l'ordre; le vainqueur est désigné. Le meneur semble jouer un rôle essentiel dans les groupes de sept ou de huit ans, même si bien souvent, il se conduit encore en despote (mais en despote éclairé par rapport au stade précédent) : il polarise des activités qui, sans lui, iraient à hue et à dia, distribue les rôles, règle les conflits, opère un tri parmi les initiatives personnelles et coordonne les apports de chacun; bref, c'est lui qui maintient la cohésion et l'unité du groupe, fragile encore, et par son intermédiaire que la coopération s'établit. Entre sept et neuf ans, le groupe se caractériserait donc (en particulier chez les garçons) par une structure fortement centralisée. Nous en avons eu la confirmation dans notre enquête sociométrique : c'est dans les classes d'enfants de sept et huit ans que nous avons trouvé les plus grandes stars, dont la position de leaders fut confirmée par la suite. Pouvait-il s'agir d'une simple coïncidence, s'expliquant par la présence dans tous ces groupes de personnalités exceptionnelles? Il était difficile de le penser vu les similitudes frappantes des différents sociogrammes qui, plus que des facteurs personnels, semblaient bien révéler une forme de structure caractéristique de cet âge. Schématiquement, on pourrait dire qu'anarchique à six ans, le groupe passe entre sept et neuf ans par une période de dictature pour se démocratiser à partir de dix ans ou, à tout le moins, connaître un régime plus doux comparable à celui d'une monarchie constitutionnelle (car le «souverain», c'est-à-dire le meneur, fait rarement défaut chez les garçons; nous verrons qu'il en va différemment pour les filles).

A sept et à huit ans (et à neuf ans encore), l'autorité du meneur est en effet le plus souvent du type absolu. S'il n'est plus le tyran que nous avons vu se manifester sporadiquement à cinq, six ans, il n'est pas encore le chef soucieux d'équité et préoccupé de l'intérêt de tous que l'on rencontre à partir de dix ans. Son prestige tient davantage ou du moins autant à sa force physique et à son adresse dans les jeux qu'à ses qualités personnelles. C'est toujours le meilleur joueur et aussi celui qui a le plus d'idées et qui prend le plus d'initiatives. Ce dernier facteur est très important, car, si l'on joue déjà à quelques jeux de règles (courate perchée ou baissée, marelle, billes) on s'adonne de préférence à des jeux plus fantaisistes : on joue au cheval, à la guerre, aux indiens, etc. Mais ses idées et ses volontés, le meneur les impose un peu comme des ukases; souvent, il se montre arbitraire, favorisant ses propres intérêts ou ceux de ses «clients» au détriment des autres. Par exemple, il s'attribuera les meilleurs rôles ou, si d'aventure le jeu tourne à son désavantage, déclarera ce jeu ennuyeux et en proposera un autre; parfois il contestera sa défaite et trichera carrément. Tous les degrés sont possibles dans l'autoritarisme. L'on peut trouver dès sept ans des meneurs qui montrent déjà un réel sens du groupe et exercent sur lui une influence bénéfique. Chez de tels enfants, on devine l'étoffe du chef, on pressent déjà la forte personnalité par laquelle ils continueront à s'imposer plus tard et qui fera d'eux toujours et partout des éléments dominants. Les autres au contraire, les despotes dont l'autorité n'est due qu'à la force et non à des qualités de caractère, qui font passer leurs propres intérêts avant ceux du groupe, seront rejetés : nous les avons effectivement retrouvés, dès dix ans, parmi les isolés; ce sont ceux à qui on reproche de vouloir «toujours commander».

LE PROBLÈME DU LEADER

1. *Considérations générales.* Ce problème est fort débattu depuis quelques années. Pour beaucoup d'auteurs, américains notamment, l'émergence d'un meneur dans le groupe dépend moins des qualités personnelles de celui-ci que de l'ensemble de la situation, des besoins du groupe; autrement dit, les facteurs collectifs seraient plus importants que les facteurs individuels. De façon plus concrète, dans une équipe de jeu, le

meneur serait le meilleur joueur, dans un groupe de travail, le plus capable, le plus compétent, etc. Cela n'est vrai que jusqu'à un certain point. En fait la question est plus complexe et il faut distinguer les unes des autres des notions telles que l'autorité, le prestige, la popularité, l'ascendant. On peut remarquer tout d'abord que l'autorité est une notion plus générale que les autres; c'est ainsi qu'il y a une autorité toute matérielle, fondée sur la force et sur la contrainte, qui peut se passer, au moins pendant quelque temps, du prestige, de la popularité ou de l'ascendant, ces trois qualités conférant seulement ce que l'on appelle l'«autorité morale».

Le prestige, que J. Maisonneuve[6] définit comme «une sorte de fascination mentale, de rayonnement qui émane d'un groupe ou d'un homme symbolisant certaines valeurs collectives», a quelque chose de passif. Premièrement, on peut en être revêtu sans avoir rien fait : prestige de la naissance ou de la fortune. On se souvient de la tirade de Figaro contre le comte Almaviva : «Noblesse, fortune, un rang, des places, tout cela rend si fier! Qu'avez-vous fait pour tant de bien? Vous vous êtes donné la peine de naître et rien de plus.» A l'école, ce sera le prestige du plus fort, de la plus jolie ou de la mieux habillée. D'où le caractère irrationnel et souvent illusoire du prestige, que rappelle l'étymologie du mot : *praestigium* signifiait illusion magique, et même charlatanerie[7]. Deuxièmement, pour qu'il donne à l'individu qui le possède de l'autorité, il faut encore que celui-ci s'en serve activement, qu'il veuille et sache l'utiliser pour jouer un rôle dans le groupe. Le prestige est comme un atout dans la main d'un joueur qui, pour mener le jeu, doit encore être capable de l'employer. En outre il est peu durable et s'use à n'être pas soutenu par des qualités réelles, efficaces. Le prestige peut donc être source d'autorité; à lui seul, il ne suffit pas à faire un leader; par contre, le véritable chef est toujours auréolé d'un certain prestige.

La popularité, qui peut, ainsi que le prestige, être considérée comme une des sources de l'autorité, ne se confond pas non plus avec elle. Un individu, très populaire n'est pas *ipso facto* un chef et un chef n'est pas nécessairement populaire.

L'ascendant en revanche est indissociable du «leadership» parce qu'il implique une influence s'exerçant effectivement sur les autres, c'est-à-dire susceptible de diriger et de contrôler leur activité, tandis que, comme nous venons de le voir, ni le prestige ni la popularité ne présupposent l'exercice actif d'une autorité. L'ascendant met davantage que la popularité et le prestige — qui dépendent plus des valeurs collectives — l'accent sur des qualités personnelles, des qualités d'ordre moral. Dans une société de snobs, le personnage bien né sera choyé et adulé ; mais ce pourra être un individu falot et sans caractère, n'exerçant aucune influence réelle sur le groupe ; que celui-ci traverse une crise, qu'une décision importante doive être prise, et le véritable chef sortira des rangs.

Le facteur personnel paraît plus important que ne le pense l'école américaine, qui a par trop tendance à considérer le rôle de leader comme un rôle interchangeable. Il y a des personnalités qui s'imposeront dans n'importe quelles circonstances, des êtres qui sont « nés » chefs. Ils pourront s'effacer momentanément (quand par exemple ils n'auront par les compétences « techniques » nécessaires), mais bien vite de nouveau c'est à eux que recourra le groupe, dans les situations difficiles notamment. Inversement, on connaît des personnes parfaitement qualifiées du point de vue technique et qui n'ont pourtant aucune autorité. L'esprit d'initiative, la décision, la volonté, l'indépendance, la confiance en soi, voilà quelques-unes de ces qualités qui font les chefs et qui expliquent l'ascendant qu'ils exercent sur leur entourage.

On en arrive ainsi à définir le leadership comme une influence exercée volontairement par un individu ou par quelques individus sur les membres de leur groupe, cette influence dépendant en partie de conditions collectives, en partie de facteurs personnels.

2. *La personnalité des meneurs dans les groupes de sept à douze ans.*
Entre sept et neuf ans, il arrive, comme nous l'avons déjà mentionné, que certains enfants réussissent à s'imposer uniquement parce qu'ils sont les plus forts dans les jeux, parce qu'ils courent le plus vite, etc., même s'ils font preuve d'arbitraire ou s'ils trichent, et tout en n'étant guère aimés de leurs camarades. Le fait que, dans l'enquête sociométrique, nous ayons pu rencontrer, à une ou deux reprises, de tels enfants parmi les stars et que par ailleurs, dans tous les groupes, les stars se soient toujours trouvé être les meilleurs joueurs, montre que le prestige de la force et de l'adresse physiques l'emporte à cet âge sur l'esprit de camaraderie et la solidarité. Non que ces dernières qualités ne jouent aucun rôle, mais elles viennent après les premières dans l'échelle de valeurs des enfants. Dès dix ans, c'est l'inverse, et ceux qui enfreignent les lois de la camaraderie, quelles que soient leurs aptitudes sportives, sont mis au ban de la classe. Les meneurs, surtout chez les garçons, se recrutent exclusivement parmi les enfants possédant à un haut degré le sens de la justice, l'esprit d'équipe, ainsi que des talents d'organisateur. Ceux-là sont des chefs incontestés, et du même coup les individus les plus populaires du groupe. Leur commandement n'est d'ailleurs rien moins qu'autoritaire : « il commande sans commander », « il s'arrange toujours pour que ça nous

arrange», dit-on d'eux. Bien souvent même, ils s'imposent sans que leurs pairs s'en aperçoivent : beaucoup d'enfants, dans des groupes où le test sociométrique avait pourtant révélé sans doute possible la présence d'un meneur, nous ont affirmé que personne ne commandait et que tout le monde était sur le même pied. C'est qu'en effet l'esprit a changé et que le groupe s'est démocratisé : chacun fait ses propositions, donne son avis, les décisions sont prises en commun, d'où cette impression d'égalité et de liberté. Le vrai chef, c'est de plus en plus l'arbitre. Loin d'être jaloux de ses prérogatives comme auparavant, il lui arrive fréquemment de déléguer ses pouvoirs et de s'effacer momentanément devant un plus capable que lui. Mais l'ascendant qu'il exerce sur ses camarades redeviendra évident en cas de contestation et de conflit.

COOPÉRATION ET AUTONOMIE MORALE

L'expérience de la coopération, du jeu en commun — plus particulièrement des jeux de règles — développe peu à peu chez l'enfant une morale. Au stade précédent, on s'en souvient, la règle, tout en étant considérée comme sacrée et intangible, n'était pas respectée. En fait, elle n'avait aucun sens pour l'enfant puisque son jeu, malgré les apparences, demeurait individuel. Dès le moment où ce dernier devient social et le désir de gagner le principal moteur, les règles revêtent toute leur importance. Dans une foule de jeux, comme ces compétitions improvisées dont nous avons parlé plus haut, elles sont élaborées en commun, inventées de toutes pièces (même si l'invention se réduit à peu de chose); dans les jeux traditionnels, où elles sont reçues des aînés, elles peuvent désormais, pourvu que tous les participants donnent leur accord, être modifiées, adaptées aux circonstances du moment, et surtout aux possibilités des joueurs. Les grands sont souvent les premiers à montrer l'exemple de cette liberté à l'égard des règles quand ils jouent avec des enfants plus jeunes : ils les assouplissent, les simplifient ou encore avantagent leurs cadets inexpérimentés en acceptant de se charger d'un handicap. Elaborée ou modifiée par suite d'une entente mutuelle des joueurs, la règle perd alors ce caractère monolithique qu'elle avait auparavant; l'enfant en comprend peu à peu l'esprit au lieu de n'en saisir que la lettre; elle éveille en lui le sens de la justice et de la loyauté due aux partenaires. C'est au nom de celles-ci que de plus en plus il va s'astreindre à la suivre. Le respect de la règle cesse donc d'être conditionné par une contrainte extérieure : librement consenti, il repose sur le respect et la confiance réciproques des joueurs. La tricherie est alors ressentie comme une atteinte à cette confiance, qu'elle vient saper, et sévèrement condamnée.

Il en va de même du mensonge, du « mouchardage », de n'importe quelle infraction aux lois de la camaraderie.

Ces lois, qui se constituent peu à peu en un véritable code d'honneur, nous en avons suivi l'élaboration progressive au travers de notre enquête en étudiant les prises de position des enfants à l'égard de la tricherie, de la dénonciation, de l'action de souffler.

Tant que le jeu demeure égocentrique, *la tricherie* ne joue aucun rôle — pour les petits de six ans, tricher signifie : ne pas savoir jouer ou chicaner —; elle n'intervient qu'au moment où le jeu se socialise, mais au début ne comporte nullement le caractère de gravité qu'elle revêtira par la suite. A sept, huit ans, on ne la réprouve que dans la mesure où elle gêne le jeu, c'est-à-dire où elle est *découverte*. L'enfant qui, à la marelle, déplace sa pierre sans qu'on s'en aperçoive, ou qui, à l'insu des autres joueurs, retire une bille maladroitement lancée, commet une faute moins grave que celui qui, à la courate par exemple, prétend qu'il n'a pas été touché, parce que dans ce dernier cas tout le monde a vu, il y a des contestations, des disputes, et alors « on ne peut plus jouer ». On retrouve ici une attitude proche du réalisme moral des petits, mais qui pourtant n'est déjà plus tout à fait identique : le respect de la règle n'est bien motivé encore que par des raisons extérieures et non par l'appel à une morale de la réciprocité, mais ces raisons sont essentiellement d'ordre pratique. Le tricheur à cet âge, c'est surtout un enfant qui empêche le jeu de se dérouler normalement, un enfant « qui embête »; en soi, la tricherie n'est pas vilaine. Une telle attitude change vers neuf ans : la tricherie est de plus en plus nettement condamnée parce que considérée comme déloyale vis-à-vis des camarades. En pratique toutefois, elle est beaucoup moins sévèrement proscrite qu'après dix ans, la performance physique passant encore, nous l'avons vu à propos des meneurs, avant l'esprit d'équipe.

Les attitudes de l'enfant à l'égard de *la dénonciation* passent par une évolution analogue : à six ans, nous l'avons vu, il *faut* dénoncer un camarade qui a fait une bêtise parce que la maîtresse « doit savoir » (pour punir, pour réparer les dégâts, etc.). A sept, huit et neuf ans, on blâme le mouchardage non pas à cause du tort que l'on fait au camarade, mais parce que le maître ou la maîtresse le réprouvent; en réalité, chacun admet facilement qu'on rapporte « de temps en temps », et les rapporteurs ne sont pas tenus à l'écart. A partir de dix ans au contraire, comme les tricheurs, ils sont mis au ban de la classe et des sanctions sont prises contre eux : la dénonciation est désormais tenue pour un acte de mauvaise camaraderie. Notons qu'elle est encore plus sévèrement condamnée chez les garçons que chez les filles.

Il en est de même pour la question du «*soufflage*». Aux yeux des enfants de sept, huit ans, souffler est une faute, et si on leur demande pourquoi, ils répètent comme de petits perroquets la motivation adulte : «parce que celui à qui on souffle n'apprend rien.» A neuf ans, si l'acte de souffler est réprouvé en théorie et pour la même raison qu'auparavant par tous les enfants, beaucoup reconnaissent enfreindre la consigne, ce qui indiquerait que dans la réalité, la solidarité entre camarades tend déjà à l'emporter sur l'autorité de l'adulte. A partir de dix ans, les avis sont partagés quant à la légitimité de cette aide clandestine, qui devient un cas de conscience que chacun tranche personnellement. Mais ce qui est intéressant, c'est que la plupart de ceux qui la condamnent ne le font pas en invoquant son caractère illicite, mais, tout comme ceux qui l'approuvent, les règles de la solidarité : ils estiment faux de souffler parce que c'est injuste à l'égard des camarades : «celui à qui on a soufflé fait de bonnes notes et il y en a d'autres qui en font de mauvaises.»

Et pour finir, rappelons l'exemple du *mensonge* : on se souvient du réalisme moral des petits, qui évaluaient la gravité du mensonge, non en fonction de l'intention de son auteur, mais d'après son degré d'évidence, considérant aussi qu'il était plus répréhensible de mentir à une grande personne qu'à ses semblables. Là aussi le développement de l'esprit de camaraderie va donner à l'enfant une plus juste notion de la véracité. Si à sept ou huit ans encore, il invoque pour condamner le mensonge l'interdiction adulte, il comprend peu à peu que la tromperie entre copains rend toute confiance impossible alors qu'il est indispensable de pouvoir compter les uns sur les autres. Il y a un moment où, à l'inverse de ce qui se passait précédemment, le mensonge fait à l'adulte est jugé moins grave que le mensonge à un camarade, se justifiant même dans certains cas (pour ne pas «donner» un ami par exemple). Par la suite normalement, l'enfant se rendra compte qu'il ne saurait y avoir deux poids et deux mesures et que la véracité est une des règles fondamentales de la vie sociale, quel que soit l'interlocuteur.

Tous ces exemples montrent donc qu'à une morale hétéronome, reçue toute faite de l'extérieur, se substitue progressivement une morale autonome, née de la coopération et fondée sur le respect mutuel et la solidarité. Le système tout organisé de préceptes, d'opinions, de valeurs imposé par l'adulte et jusque-là admis sans discussion n'est pas rejeté (la révolte sera le fait de l'adolescence) mais repensé et réévalué à la lumière de l'expérience commune. Le conformisme aveugle (et par là même peu effectif) aux règles adultes devient peu à peu soumission librement consentie, dans la mesure où la valeur de ces règles, mises en quelque sorte à l'épreuve par le groupe, est comprise et reconnue. C'est là un premier aspect de l'autonomie. Il y en a un second, plus créateur : les relations de réciprocité qui s'établissent entre enfants sont à elles seules sources de valeurs nouvelles, élaborées cette fois-ci par les partenaires eux-mêmes, indépendamment de toute autorité extérieure. Le rôle joué par les sociétés enfantines dans la formation morale, et de façon plus générale dans la formation sociale de l'individu (la première n'étant qu'un aspect de la seconde), est un fait capital, trop longtemps négligé par les sociologues et mis en évidence par Piaget. L'éducation adulte encore une fois ne suffit pas à socialiser l'enfant; à elle seule, elle ne façonnerait que des êtres dépendants et soumis, incapables de juger et d'agir par eux-mêmes. Elle doit être complétée par cette éducation qui se fait entre pairs, pour que l'enfant, puis l'adolescent conquière son autonomie spirituelle et devienne plus tard membre à part entière du groupe et de la collectivité. La constatation, faite à maintes reprises, que les enfants uniques restent en général plus dépendants de l'autorité parentale et parviennent plus difficilement à l'autonomie que les autres va dans le même sens.

Le lecteur s'étonnera peut-être qu'on parle d'autonomie, dont l'acquisition marque en fait l'aboutissement du développement social, à propos d'enfants de dix ou douze ans. Est-il besoin de préciser qu'il ne s'agit encore que d'une autonomie toute relative? Sa conquête se poursuivra durant toute l'adolescence jusqu'à la maturité de la personnalité. Et même, est-elle jamais tout à fait achevée, cette conquête? Ne doit-elle pas être perpétuellement consolidée? Les psychanalystes seraient bien près de la considérer comme un état idéal, car elle suppose un équilibre affectif rarement atteint. Si Piaget nous apprend quelles sont les conditions intellectuelles et sociales nécessaires au développement de l'autonomie, les psychanalystes, eux, nous décrivent les obstacles qui se dressent sur la route. Dans un livre au titre significatif : *L'Homme esclave de son infériorité*[8], et auquel nous nous sommes référés à plus d'une reprise, Odier a montré à quel point le complexe d'infériorité, en entraînant la perte du sentiment de la valeur propre[9], pouvait rendre les êtres qui en souffraient dépendants d'autrui. Ils sont contraints de chercher au-dehors — dans l'approbation, l'admiration, l'étonnement des autres — la preuve de leur valeur ou, ce qui revient au même, de se l'administrer sans cesse à eux-mêmes par des signes extérieurs (une voiture dernier cri par exemple, ce qui ne veut naturellement pas dire que toutes les personnes roulant en carrosse soient la proie de sentiments d'infériorité!). Les plus gravement touchés vont jusqu'à ne pouvoir s'estimer qu'au prorata des sentiments qu'ils inspirent, en général à une personne faisant figure d'autorité à leurs yeux. Pour ces sujets, la rupture du lien affectif, ou même le signe le plus infime — dont ils guettent anxieusement l'apparition — de lassitude ou de désintérêt de la part de ce partenaire, entraîne aussitôt une dévalorisation radicale. «Il (ou elle) ne m'aime plus, c'est donc que je ne vaux rien, que je suis bête, incapable, etc.» Ce raisonnement, nous le connaissons déjà, c'est celui du petit enfant et ces sentiments d'infériorité destructeurs du névrosé adulte trouvent en effet leur origine lointaine dans une frustration affective très primitive : pour une raison ou pour une autre, de tels sujets n'ont pas eu leur ration d'amour maternel dans leur première enfance et sont restés des désécurisés. Par là même ils n'ont pu développer le sentiment de leur valeur, les deux choses, comme nous l'avons vu au début de ce livre, allant de pair : la sécurité est source de confiance en soi, alors que toute désécurisation entraîne une dévalorisation. Encore une fois, l'enfant commence normalement par se sentir bon dans la mesure où il se sent aimé, donc en sécurité, puis cette sécurisation et cette valorisation par l'extérieur s'intériorisent progressivement. Chez les patients décrits par Odier, ce processus d'intériorisation a été rendu impossible, de là leur hétéronomie ou, pour reprendre l'expression de l'auteur, leur externisme. Nous retrouverons à l'œuvre ces mêmes mécanismes, avec des répercussions plus catastrophiques encore, dans la délinquance juvénile.

Sans être toujours aussi dévastateurs, il est clair que les sentiments d'infériorité sont incompatibles avec une pleine autonomie : on se dévalorise toujours par rapport à quelqu'un, qu'on tend alors à survaloriser, et cela au détriment de sa liberté intérieure. Pour devenir indépendant de l'opinion et de la volonté d'autrui, il faut être conscient de sa valeur, ce qui ne signifie pas présomption mais connaissance de ses possibilités et de ses limites. Si je juge *objectivement* telle personne plus intelligente ou plus compétente que moi, j'aurai recours à ses conseils sans que cela implique de ma part dévalorisation aucune ni aliénation de ma liberté. Il est important de remarquer que le sentiment de la valeur propre, s'il prend racine dans une relation sécurisante avec la mère, est aussi un fruit de la coopération : c'est grâce à la possibilité de se comparer à ses camarades, de rivaliser avec eux que l'enfant normal en vient à acquérir peu à peu une juste notion de ce qu'il vaut, de ce qu'il peut et de ce qu'il ne peut pas. Comment parviendrait-il à prendre sa mesure face à la supériorité écrasante de l'adulte?

Rappelons enfin qu'il existe une autre source d'hétéronomie : un Surmoi intolérant place l'individu sous un régime d'obéissance aveugle à des ordres ou à des défenses dont le sens lui échappe, mais qui sont catégoriques : toute infraction déclenche l'angoisse. Les consignes s'imposent bien de l'intérieur, mais leur motivation est inconsciente, ce qui revient à dire qu'elles échappent au libre examen et que le sujet est dans l'impossibilité de porter sur elles un jugement autonome.

LA SOCIÉTÉ ENFANTINE ET SON ORGANISATION

Si la société enfantine a sa morale, elle a aussi ses institutions et ses traditions, toute une organisation qui lui confère précisément son caractère de société et non de simple groupement. C'est sur ces aspects que nous allons insister dans la fin de ce chapitre.

En parlant des meneurs dans les groupes de jeu, nous avons dit que les enfants de sept, huit et même neuf ans encore, valorisaient davantage la performance physique comme telle que l'esprit d'équipe et le fair-play, alors que ce rapport s'inversait à partir de dix ans. Parallèlement, on voit les grands porter un intérêt croissant aux règles ainsi qu'à l'organisation des jeux. Cette dernière peut aller jusqu'à supplanter le jeu lui-même, tant on se passionne pour la mise au point méthodique, pointilleuse, de toutes ses modalités ; bien souvent la récréation s'achève sans qu'on ait seulement commencé de jouer : on a confronté les idées, tranché entre les différentes règles possibles, distribué les rôles, bref, on a réglé dans le moindre détail le déroulement de la partie, et puis la cloche de la rentrée a sonné, ou l'heure du repas ! Mais il y a plus : tout un cérémonial préside aux préparatifs du jeu, un cérémonial qui comporte des rituels, des formules sacramentelles, des comptines cabalistiques qui, comme les règles et avec elles, se sont transmis par tradition orale des aînés aux cadets et qui mettent en évidence une des caractéristiques des sociétés enfantines, à savoir leur formalisme. Encore une fois, rien ou presque rien n'est laissé au hasard, contrairement à ce qui se passait chez les enfants plus jeunes. J. Chateau[10] a recensé, décrit et étudié ces comptines et ces formulettes traditionnelles, dont il nous restitue la fraîcheur au travers d'une analyse captivante ; nous ne saurions mieux faire que de lui emprunter quelques-unes de ses observations. Chacun pourra les compléter et les enrichir en puisant dans son propre fonds de souvenirs.

Tout d'abord, il y a un rite pour rassembler les joueurs. Qui ne se rappelle ces interminables mélopées : « Qui-veut-jouer-avec-nous » ou, appel plus précis : « Qui-veut-jouer-à-l'ogre », psalmodiées par deux, puis trois, puis quatre, cinq, six... enfants se tenant par les épaules et parcourant le préau en tous sens ? Quand le nombre des joueurs requis est atteint, on arrête là cette cérémonie... à moins que l'on ne continue en scandant une autre formule : «On-est-assez, on-est-assez!»

Enfin l'on décide de jouer. Mais il s'agit maintenant de distribuer les rôles, de former les camps. Là non plus les enfants ne sont pas à court de procédés, les uns valables seulement pour un jeu déterminé, les autres s'appliquant à n'importe quelle situation. En ce qui concerne les premiers, pensons à la multitude des formules réglementaires, à la procédure compliquée, que ne désavoueraient pas les plaideurs de Racine, en usage dans le jeu de billes qui, de tous les jeux, est certainement celui qui comporte le plus de prescriptions rituelles et dont les parties sont le plus minutieusement réglées[11].

Parmi les procédés plus généraux, il y a naturellement les innombrables comptines, dont J. Chateau dit qu'elles «sont comme la poésie traditionnelle de l'enfance»[12]. Ce sont ces chansonnettes au rythme monotone, lui aussi traditionnel, servant à désigner celui à qui sera attribué tel ou tel rôle dans le jeu. Beaucoup sont des formules cabalistiques, tel le fameux :

Am, stram, gram,
Pic et pic et colegram...

d'autres ont un caractère absolument baroque :

Une bille de chocolat s'en allait à Rome,
Elle dit à ses enfants : gardez bien la maison;
Si un pauvre homme vient, donnez-lui quelque chose,
Si c'est un voleur,
Plantez-lui le couteau dans le cœur.
— Ah non maman ne dites-pas ça,
Car le Bon Dieu vous punira.
— Tenez Mademoiselle, ça vous apprendra,
D'aller boire la goutte avec les soldats.

«Elles sont à l'enfant, écrit encore l'auteur cité, ce que sont, pour le fidèle ignorant, les formules latines qu'il psalmodie sans les comprendre[13].»

On s'attendrait normalement à ce que le joueur sur lequel tombe la dernière syllabe soit désigné pour le rôle qu'il s'agit d'attribuer; ce serait bien trop simple; au contraire, il est éliminé, et l'on recommence la récitation jusqu'à ce qu'il ne reste plus qu'un joueur. Si l'on pense que pour chaque rôle il est procédé de la sorte et que, comme le montre l'exemple rapporté ci-dessus, les comptines peuvent être fort longues, on aura une idée du nombre de récitations nécessaires et du temps qui s'écoule jusqu'à ce que les enfants se mettent à jouer. Aussi bien, on s'en doute, la récitation de la comptine, c'est déjà le jeu, c'est un jeu en soi. Les participants y trouvent un plaisir évident, ne serait-ce que celui de l'émotion chaque fois renouvelée de savoir sur qui va tomber la dernière syllabe.

S'agit-il de former deux camps? Là aussi on à l'embarras du choix. On peut «quiller»: deux enfants s'avancent l'un vers l'autre en mettant, à tour de rôle, un pied devant l'autre; celui qui finalement marche sur le pied du vis-à-vis a le droit de choisir le premier un coéquipier. Puis c'est au tour de l'autre de désigner un partenaire, et ainsi de suite. Au lieu de quiller, on peut également «ziguer» ou «zouguer»: les enfants sont en cercle, mais derrière le dos: «zig, zag, zoug», les mains s'avancent, paumes en l'air ou en bas; les minoritaires se retirent, les autres recommencent; le dernier qui reste est comme dans le cas précédent le premier à effectuer son choix. Dans le jeu des Gendarmes et des Voleurs, les choses se passent de façon plus expéditive: l'enfant chargé d'attribuer les rôles frappe deux fois le dos des futurs voleurs et une fois celui des futurs gendarmes.

Il est intéressant de noter que si beaucoup de ces comptines paraissent avoir été inventées par les enfants eux-mêmes, un certain nombre d'entre elles sont probablement d'anciennes formules magiques ou religieuses qui se sont dégradées et dont le sens s'est perdu. Il en est de même pour bien des jeux: ceux du hochet, du bilboquet, de la toupie remonteraient, selon Chateau, «jusqu'aux primitifs». L'auteur observe finement que «lorsque nos enfants singent la messe, le mariage, l'enterrement, il y a là une dégradation des cérémonies adultes qui a dû se produire de tout temps»[14]. C'est bien pour cela d'ailleurs que les ethnologues se sont penchés avec tant d'intérêt ces dernières années sur le folklore enfantin.

Ce formalisme rigide — on a parlé parfois du juridisme enfantin —, ressenti comme un plaisir et non comme une contrainte, n'est pas incompatible avec la souplesse et l'invention. Nous avons vu que, contrairement aux petits, les grands admettent que l'on puisse modifier les règles, le cas échéant, en créer de nouvelles. Si la part de l'invention proprement dite demeure somme toute assez restreinte, il est de fait que les enfants de onze ou douze ans aiment compliquer les règles pour rendre le jeu plus difficile et par là passionnant. Mais ce qui est strict et sacré, c'est l'observance de la règle, dès qu'elle a été définie d'un commun accord. Chose curieuse, la tradition, par ailleurs si minutieuse et tatillonne, reste muette sur les sanctions à prendre contre les tricheurs: la société enfantine ne possède pas de code pénal. Ici et là on peut trouver des coutumes (comme par exemple de plonger le coupable dans la fontaine), mais le plus souvent, le groupe improvise sur place les mesures à prendre : exclusion, pénalisation, etc.

Tout ce qui vient d'être dit montre assez à quel point la société enfantine prépare l'enfant à la société adulte à laquelle il participera plus tard. Elle s'est créée et développée dans et par le jeu, et c'est le jeu qui a permis à la personnalité individuelle de chaque enfant de s'affirmer et de s'épanouir. Car le jeu est l'activité propre à l'enfance. Loin d'être un délassement comme pour les grandes personnes (de quoi l'enfant se délasserait-il ?), il est pour lui ce que le travail est à l'adulte. « Chez l'enfant, écrit Claparède, le jeu est le travail, est le bien, est le devoir, est l'idéal de la vie »[15]. Il prend fin vers la treizième année : dans la cour de l'école, les adolescents ne jouent plus, ils discutent; ils discutent même à perdre haleine, tant on se passionne maintenant pour l'échange des idées. Et au-dehors de l'école, c'est le sport qui tend à remplacer le jeu. Le sport, tout au moins le sport de compétition, comporte toujours un aspect ludique, mais ne se confond pas avec le jeu, parce que, comme l'observe Chateau, il implique une préparation méthodique, un entraînement. «... l'esprit nouveau que le sport apporte à l'activité ludique, c'est cet esprit qui se montre dans l'entraînement et non dans la compétition. Par l'entraînement, le sport touche à la vie adulte, aux choses sérieuses, au travail; par la compétition, il nous replonge dans l'enfance[16]. »

Mais nous anticipons. Avant de parler de l'adolescence, il faut dire un mot encore des différences entre les groupes de garçons et les groupes de filles.

LES DIFFÉRENCES DE STRUCTURE ENTRE GROUPES DE GARÇONS ET GROUPES DE FILLES

L'évolution générale est naturellement identique : de l'égocentrisme à la coopération et à la réciprocité, de l'hétéronomie à l'autonomie, elle dessine la même ligne. C'est essentiellement dans la structure du groupe (sans parler de la nature des jeux, thème qui nous entraînerait trop loin) que se marquent les dissemblances.

Notons tout d'abord que si, à l'école enfantine, garçons et filles jouent indifféremment les uns avec les autres, ils en viennent très vite à former deux groupes distincts. Dans notre enquête sociométrique, par exemple, les choix d'un sexe à l'autre, très nombreux à six ans, ont diminué de moitié à sept et à huit ans, pour tomber dès neuf ans à des chiffres insignifiants. On peut en effet considérer que dès cet âge le clivage est accompli. Demandez à des garçons d'une classe mixte, de dix ou de onze ans, s'ils jouent avec les filles à la récréation, ils vous regarderont avec un étonnement nuancé de mépris : comme si la question pouvait se poser! Il est même frappant de voir jusqu'à quel point ils peuvent les ignorer. Même attitude chez les filles, mais... mitigée de quelque regret. Et de fait, sauf à six et à sept ans, elles choisirent beaucoup plus souvent les garçons que l'inverse. A huit ans par exemple, les groupes de garçons, déjà presque entièrement fermés sur eux-mêmes, attirent un grand nombre de suffrages féminins; et après neuf ans, les rares choix donnés à l'autre sexe l'ont été pratiquement toujours dans le sens filles-garçons.

C'est ici la première manifestation d'une différence fondamentale, à savoir la cohésion des groupes de garçons, qui contraste avec le manque d'unité de ceux des filles. D'une façon générale en effet, l'esprit d'équipe est beaucoup plus marqué chez les garçons que chez les filles, qui paraissent préférer les petits clans et les amitiés exclusives à trois ou à quatre. Cela ressort très nettement des sociogrammes : chez les garçons, le réseau des choix mutuels dessine une configuration d'ensemble qui, avec l'âge, tend à englober un nombre toujours plus grand de sujets et finalement la presque totalité du groupe; chez les filles au contraire, ils mettent en évidence de petits groupes distincts, parfois reliés les uns aux autres, mais plus souvent complètement séparés. Les groupes de garçons sont également centrés en général autour d'une, le cas échéant deux grandes stars solidement liées l'une à l'autre, comme nous l'avons déjà vu, alors que chez les filles apparaît dès sept ans une tendance à la décentralisation qui s'accentue avec l'âge : la grande vedette est l'exception; à sa place, plusieurs «starlettes» qui, au lieu de former équipe et, partant, le centre de la classe comme chez les garçons, se répartissent entre les différents sous-groupes, ce qui laisse soupçonner l'existence de rivalités intestines. Cela revient à dire que les groupes de filles sont beaucoup moins hiérarchisés et moins organisés que ceux des garçons.

Cohésion, unité, centralisation, tous ces traits qui caractérisent les groupes de garçons expliquent aussi que ces derniers soient plus exclusifs et s'ouvrent moins facilement à des présences étrangères. On a souvent remarqué par exemple que les fillettes admettaient plus volontiers des petites dans leurs jeux que les garçons, et qu'elles étaient de façon générale plus perméables aux incitations de l'extérieur.

*
* *

L'étude de la période qui s'étend de la huitième à la douzième année environ nous a permis d'assister aux progrès remarquables qui s'accomplissent dans le développement de la sociabilité et, de façon plus générale, dans les différents secteurs de la personnalité. Ce développement atteint son palier d'équilibre à partir de dix ans. Mais la puberté va tout remettre en cause et ouvrir une longue crise qui secouera le jeune être jusque dans ses tréfonds. Le bel équilibre acquis sera renversé, qu'il faudra reconstruire sur des bases nouvelles, et l'adolescent devra payer chèrement, en luttant sur un double front : intérieur et extérieur, la conquête de son autonomie définitive, son admission comme membre à part entière dans la société des adultes.

NOTES

[1] Ce tournant semble aujourd'hui survenir un peu plus tôt et se situer autour de six, sept ans en ce qui concerne le développement cognitif aussi bien que le développement social. A nouveau, on peut supposer qu'il existe une relation entre cette accélération et le fait que l'enfant entre plus tôt en contact avec ses pairs. En tout état de cause, on retrouve la complémentarité de «l'activité opératoire interne et de la coopération extérieure» (Piaget).
[2] B. Inhelder, «Die affektive und Kognitive Entwicklung des Kindes», *Revue suisse de Psychologie*, n° 4, 1956, p. 261.
[3] Ch. Odier, *L'angoisse et la pensée magique*, Delachaux et Niestlé, Neuchâtel, 1947.
[4] V. Inhelder, *op. cit.*, p. 262.
[5] J. Chateau, *L'enfant et le jeu*, Ed. du Scarabée, Paris, 1954.
[6] J. Maisonneuve, *Psychologie sociale*, Coll. Que sais-je?, PUF, Paris, 1957, p. 110-111.
[7] J. Maisonneuve, *op. cit.*, p. 110-111.
[8] Delachaux et Niestlé, Neuchâtel, 1950.
[9] Voir notamment chap. I, p. 42.
[10] J. Chateau, *L'enfant et le jeu*, Ed. du Scarabée, Paris, 1954.
[11] Voir à ce propos J. Piaget, *Le jugement moral chez l'enfant*, Alcan, Paris, 1932.
[12] J. Chateau, *op. cit.*, p. 127.
[13] *Ibid.*, p. 108.
[14] J. Chateau, *op. cit.*, p. 132.
[15] E. Claparède, *Psychologie de l'enfant*, t. I, p. 179.
[16] J. Chateau, *op. cit.*, p. 175.

DEUXIÈME PARTIE

L'ADOLESCENCE

Chapitre 1
Problèmes et préjugés concernant l'adolescence

PUBERTÉ ET ADOLESCENCE

Quand on songe à l'adolescence, on pense en premier lieu au réveil des pulsions sexuelles, mises en veilleuse durant la phase de latence après la «liquidation» du complexe d'Œdipe; plus précisément, aux transformations physiologiques et corporelles qui signalent l'installation de la fonction de reproduction : apparition des caractères sexuels secondaires, des premières règles chez la fille, de la mue de la voix chez le garçon; croissance du corps qui, entre 12 et 16 ans, se développe par poussées brusques et saccadées, avant de prendre, vers 18 ans, sa stature définitive.

Et puis des images se présentent à l'esprit : celle de ce garçon au visage couvert d'acné, dégingandé et mal à l'aise dans ses vêtements trop courts, ou de cet autre, à l'expression fermée, butée devant la réprimande paternelle; de ce troisième encore, dont la politesse compassée vous fait vite comprendre que votre sollicitude l'importune. Cet être mince dans ses blue-jeans, avec ses cheveux qui bouclent sur la nuque, est-ce une fille ou un garçon? Et cette adolescente sans grâce, au corps lourd, aux traits épais, est-ce la mignonne fillette que l'on a connue? Était-ce la même que l'éclatante jeune fille qui est maintenant devant vous? Voilà la garçonne avec ses gestes brusques, la «backfisch» qui se tortille et pouffe de rire en regardant son amie, la sophistiquée en équilibre sur ses hauts talons qui minaude du bout de ses lèvres trop rouges. Voilà le «dur» dans son blouson de cuir, l'intellectuel qui tranche de tout avec aplomb et suffisance, le timide, le rêveur. Ces visages, et bien d'autres encore, sont les visages divers et changeants de l'adolescence. Tous à leur façon témoignent des transformations qui s'accomplissent.

Cette diversité nous amène d'emblée à poser la question «qu'est-ce que l'adolescence?». Bien sûr, chacun répondra que c'est la période qui s'étend entre l'enfance et l'âge adulte et qui s'ouvre à la puberté. Mais, si l'on peut fixer son début, avec une précision d'ailleurs toute relative (le moment de l'apparition de la puberté varie d'un sujet à l'autre, d'un sexe à l'autre, et certains auteurs vont jusqu'à affirmer qu'il dépend aussi de facteurs tels que le milieu, le climat, la culture, etc.), il n'existe pas, du moins dans notre système socioculturel, de critère univoque marquant la fin de l'adolescence. L'ambiguïté du concept même d'adolescence constitue un problème beaucoup plus important qu'il n'y paraît à première vue, car elle reflète une attitude de la société à l'égard de ses jeunes et a sur ceux-ci de fâcheuses répercussions. C'est là un problème que nous aurons l'occasion de développer plus loin et que nous nous contentons simplement de signaler au passage.

Une chose est certaine : l'adolescence n'est pas la puberté, contrairement à ce que l'on a cru pendant longtemps. Les transformations de son corps, le réveil de besoins sexuels qui pour la première fois sont ressentis comme tels, constituent pour le jeune être un événement qui vient renverser l'équilibre acquis précédemment et remettre en cause toute sa personne. Car la poussée pubérale qui bouleverse tout l'organisme déclenche un bouleversement psychologique autrement plus grave et plus durable, et qu'elle n'explique qu'en partie. C'est ce qu'ont passé sous silence les premières études consacrées à l'adolescence. Au début en effet, on envisageait surtout celle-ci sous l'angle du développement sexuel, sans faire de distinction entre la puberté physiologique et la puberté *mentale*. Distinction capitale, car elle rend compte de phénomènes qui ne résultent plus de la poussée pubérale, du moins pas directement, mais d'un approfondissement de l'être, d'une prise de conscience de soi. La révolution spirituelle déclenchée par la puberté se prolonge bien au-delà de celle-ci et débouche sur l'autonomie et l'insertion dans la société adulte. C'est dire qu'elle ne sera pas présente chez tous au même degré et qu'elle sera même susceptible d'avorter. On peut aller plus loin : il apparaît qu'un des traits propres à bien des jeunes de notre époque, c'est précisément une discordance entre la maturité physiologique, voire intellectuelle, et l'immaturité émotionnelle. Une discordance qui, au cours d'un congrès médical tenu à Berlin en septembre 1960 et centré sur le thème de «l'enfant et la civilisation technique», a été rattachée par les principaux rapporteurs à des phénomènes dits d'« accélération ». Dans nos sociétés techniciennes, on assiste à une transformation progressive du développement de l'enfant : c'est ainsi que le développement physique et sexuel des jeunes est beaucoup plus précoce qu'autrefois, surtout en milieu citadin. Seulement cette accélération somatique reste isolée : l'évolution du psychisme ne suit pas le rythme de celle du corps; au contraire, chez beaucoup d'adolescents, elle accuse un retard qui est plus qu'un simple décalage par rapport à l'accélération des processus physiologiques : l'immaturité affective, l'infantilisme du caractère sont plus marqués que précédemment. Une telle disharmonie entre l'accélération corporelle et sexuelle (qui pour certains spécialistes s'accompagne aussi d'une précocité des fonctions intellectuelles, ce que d'autres contestent) et un retard accru sur le plan affectif créent un déséquilibre dangereux qui ne peut manquer de susciter des conflits et, dans les cas extrêmes — nous le verrons en parlant des bandes d'adolescents délinquants — d'entraîner des comportements antisociaux.

La notion de puberté mentale explique aussi qu'on ne puisse, comme c'était le cas pour l'enfance, découper l'adolescence en stades bien distincts. Pour étudier le psychisme enfantin, il est possible de faire abstraction des différences individuelles, des facteurs personnels et sociaux, du moins à l'intérieur d'une même culture, car son développement passe par des étapes bien déterminées, dont la succession obéit à des lois, et qui sont les mêmes pour tous : pour le petit campagnard comme pour le petit citadin, pour le petit Américain comme pour le petit Européen. La mentalité juvénile, elle, ne se laisse pas couler dans un moule unique. A l'âge où l'affirmation et l'expansion du Moi font craquer de toutes parts les coutures d'un habit désormais étriqué, les particularités individuelles s'accusent; on ne peut plus les négliger, pas plus que l'influence du contexte socioculturel. Il va de soi que ces facteurs jouent aussi un rôle auparavant, mais c'est à l'adolescence que, bénéfique ou néfaste, leur action devient surtout évidente : confrontés à la maturation de leur corps et aux bouleversements psychologiques qu'elle entraîne d'une part, à l'obligation de quitter le monde clos et protégé de l'enfance pour s'insérer dans une société qu'ils découvrent d'autre part, les adolescents vont réagir et se comporter en fonction de leur caractère, de leur histoire personnelle, de leur milieu familial, de la société et de l'attitude de celle-ci à leur égard. Lors de l'adolescence, il n'y a donc plus de schéma uniforme de développement; même si des phases sont encore discernables[1], elles ont un caractère flou, sans netteté, ne se laissent plus ramener à des critères précis ni circonscrire dans une durée définie; elles peuvent être franchies rapidement, voire escamotées par les uns, cependant que d'autres s'y attarderont exagérément. C'est pourquoi bien des auteurs préfèrent parler de formes plutôt que de phases d'évolution et qu'à la limite on peut aller jusqu'à dire avec M. Debesse que «chaque être a sa façon à lui d'évoluer»[2]. Il nous semble pourtant qu'en gros, on peut isoler deux moments : le premier est caractérisé par la révolte et une offensive générale contre le milieu familial et l'autorité, mais une révolte et une offensive désordonnées et passablement incohérentes; il s'agit là d'une phase anarchique, au cours de laquelle, dans son effort pour briser les entraves qui les lient à l'enfance, les jeunes cherchent à s'affirmer dans la négation des valeurs et des idées reçues, en affichant un non-conformisme agressif, tapageur et provocant. Et puis un second temps, pendant lequel la crise s'organise en profondeur. De même que dans toute révolution une période d'aménagement succède au renversement de l'ordre établi et prélude à l'ordre nouveau, de même vient, en général à partir de seize ans, un temps de réflexion et d'approfondissement. Non bien sûr que l'adolescent ait attendu jusque-là pour s'interroger et faire retour sur lui-même; mais ce travail d'introspection et d'approfondissement s'intensifie; au lieu de se chercher de façon désordonnée à l'extérieur, le Moi se découvre de l'intérieur, dans une perception aiguë et volontaire de lui-même, et s'exalte dans le secret de la conscience. C'est ce que M. Debesse[3] a appelé l'âge du «culte du Moi», d'où sortira un être conscient de son individualité, mûr pour assumer son avenir et ses responsabilités d'adulte. A vrai dire, on peut se demander si cette phase d'introspection est aussi marquée aujourd'hui que par le passé; plus précisément si la réflexion collective ne tend pas à prendre le pas sur la réflexion personnelle, et le culte du Nous à se substituer au culte du Moi.

Quoi qu'il en soit, l'intensité et la profondeur de cette prise de conscience réfléchie varieront, encore une fois, suivant la personnalité, le caractère, le passé, l'intelligence de chacun. Certains individus resteront toute leur vie des adolescents, révoltés ou non, faute d'avoir opéré ce retour sur eux-mêmes; faute aussi bien souvent de n'avoir su, à un moment donné, se retrancher du groupe. Car il y a un âge de la bande, du moins pour les garçons, mais qu'il faut dépasser sous peine d'abdiquer son individualité et de ne jamais parvenir à conquérir une pleine autonomie. Chez d'autres au contraire, la crise juvénile s'intériorisera d'emblée et ne se manifestera guère au travers du comportement extérieur. Il ne faut donc pas accorder une valeur trop absolue aux deux phases distinguées, mais garder à l'esprit le caractère global et continu de l'évolution juvénile. Comme le rappelle l'étymologie du mot : adolescence en latin signifie croître, grandir, l'adolescence est mouvement et cette mouvance même, nous venons de le voir, se laisse difficilement circonscrire dans un cadre et dans une durée précise.

L'ADOLESCENT ET LA SOCIÉTÉ

Ces dernières décennies, au cours desquelles on a assisté successivement à la prolifération des bandes délinquantes, à la contestation radicale des étudiants, à l'extension foudroyante de l'usage de la drogue parmi les jeunes, notre société s'est trouvée confrontée à une exaspération sans précédent de ce qu'il est convenu d'appeler la crise juvénile. Consternée, elle a découvert le visage nouveau et inquiétant d'une jeunesse qui ne répondait plus du tout à l'image traditionnelle qu'elle s'en faisait. La plupart des ouvrages consacrés à l'adolescence ont vieilli d'un coup, et parmi ceux qui leur ont succédé, beaucoup ont vieilli à leur tour, faute de s'être attachés à saisir, par-delà la diversité des comportements et la multitude de facteurs en cause, les processus fondamentaux et les aspects spécifiques de l'adolescence. Il est de fait que face à une jeunesse en pleine évolution, sinon en pleine révolution, plongée dans un désarroi qui s'extériorise par des attitudes et des conduites sans cesse nouvelles et imprévues, nous manquons du recul nécessaire, nous sommes aussi trop directement concernés pour pouvoir apprécier la portée des changements qui se produisent sous nos yeux, discerner ce qui est mutation en profondeur de ce qui est réaction transitoire, épiphénomène.

L'aggravation de ce qu'il faut bien nommer la dissidence adolescente a montré à quel point l'évolution des adolescents a partie liée avec la société dans laquelle ils vivent. C'est la société qui détermine l'allure que prend le passage à l'âge adulte, sécrète les formes de révolte de sa jeunesse. Cette allure, ces révoltes tendent, à l'heure des *mass media* et dans une civilisation industrielle et technocrate elle-même en état de crise et de changement, à se modifier de plus en plus rapidement, en même temps qu'à revêtir toujours davantage un caractère collectif. En outre, si l'adolescence est par excellence l'âge de l'opposition contre le milieu et l'ordre établi, jamais cette opposition n'avait pris, comme c'est le cas aujourd'hui, la forme d'un refus aussi total (réponse sans doute à l'emprise de plus en plus totalitaire de la société sur l'individu) et il faut ajouter : aussi délibéré et conscient. Les bandes d'adolescents délinquants qui avaient défrayé la chronique des années 50 (il en existe toujours) exprimaient déjà le malaise et le déséquilibre de notre civilisation moderne, mais l'exprimaient à leur insu par leur inadaptation même ; il n'y avait pas chez ces jeunes de véritable jugement porté sur la société ; leur refus était en quelque sorte simplement *agi*. A l'heure actuelle au contraire, ce jugement existe et c'est lui qui motive la révolte : politisés et sensibilisés aux problèmes sociaux, on voit un nombre croissant de jeunes tourner le dos à une société dont ils ne veulent plus, rompre avec ses valeurs et ses tabous, soit qu'ils essaient de retrouver des modes de vie primitifs, un âge d'or perdu où l'homme vivait en communauté dans une sorte de grande fête fraternelle sans travailler ni se soucier du lendemain ; soit qu'ils tentent des évasions plus rapides par le moyen des stupéfiants ; soit encore qu'ils s'attaquent directement, par la violence, à l'ordre établi. Ce refus total et les comportements qu'il engendre ne sont plus l'apanage d'un milieu et d'un petit nombre seulement. A cet égard, un phénomène comme celui de la drogue est exemplaire : de même que, voici vingt ou vingt-cinq ans, tous les pays industrialisés avaient leurs «blousons noirs» (ou dorés), de même tous sont confrontés aujourd'hui au problème de la toxicomanie juvénile ; l'usage de la drogue se répand aussi bien dans les villes que dans les campagnes, parmi les apprentis que parmi les étudiants et les lycéens. Conduite d'évasion, ou de transgression totale, il est moins signe de névrose ou forme de délinquance que le révélateur du mal insidieux qui mine la société tout entière ; il témoigne à la fois d'une recherche désespérée de communion loin de la foule aliénée des adultes et d'un refus d'engagement (qui est encore un refus «engagé»), pire : d'un refus d'existence. Avec la violence, il représente le symptôme le plus grave du «mal du siècle» de la jeunesse actuelle.

Est-ce à dire, comme le veut un préjugé répandu, que celle-ci soit une jeunesse perdue et radicalement différente de celle de jadis ? Ce serait oublier tout ce qu'a de positif la contestation des jeunes, à commencer par ce jugement lucide porté sur la société et qui contraint celle-ci à faire retour sur elle-même ; oublier aussi que la délinquance juvénile en soi n'est pas un phénomène nouveau. Dans la dissidence adolescente, dans les brusques flambées d'agressivité collectives auxquelles nous assistons périodiquement, dans la prolifération des gangs et la propagation de la drogue, il faut voir la forme nouvelle et virulente que prend à notre époque un phénomène qui, lui, est de tous les temps : la lutte des jeunes pour accéder à la condition adulte, avec tout ce que cela implique d'impatience d'arriver à l'autonomie sociale, en même temps que d'incertitude et d'angoisse devant la nécessité de rompre les liens de dépendance infantile pour se tourner vers un avenir inconnu — un avenir qui aujourd'hui, c'est le moins qu'on puisse dire, est devenu particulièrement effrayant. Malgré ce qu'une telle affirmation peut avoir de choquant à première vue, il n'y a pas forcément une opposition fondamentale entre l'adolescent dit normal et l'adolescent engagé dans la délinquance, entre les associations de jeunes et les gangs juvéniles. Si l'adolescence est l'âge de la révolte, on conçoit que cette révolte, avec la fragilité qui caractérise l'équilibre à ce moment-là et dans le contexte socioculturel explosif qui est le nôtre, puisse aisément glisser dans une forme antisociale; de la rébellion qui reste dans les limites légales au comportement délinquant, en passant par le délit occasionnel, tous les intermédiaires sont possibles.

Il n'y a pas davantage d'opposition radicale entre la jeunesse d'aujourd'hui et celle d'hier, pas plus qu'entre le jeune primitif et le jeune civilisé. Même si les problèmes se présentent sous un jour très différent, ils engendrent chez tous les adolescents des expériences largement superposables. Pour les uns comme pour les autres, répétons-le, l'essentiel se ramène toujours à ceci : devenir un adulte, avec l'ambivalence et l'anxiété que cela comporte. Quel que soit le contexte socioculturel, l'adolescence est et sera toujours une période de crise et de déséquilibre, caractère qu'elle doit autant aux changements physiologiques qui s'accomplissent et à leurs répercussions psychologiques, qu'à l'obligation pour les jeunes de réaliser leur insertion dans la société et de prendre en main leur propre destin. Ce qui diffère d'un être à l'autre, d'une culture à l'autre, c'est, encore une fois, l'amplitude, l'intensité de cette crise, les formes qu'elle revêt, la solution qui lui est donnée.

Sous l'angle sociologique, le problème revient à se demander comment une société considère ses jeunes, quel statut et quel rôle elle leur accorde, ce qu'elle fait ou ne fait pas pour leur faciliter le passage de l'enfance à la condition adulte.

Dans les civilisations primitives, ce passage est pris en charge par la société elle-même : les rites pubertaires sont destinés à marquer l'accession de l'adolescent au statut adulte, à consacrer officiellement la rupture des liens domestiques et le passage de la vie familiale à celle de la tribu, en même temps qu'à préparer les néophytes à leurs nouvelles fonctions en les initiant aux croyances, aux traditions et aux pratiques du clan. Comme l'a montré Ruth Benedict[4], le contenu et la durée de ces «rites de passage», parce qu'ils sont une reconnaissance non de la puberté physiologique mais de la puberté *sociale*, varieront d'une société à l'autre en fonction de la nature des activités et des obligations qui définissent, à l'intérieur d'une culture donnée, les prérogatives de l'âge adulte. Dans une tribu guerrière par exemple, l'initiation de l'adolescent sera plus longue et d'un caractère très différent que dans une société «où l'état adulte donne avant tout le privilège de danser dans une représentation de dieux masqués»[5].

Le fait que les cérémonies pubertaires soulignent un événement social et non pas biologique a une autre conséquence : c'est que de telles cérémonies vont concerner avant tout le garçon; dans certaines sociétés, il n'existe même aucun rite de passage pour l'adolescente. C'est le cas à

Samoa, où Margaret Mead[6] a constaté que la puberté de la jeune fille ne donnait lieu à aucune reconnaissance sociale, à aucune manifestation particulière de la part de l'entourage. « Les prérogatives adultes des hommes, écrit R. Bénédict[7], sont beaucoup plus importantes dans toute culture que celles des femmes, et par conséquent les sociétés attachent plus d'importance à cette période chez les garçons que chez les filles. »

Ainsi, grâce aux mesures instituées par la société, les difficultés inhérentes au passage de l'enfance à l'âge adulte se trouvent ici largement aplanies, sinon toujours pour les adolescentes, du moins pour les adolescents ; cela d'autant plus que cette période de transition, même dans les cas où elle tend à se prolonger (elle peut s'étendre parfois sur une, deux, voire trois années), demeure toujours beaucoup plus courte par rapport à ce qu'elle est dans notre civilisation moderne. Certes, le mystère dont sont entourées les cérémonies d'initiation, leur caractère tout à la fois sacré et menaçant, les souffrances qui sont presque toujours infligées au jeune primitif — les coups, la faim, la privation de sommeil, les mutilations de toute espèce, qui peuvent aller jusqu'à entraîner la mort — nous paraissent barbares et plus faites pour engendrer la terreur qu'à faciliter les choses aux adolescents. Et cependant les travaux des anthropologues nous les montrent, au contraire, avides de se soumettre à de telles épreuves, qu'ils doivent endurer passivement sans jamais se plaindre. Tout indique que la tension et l'anxiété qu'elles provoquent ne découlent pas tant de la peur de la souffrance physique que de la crainte de ne pas les subir victorieusement et de n'être pas jugés dignes de prendre place dans les rangs des aînés. Or l'aspiration à être considéré comme un adulte, l'ardent désir de se prouver et de prouver aux autres — même et surtout au prix de souffrances corporelles — qu'on est digne de l'être, sont des traits communs à tous les adolescents. En fournissant au jeune novice la possibilité de faire ses preuves, et donc de prendre confiance en soi, les rites pubertaires viennent répondre de façon remarquable à ses besoins émotionnels et apporter une solution psychologiquement efficace à la crise juvénile.

A défaut de véritables rites de passage, les civilisations de l'Antiquité donnaient elles aussi un caractère public et solennel à la majorité sociale, facilitant par là l'accès au statut adulte : en Grèce, c'était le moment où le jeune homme devenait éphèbe, à Rome, celui où il abandonnait la toge prétexte pour la toge virile. Si de telles coutumes se sont perdues ou dégradées au cours des siècles, il faut remarquer que, dans les sociétés qui précédèrent la nôtre, l'enfant passait presque sans transition à la vie adulte : pour les filles, c'était le mariage à un âge extrêmement précoce, ou le couvent ; pour le garçon, l'entrée sans délai dans une carrière : celle des armes par exemple s'il était noble, en tant que page attaché à un seigneur; l'apprentissage d'un métier auprès d'un maître artisan, s'il était roturier. Le jeune individu accédait donc là aussi à un statut bien défini et reconnu par la société. On peut dire paradoxalement que la question de l'adolescence était résolue ici — tout au moins en apparence — par la suppression de l'adolescence elle-même. Il faudra attendre Beaumarchais pour qu'elle ressuscite dans sa réalité complexe au travers du personnage de Chérubin, et l'époque romantique pour que les problèmes de la jeunesse apparaissent au grand jour et commencent à se poser en des termes assez semblables à ceux d'aujourd'hui.

Si le malaise et le désarroi des jeunes, déjà si sensibles au siècle dernier (ils transparaissent dans les écrits des Romantiques et tout particulièrement dans *Les Confessions d'un enfant du siècle* de Musset), ont revêtu de nos jours une forme aussi aiguë, c'est précisément parce que les sociétés industrielles modernes n'ont su prendre aucune mesure efficace pour faciliter à l'adolescent son insertion dans le monde adulte. On peut dire qu'elles l'ont au contraire singulièrement compliquée. Pour faire face à des besoins toujours plus complexes, et aussi parce qu'elles sont assez riches pour se passer du travail de leurs adolescents, elles ont repoussé sans cesse les limites de la période dite d'apprentissage, ce qui a eu pour effet de maintenir les jeunes dans un état prolongé de dépendance — de ségrégation sociale aussi — et d'augmenter le décalage entre la maturité biologique et la maturité sociale. Ainsi que l'écrit Pichot[8], «l'adolescent est un individu qui, à partir de la puberté est physiologiquement un adulte, mais que la société contraint à un rôle et à un statut d'enfant, fixé par les parents dont il dépend». Et comme la maturité sociale elle-même n'est déterminée par aucun critère précis, il en est résulté pour les jeunes une situation parfaitement ambiguë : physiologiquement adultes à partir de la puberté, mais civilement majeurs à 18, 20 ou 21 ans seulement, pénalement à 18, économiquement à un âge qui pour les uns se situera en deçà, pour les autres au-delà de la majorité légale, à quel moment donc pourront-ils se considérer et seront-ils considérés comme pleinement responsables et intégrés dans la vie adulte? Il ne saurait, on le voit, y avoir de réponse univoque. «Un étudiant âgé de 22 ans, écrit encore Pichot[9], aura sans doute légalement toutes les prérogatives du statut de l'adulte, mais dans la mesure où il reste dépendant économiquement de ses parents, il ne pourra que partiellement en faire usage. Inversement un ouvrier de 18 ans pourra être économiquement indépendant mais ne possédera pas tous les droits légaux d'un adulte.» «Finalement le moment de la maturité sociale variera de cas en cas selon le milieu, la situation économique des parents, leur caractère, leurs idées et leurs préjugés, les traditions familiales. Dans bien des familles protestantes par exemple, la fin de l'instruction religieuse revêt ou revêtait il y a quelques années encore une portée sociale, marquant le temps des premières sorties « sans compte à rendre », etc. Dans certains milieux bourgeois ou aristocrates, il y a ou il y avait le « Bal des débutantes », la présentation à la Cour, etc. Mais ce ne sont là que les restes édulcorés des anciennes coutumes qui sanctionnaient autrefois l'accession à la condition adulte; ils ont perdu tout caractère institutionnel et l'émancipation des jeunes de la tutelle familiale demeure en quelque sorte une affaire de convenance entre les intéressés (la convenance de l'adolescent tendant de plus en plus à l'emporter sur celle des parents!).

On voit que, bien loin de lui venir en aide, notre monde moderne ne peut qu'ajouter aux difficultés de l'adolescent à se situer. Et l'absence d'un statut défini, la prolongation de la durée de l'adolescence ne sont pas les seuls facteurs à rendre compte de l'aggravation du désarroi des jeunes. Elle tient aussi aux transformations, qui s'accélèrent à une vitesse vertigineuse, de la société elle-même, à l'effondrement des valeurs traditionnelles, à la démission de la famille, à la recherche effrénée du bien-être, à la présence endémique de la guerre, de la violence, à toutes les conditions anxiogènes inhérentes à la vie actuelle. Cet aspect, nous l'envisagerons en parlant du groupe adolescent et plus particulièrement des bandes délinquantes.

Tout ce qui précède montre qu'à notre époque et dans notre culture, la crise juvénile prendra un caractère spécifique qu'on ne retrouvera pas ailleurs, mais qui n'exclut pas les constantes que nous avons déjà indiquées. Arrêtons-nous un instant encore à ces dernières pour signaler la thèse de deux spécialistes américains, l'un sociologue, l'autre officier de la police new-yorkaise[10]. Fondée sur l'observation de la structure et du comportement des groupes d'adolescents modernes, en particulier des bandes délinquantes, ainsi que sur une étude des documents anthropologiques, cette thèse postule l'existence de certaines ressemblances fondamentales entre les adolescents de toutes les cultures, quelles qu'en soient par ailleurs les différences. C'est ainsi que les auteurs ont dégagé des similitudes étonnantes entre les rites pubertaires des sociétés primitives et nombre de pratiques en vigueur dans les bandes contemporaines. Tout se passe comme si les jeunes d'aujourd'hui voulaient suppléer spontanément à l'absence d'un rituel instauré par les adultes pour les admettre dans leur rang en se mettant eux-mêmes à l'épreuve. On pourrait déjà interpréter de cette façon les fameux duels des étudiants allemands, véritables institutions qui faisaient d'un visage couturé et balafré le symbole de la force et du courage virils. Il en va de même des brimades de collèges, des «bizutages» des grandes écoles, qui, dans certains internats américains, sont devenus si dangereux qu'ils ont dû être interdits. De tels usages peuvent en effet être considérés comme une forme dégradée des rites de passage. Mais il y a plus : Bloch et Niederhoffer ont retrouvé dans les bandes d'adolescents délinquants des pratiques telles que l'autodécoration, le tatouage, la scarification, etc. qui constitueraient l'exacte contrepartie des rites pubertaires dans les sociétés primitives. Selon eux, elles ont la même signification psychologique, répondent au même but, satisfont les mêmes besoins profonds :

«Du point de vue de l'adolescent primitif, les rites pubertaires représentent les pratiques institutionnalisées de la culture destinées à l'aider au travers d'une période cruciale de sa vie et à l'orienter vers ses responsabilités d'adulte, tout comme à apaiser le malaise psychologique profond engendré par ce stade de passage.

«Les rites non structurés des bandes contemporaines d'adolescents sont très semblables aux rites pubertaires dans les sociétés primitives et constituent une recherche spontanée des moyens psychologiquement efficaces pour aider le garçon qui approche de la maturité à doubler le cap critique de l'adolescence[11].»

Si valable et si frappant qu'il soit, le rapprochement n'est toutefois pas entièrement convaincant : il subsiste cette différence capitale que chez le primitif, c'est la société elle-même qui assure la promotion à l'état adulte; reconnu adulte par des adultes, l'adolescent va tout naturellement prendre sa place dans leur société. Dans le cas des rituels instaurés par les jeunes eux-mêmes, il y a bien passage d'un statut à un autre (de candidat on devient officiellement membre du groupe), mais le passage reste, si l'on peut dire, horizontal, puisque l'on demeure entre pairs. A l'intérieur du groupe, le rite accompli peut bien signifier que l'on est devenu «un homme», il n'en reste pas moins que tant que la société ne vous reconnaît pas comme tel, on n'en est pas un.

Reprenant l'idée d'une auto-initiation spontanée, E. Morin va plus loin que les auteurs cités : non seulement il la généralise à l'ensemble de la dissidence adolescente, mais encore il insiste sur le caractère de plus en plus institutionnalisé pris par cette auto-initiation. Dans son *Journal de Californie*[12], il pousse à l'extrême, non sans emphase ni sans quelque outrance, le parallèle entre les adolescents américains et les jeunes primitifs. Après avoir relevé l'absence d'épreuves institutionnalisées par la société adulte, il écrit : «Aussi les adolescents ont-ils dû d'eux-mêmes se fabriquer une initiation, et les plus avancés, les plus tourmentés, mettent la lutte à mort et l'épreuve de mort au cœur de cette nouvelle initiation.

« Ainsi, on va vers l'institutionnalisation d'une auto-initiation par le dénuement, la souffrance, le défi, l'agression et à la limite la bombe, l'attentat.

« Les caractères communs avec l'initiation archaïque sont extraordinaires : de même que les jeunes archaïques quittent le village pour s'isoler dans la forêt redoutable, les adolescents modernes vont dans l'*underground*, dans les nouveaux ghettos ou dans la nature sauvage ;... de même que l'initiation archaïque suppose supplice et épreuve sanglante, l'initiation moderne suppose le risque de mort, soit dans le jeu, soit dans la délinquance, soit dans la nouvelle guérilla urbaine. La seule et capitale différence est que l'institution archaïque est entièrement contrôlée par la hiérarchie sociale et la classe adulte, tandis que la nouvelle institution en voie d'édification est autogérée par la classe adolescente qui veut conquérir l'état adulte. »

Ce que souligne le texte, c'est donc le fait nouveau et déjà mentionné précédemment qu'est la volonté des jeunes de se prendre, si l'on peut dire, en charge eux-mêmes. Et il est bien vrai que la société est désormais obligée de compter avec leur existence en tant que groupe ou subculture et de leur concéder, bon gré mal gré, une autonomie croissante. Déjà cette « montée » des jeunes paraît avoir pour effet d'abréger la durée de l'adolescence : l'Angleterre et les États-Unis viennent d'abaisser l'âge du droit de vote ; d'autres pays s'apprêtent à les suivre ; dans les universités et les lycées, la participation est à l'ordre du jour, dans les familles, les parents se résignent à ce que leurs adolescents « mènent leur vie » sans plus rendre de comptes. On ne saurait préjuger les conséquences d'une telle évolution ; elle dépendra dans une large mesure, ce nous semble, de la capacité du monde adulte à aider les jeunes de façon généreuse et désintéressée, et sans démission, à accéder à une vie pleinement responsable. Car, outre le dangereux décalage entre le rythme de cette émancipation qui s'accélère et celui de la maturation psycho-affective qui ne saurait, elle, brûler les étapes, il reste la nécessité de l'insertion sociale, la « marginalité » n'étant pas une solution, ou n'en étant une que provisoirement. Trop souvent jusqu'ici, on n'a vu que le profit à tirer, en faisant cyniquement fi des aspirations des jeunes, de leurs valeurs, de leur soif d'idéal et d'absolu. Et les jeunes l'ont bien senti, qui sont à la fois conscients de leur importance, de leur poids dans notre société de consommation et révoltés, dégoûtés par une telle société.

*
* *

Dans les pages qui précèdent, nous avons envisagé quelques-uns des aspects sociologiques de la crise juvénile. Il va de soi qu'ils ne sauraient être dissociés des difficultés et des conflits psychologiques auxquels les adolescents se trouvent confrontés. C'est ainsi que l'ambiguïté de leur statut dans la société entretient et aggrave l'anxiété profonde qui découle pour eux de la remise en question de leur personne et jusqu'au sentiment même de leur identité. Car la façon dont les adultes les considèrent va conditionner l'image qu'ils se font d'eux-mêmes. Or cette image, comment ne serait-elle pas floue quand ceux-là mêmes dont, ô ironie ! le jeune s'entend dire si souvent : « tu n'es plus un enfant » lui refusent l'accès de leur univers et s'obstinent à ne pas le traiter sur un pied d'égalité ? Qu'il ne soit plus un enfant, son corps est là pour l'en avertir ; mais qui est-il donc, puisque l'éthique de la société dans laquelle il vit lui interdit de faire usage de sa maturité sexuelle nouvellement acquise et qu'il est maintenu dans un état de semi-parasitisme bien proche de celui de l'enfant ? Sous la diversité des comportements et des attitudes, on retrouvera toujours cette interrogation anxieuse, plus ou moins consciente, plus ou moins explicite : « Qui suis-je ? » Et c'est bien en dernière analyse comme une crise d'identité qu'apparaît l'adolescence elle-même.

Dans la plupart des peuplades primitives, le passage de l'enfance à l'âge adulte a donné naissance au mythe de la mort du novice adolescent et de sa résurrection comme une personne nouvelle. Ainsi que l'a noté Lévy-Brühl, les épreuves infligées au jeune primitif et qui peuvent aller parfois jusqu'à de véritables tortures, ont aussi pour but de matérialiser une telle croyance. Elles visent à mettre le novice dans « un état de réceptivité [qui] consiste essentiellement en une sorte de dépersonnalisation, de perte de conscience produite par la fatigue, par la douleur, par l'énervement, par les privations, bref en une mort apparente suivie d'une nouvelle naissance. On fait croire aux femmes et aux enfants (qui sont tenus à l'écart de ces cérémonies, sous les peines les plus sévères) que les novices meurent réellement. On le fait croire aux novices eux-mêmes et peut-être les anciens partagent-ils, en un certain sens, cette croyance. La couleur de la mort est le blanc, et les novices sont peints en blanc »[13].

Malgré un contexte socioculturel entièrement différent, ce mythe primitif qui fait de l'adolescence une seconde naissance reflète symboliquement une expérience subjective commune à tous les jeunes et nous conduit au cœur même du problème : la maturation physiologique, l'éveil de désirs et de sentiments jusque-là inconnus, donnent véritablement à l'adolescent l'impression d'être une personne nouvelle. Seulement, il commence par ignorer quel est cet être nouveau qu'il sent en lui, et cela d'autant plus que, pour s'affirmer autre qu'il n'était, il a besoin de répudier le passé en rejetant ses parents, leurs idéaux, leur mode de penser. L'abandon momentané ou durable des anciennes identifications crée un vide et laisse l'adolescent profondément désemparé. Pour se découvrir lui-même et, sur un plan plus profond, refaire une cohésion que le rejet brutal des imagos parentales est venu détruire, il va alors se chercher de nouveaux modèles et de nouvelles identifications. Cette quête de l'identité, qui prélude à la mise en place de la personnalité, n'est pas sans rappeler, à un tout autre niveau bien sûr, ce qui se passe dans la petite enfance. On se souvient que le nourrisson ne prend conscience de lui-même — de son corps d'abord, de son Moi ensuite — qu'au travers de la relation avec autrui (avec sa mère pour commencer) dans la mesure où il perçoit cet autrui comme distinct de lui-même, comme un Objet ayant une existence autonome. Puis, par le double jeu de l'opposition et de l'imitation (ou de l'identification), l'enfant découvre peu à peu sa propre individualité. C'est ainsi par exemple, et de façon très schématique, que le garçonnet en s'identifiant à son père et aussi en se conformant toujours plus étroitement aux «patterns» de l'entourage, c'est-à-dire aux attitudes et aux comportements que celui-ci attend du garçon (se montrer plus courageux et plus entreprenant que les filles, ne pas pleurer pour un rien, etc.) développe sa personnalité et acquiert le sentiment précis de son identité.

C'est pareillement au travers d'autrui que l'adolescent prendra progressivement conscience de ce qu'il est. Dans un article remarquable, E. Kestemberg[14] a mis en évidence et développé cette dialectique de l'identité et de l'identification, ainsi que son rôle dans la restructuration et l'aménagement de la personnalité juvénile. Elle a montré qu'à tous les niveaux, les difficultés rencontrées par l'adolescent dans ses relations avec lui-même sont induites par les difficultés qu'il éprouve dans ses relations avec les autres, et notamment par son besoin de récuser les modèles offerts par les parents. Crise d'identité, l'adolescence doit donc être envisagée sous l'angle de «cette constante communication anxieuse entre l'autre et soi-même, entre l'identification et l'identité»[15], c'est-à-dire comme un problème de relations. Au point de départ : les transformations physiologiques; à l'arrivée : l'insertion dans la société, et entre deux, un remaniement profond de la personne, à la fois dans sa relation avec elle-même et dans ses relations avec les autres.

NOTES

[1] P. Blos, par exemple, dans son ouvrage *Les Adolescents* (Stock, Paris, 1967) distingue les phases suivantes : préadolescence, première adolescence, adolescence proprement dite, adolescence tardive, postadolescence.

[2] M. Debesse, *L'adolescence est-elle une crise?*, dans *Enfance*, n° 4-5, sept.-déc. 1958.

[3] M. Debesse, *La crise d'originalité juvénile*, Alcan, Paris, 1936.

[4] R. Benedict, *Patterns of Culture*. The New American Library, New York, 1959.

[5] *Ibid.*, p. 36.

[6] M. Mead, *Coming of Age in Samoa*, New York, 1928.

[7] R. Benedict, *op. cit.*, p. 37.

[8] P. Pichot, Préface à H. Bloch et A. Niederhoffer, *Les Bandes d'adolescents*, Payot, Paris, 1963, p. 14.

[9] *Ibid.*, p. 14.

[10] H. Bloch et A. Niederhoffer, *Les Bandes d'adolescents*, Payot, Paris, 1963.

[11] H. Bloch et A. Niederhoffer, *op. cit.*, p. 57.

[12] E. Morin, *Journal de Californie*, Le Seuil, Paris, 1970, p. 239.

[13] L. Levy-Brühl, *Les fonctions mentales dans les sociétés inférieures*, Alcan, Paris, 1912, p. 415-416.

[14] E. Kestemberg, *L'identité et l'identification chez les adolescents*, dans *Psychiatrie de l'enfant*, vol. V, fasc. 2, PUF, Paris, p. 441-522.

[15] *Ibid.*, p. 448.

Chapitre 2
La crise juvénile

LA RÉVOLTE CONTRE LES PARENTS ET LE MILIEU

L'apparition de la puberté déclenche à peu près immanquablement une crise d'opposition, plus ou moins violente, plus ou moins ouverte, contre l'entourage adulte. Il s'agit là d'une de ces périodes de bouleversement qui jouent un rôle décisif dans l'évolution de la personnalité et du caractère ; c'est pourquoi on a coutume de la rapprocher d'une autre phase de turbulence : celle que traverse l'enfant de trois ans, où l'on a reconnu les premières manifestations du sentiment de personnalité. Bien plus, les psychanalystes nous ont appris que les conflits de l'enfance, et notamment le conflit œdipien, se trouvaient réactivés au moment de la puberté, et que, sous l'angle psychologique, l'adolescence devait être considérée comme une «réédition de la période infantile».

Pour quitter l'enfant qu'il n'est plus et s'affirmer comme une personne autonome, l'adolescent commence par brûler ce qu'il a adoré en se révoltant contre l'autorité de ses parents et en rejetant les modèles offerts par ceux-ci. Il prend volontiers le contre-pied de ce qu'ils pensent, aiment et croient, montrant d'ailleurs par là même à quel point il en reste dépendant. Tantôt c'est avec violence qu'il s'insurge contre leurs opinions, leur morale, leurs traditions ; tantôt il les considère avec commisération du haut de sa supériorité (une supériorité plus apparente que réelle et qui masque, ainsi que nous allons le voir, une incertitude profonde) : les parents par définition sont des êtres qui « ne comprennent rien à rien », et surtout pas le génie méconnu qu'ils ont devant eux.

L'enfant, lui, a mis ses parents et l'adulte en général sur un piédestal. Il vient certes un moment où il cesse de croire à leur toute-puissance et à leur omniscience pour les considérer avec plus de réalisme. Mais son admiration et son respect pour eux n'en sont pas entamés, et pas un instant il ne met en doute leurs prérogatives et leur autorité. Lorsqu'il se montre désobéissant, ou qu'il se rebiffe contre telle ou telle de leurs exigences, ce n'est jamais pour protester contre sa situation d'enfant et revendiquer son droit à l'indépendance.

Tout change à l'adolescence. Au lieu d'être surestimés, les parents sont maintenant critiqués, jugés par un garçon ou par une fille qui porte sur eux un regard sans indulgence, hostile même. Leurs travers, leurs faiblesses, leurs défauts, petits et grands, sont passés au crible. Leur tendresse devient sentimentalité importune, leur sollicitude, intrusion, leur fermeté, vexation délibérée. C'est le moment où l'on peut avoir honte de ses parents, surtout devant les camarades, soit que l'on découvre alors que leur comportement est réellement critiquable ou anormal, soit, et c'est le cas le plus fréquent, pour des raisons absolument futiles et dénuées d'objectivité. C'est une mère trop peu élégante ou distinguée au gré de sa fille ; un père qui parle trop fort en public ou dit trop crûment ce qu'il pense, ou encore qui « s'obstine », pour le plus grand désespoir de son fils, à conduire une voiture démodée. Certains souffriront des conditions modestes dans lesquelles vit leur famille et chercheront à cacher cette situation à leurs camarades (en ne les amenant jamais à la maison, en évitant de leur faire rencontrer leurs parents) ; d'autres au contraire auront honte du luxe qui les entoure. Au fond, beaucoup de jeunes ont tendance à voir leurs parents à travers les yeux des autres, non pas de n'importe quels autres, mais du groupe de leurs pairs, d'un ami ou encore d'un aîné — un maître, une maîtresse, un chef scout — qu'ils admirent et s'efforcent d'imiter. Les « déviations » de leurs parents par rapport à ces modèles ou aux valeurs du groupe peuvent alors les humilier dans leur amour-propre et constituer une blessure narcissique profonde. On a ici un premier exemple des mouvements contradictoires de l'âme juvénile et des difficultés qu'entraîne le besoin de tourner le dos au passé et de rejeter les images parentales : d'une part l'adolescent qui, vis-à-vis de son milieu, se pique d'originalité et d'indépendance, est prisonnier d'un nouveau conformisme : celui du groupe, a tel point qu'il ne supporte pas que ses parents puissent s'en écarter (et il faut remarquer que c'est bien souvent l'originalité et l'indépendance, très authentiques celles-ci, des parents à l'égard de l'opinion qui font souffrir le jeune) ; d'autre part et surtout, le sentiment de sa propre valeur continue à dépendre de la personne de ses parents vis-à-vis desquels il prétend prendre ses distances.

C'est la même dépendance et la même ambivalence qu'on retrouve dans une autre attitude typique de cet âge : ces jeunes dont un geste de tendresse offusque la pudeur, si volontiers négatifs, hargneux, agressifs, et qui prennent ombrage de tout sous prétexte qu'on attente à leur liberté, reprochent à leurs parents, et aux adultes en général, de ne pas les comprendre, et même de ne pas les aimer. Quel adolescent n'a dans la solitude, serrant encore des poings rageurs, versé les larmes amères de l'incompris ou du mal-aimé ? Avec le besoin d'affirmer son indépendance, le sentiment d'être incompris est un trait caractéristique de l'adolescent. Les plus épris d'originalité y trouvent une amertume délectable et s'en nourrissent car il fortifie leur impression d'être différents des autres. Mais pour la plupart, l'incompréhension, vraie ou imaginaire, de l'entourage ébranle leur confiance en eux-mêmes, en tout état de cause si vacillante à cet âge. Car le sentiment d'être incompris ou de n'être pas aimé renvoie aux difficultés qu'éprouve l'adolescent à se comprendre et à s'aimer lui-même. Nous retrouvons ici ce mouvement dialectique entre l'identité et l'identification signalé par E. Kestemberg. Et à ce propos, s'il est une chose que les jeunes ne peuvent supporter de la part de leurs aînés, c'est le sourire ; sourire railleur devant une coiffure ou un détail vestimentaire révélant une recherche trop évidente ; devant une phrase pompeuse et trop bienvenue, une réflexion trop exaltée ; pire qu'un sourire railleur, un sourire indulgent, celui qu'on a pour l'enfant et qui dit plus clairement que des mots : « Enfantillages que tout cela ! » Face à l'attitude condescendante de l'adulte, l'adolescent se sent littéralement annihilé, car d'un coup elle le rejette dans sa situation antérieure d'enfant dépendant ; c'est la dénégation de tous ses efforts pour s'affirmer comme un être autonome ; efforts maladroits au début, mais qui demandent à être pris au sérieux puisque c'est au travers d'eux que le jeune Moi mal assuré commence par se chercher.

L'AFFIRMATION EXTÉRIEURE DU MOI : LA RECHERCHE DE L'ORIGINALITÉ

La recherche de l'originalité se retrouve à des degrés divers chez tous les adolescents. Elle traduit le besoin de briser les moules antérieurs, de se distancer de celui qu'on était et qu'on n'est plus, des parents, du milieu. Ce besoin d'originalité, auquel M. Debesse[1], le considérant comme un des aspects essentiels de la crise juvénile, a consacré un important ouvrage, se manifestera de mille et une façons : dans les vêtements, dans le comportement, dans le langage, dans l'écriture, dans les idées. L'adolescent se sent mais se veut aussi différent des autres ; des autres, c'est-à-dire des adultes qui l'entourent, car pour ce qui est de ses pairs, il en va tout autrement. Nous verrons que c'est précisément auprès d'eux qu'il puise le sentiment de sa valeur, et la conscience de ce qu'il est, leur contact qui le fortifie dans sa volonté d'émancipation.

L'excentricité dans la toilette, propre aussi bien aux jeunes gens qu'aux jeunes filles, est l'un des signes les plus apparents et souvent les plus tapageurs de cette volonté de non-conformisme. Le mot peut faire sourire à l'heure des blue-jeans et du blouson noir, à l'heure où cinéma, télévision et magazines dictent à tous les jeunes du monde, par le truchement de leurs idoles, la mode à suivre pour se vêtir et se coiffer, sinon pour penser. Cette excentricité-là en effet est devenue, comme tant de choses à notre époque, un phénomène de masse, une excentricité de groupe propre à toute une classe d'âge, une « excentricité dans le conformisme » en quelque sorte. Le pourpoint de satin cerise, les pantalons gris à bandes de soie noire, la longue crinière de Théophile Gautier au soir de la première d'*Hernani* témoignaient certes d'une originalité plus authentique et d'un goût plus marqué de l'affirmation personnelle. Il n'en demeure pas moins que même dans le conformisme actuel, il n'est pas difficile de déceler dans un débraillé trop étudié, dans le ton pastel d'un pantalon ou la couleur agressive d'un pull-over, dans une jupe trop courte ou dans une allure provocante, la même volonté de se faire remarquer ou de choquer. D'autre part, il faut considérer ici que le groupe entier se comporte comme un adolescent : ce sont des réactions et des attitudes identiques, mais à l'échelle collective.

L'excentricité dans la tenue toutefois ne procède pas seulement du besoin de s'affirmer et de se singulariser. Nous touchons ici au problème des relations de l'adolescent avec son corps. Ces relations sont extraordinairement complexes et ambivalentes, et cela pour plusieurs raisons. Tout d'abord, si la maturation génitale suscite de la fierté, elle réveille aussi, comme nous le verrons plus loin, l'angoisse du conflit œdipien. Ensuite, c'est l'image, la représentation même du corps qui est remise en cause, non pas seulement par les transformations sexuelles mais aussi par les modifications du visage, de la voix, par la brusque augmentation de la force musculaire, par une croissance qui s'accélère ; l'adolescent ne reconnaît plus tout à fait son corps et en éprouve un sentiment d'étrangeté et d'effroi ; il doit réapprendre à s'en servir comme instrument de mesure dans l'espace et de relation avec autrui, à contrôler sa force et ses mouvements (inutile d'insister sur sa gaucherie et sa maladresse, la portée mal calculée de ses gestes, etc. Il y a là une autre cause de malaise et aussi de dévalorisation). A ce niveau archaïque également le sentiment d'identité se trouve atteint, et l'extrême préoccupation que les adolescents montrent pour leur corps (la négligence et la saleté affichées par beaucoup signalent une telle préoccupation au même titre que des soins excessifs) traduit la recherche d'une nouvelle identité physique en même temps qu'elle exprime leur fierté et leur désarroi devant ce corps qui se transforme sous leurs yeux. Cette conscience nouvelle du corps se manifeste précisément par le besoin de l'orner et de l'embellir... ou dans le besoin contraire de le rendre rebutant (ou encore de le dissimuler). Dans les excentricités vestimentaires, il faut donc voir bien autre chose encore qu'une affirmation de soi. C'est d'ailleurs, soit dit en passant, une des caractéristiques de toutes les conduites adolescentes que d'être, plus qu'à tout autre moment du développement, constamment surdéterminées et de comporter des significations multiples et contradictoires.

La recherche de l'originalité se marquera encore dans le langage et l'écriture. Chaque génération de jeunes a son vocabulaire et son argot, qui diffèrent d'un milieu à l'autre, et de filles à garçons. Dans les lycées et les collèges, on cultive volontiers l'expression rare, le mot insolite, la tournure recherchée; ce qui n'exclut nullement la même affectation dans le sens contraire : le parler grossier, voire ordurier, vous pose comme un « dur », comme un homme, en même temps qu'il marque la distance prise à l'égard du milieu familial. Mainte adolescente aussi pense un moment se distinguer, si l'on peut dire, en adoptant un langage de carabin; mais en général cette phase passe vite, car la jeune fille ne tarde pas à s'apercevoir que la crudité de son vocabulaire jure avec sa coquetterie et nuit à sa grâce. Elle a plutôt une prédilection particulière pour les expressions superlatives : tout est sensationnel, phénoménal, glorieux, etc., expressions que le garçon pour sa part préfère abréger : sensas, formid, phéno, etc. Chez les uns comme chez les autres, ces expressions changent et se renouvellent aussi vite que la mode.

Mais il ne s'agit pas seulement d'étonner et de scandaliser, il s'agit aussi de communiquer secrètement entre initiés. L'usage d'un langage secret est l'une des formes les plus caractéristiques de l'originalité juvénile; elle s'observe pratiquement dans tous les groupes de jeunes, surtout entre 12 et 15 ans, et bien souvent aussi se pratique entre amis intimes. C'est pour eux le moyen par excellence d'exclure l'adulte et de se sentir des êtres à part, supérieurs; il leur donne des allures de conspirateurs, satisfait leurs fantasmes de toute-puissance ainsi que leur goût du mystère et de l'ésotérisme. Le jeune homme ou la jeune fille qui tiennent un journal intime se forgent volontiers eux aussi un langage hermétique, qui n'est destiné qu'à eux seuls. Là aussi on retrouve la méfiance et l'hostilité à l'égard de l'adulte, l'attrait du mystère, mais plus encore la pudeur et l'importance que l'on attache à ses sentiments et à tout ce qui concerne sa vie intérieure.

Quant à l'écriture, elle change fréquemment entre 13 et 15 ans. Il vient un moment en effet où l'adolescent désire intensément se créer une écriture personnelle. Il s'y applique en prenant souvent ses modèles à gauche et à droite; ici une lettre et là une autre, en général chez des personnes qu'il admire et révère : un maître, un écrivain, une vedette, etc. Le résultat est presque toujours quelque chose d'assez surprenant et le moins qu'on en puisse dire, c'est qu'il manque de modestie : boucles énormes et compliquées jambages démesurément allongés, barres de « t » qui s'élancent dans l'espace; ou au contraire, pattes de mouches dont l'amenuisement et la finesse éthérée trahissent tout autant la volonté délibérée de leur auteur. Qui n'a souri en revoyant ses cahiers d'écolier ?

Il en va de même de la signature qui devient, comme l'écrit M. Debesse, « un signe du Moi qu'on entoure d'une sorte de respect ». Là aussi on cherche et on s'exerce, et il est rare qu'elle ne s'orne de quelque paraphe ou arabesque maniérés. On aime aussi à modifier l'orthographe de son prénom : on l'écrit Denyse, Henry, Jehan, Béatrix, etc. Parfois, comme on en a presque toujours plusieurs, on le troque contre un autre, ou bien d'un surnom, on fait son prénom véritable. Il arrive même qu'un jeune demande à ses parents d'entreprendre les démarches nécessaires auprès de l'état civil pour pouvoir prendre un prénom qui lui paraît mieux répondre à ce qu'il croit ou veut être (et qui bien souvent est révélateur). C'est là encore une façon de répudier l'enfant qu'on a été et de le signifier à l'entourage.

Il n'est pas difficile de voir la relation entre de telles recherches et la tentative de l'adolescent pour s'affirmer comme une personnalité une et singulière, nous serions tentée de dire : de se fabriquer une personnalité et une identité; il est aisé de déceler aussi le narcissisme et la mégalomanie propre à l'adolescent et, sous-jacente, l'incertitude quant à ce qu'il est réellement.

Remarquons en passant que quelques-uns des comportements décrits ci-dessus ont étayé la thèse de H. Bloch et A. Niederhoffer dont nous avons parlé plus haut sur l'analogie entre certaines pratiques ou traits de l'adolescent moderne et les rites de passage des tribus primitives. Cette analogie apparaît beaucoup plus nettement dans les conduites de la bande délinquante, dont s'occupent avant tout les auteurs. Ils retrouvent cependant une correspondance entre le rite de l'autodécoration, de la peinture du visage et du corps pratiqué dans de nombreuses peuplades et les recherches vestimentaires, le souci accordé à leur apparence extérieure des adolescents modernes (le tatouage ne se retrouvant que dans les bandes délinquantes); entre l'acquisition d'un nom et d'un langage nouveau qui marque chez les primitifs la renaissance symbolique à l'adolescence d'une personnalité nouvelle, et la tendance de l'adolescent moderne à transformer ou à échanger son nom contre un autre, à se forger un langage secret ou encore à utiliser un jargon qui reste à peu près incompréhensible à tous ceux qui ne font pas partie du groupe des «initiés». L'ambivalence sexuelle propre à l'adolescence est soulignée dans de nombreux rites : c'est ainsi par exemple que «dans certaines tribus de l'Est africain, les jeunes initiés après la circoncision portent des vêtements féminins et on s'adresse à eux comme à des filles»[2]. Le travestisme se retrouve dans de nombreuses cérémonies d'initiation. A notre époque, les auteurs relèvent la propension toujours plus marquée des jeunes des deux sexes à se vêtir de la même manière. Certaines des correspondances décelées ne manquent pas d'apparaître forcées. Répétons que la thèse des auteurs ne nous semble convaincante que dans la mesure où elle insiste sur l'universalité moins des comportements d'adolescents que des problèmes et des besoins que fait surgir la nécessité de quitter l'enfance et de s'insérer dans la société adulte.

NOTES

[1] M. Debesse, *La crise d'originalité juvénile*, Alcan, Paris, 1936.
[2] H. Bloch et A. Niederhoffer, *op. cit.*, p. 122.

Chapitre 3
Les aspects intellectuels de la crise juvénile

Parvenue à ce point de notre exposé, et avant de parler des implications profondes de la crise adolescente, il convient d'envisager un aspect que nous n'avons pas encore abordé et qui pourtant est capital, à savoir les transformations qui s'accomplissent sur le plan intellectuel. On insiste toujours — et nous l'avons fait nous-même — sur cette cause de déséquilibre qu'est pour l'adolescent l'écart entre sa maturité sexuelle et la situation de dépendance dans laquelle il est maintenu dans notre société. Mais ce que l'on oublie trop souvent, c'est que si l'adolescent est physiologiquement un adulte, il l'est aussi intellectuellement : avec la pensée abstraite, ou formelle, qui s'épanouit entre 11-12 ans et 14-15 ans, l'intelligence atteint en effet sa forme finale d'équilibre.

Logique à partir de 7-8 ans, elle se limitait alors aux données concrètes du vécu : la réflexion de l'enfant ne porte en effet que sur la réalité, le présent, l'action en cours. L'adolescent au contraire devient capable de dépasser par la pensée les situations vécues et actuelles, de s'évader hors du réel et du présent pour embrasser le possible et l'abstrait, le passé et l'avenir. C'est qu'il raisonne maintenant sur de simples propositions, sur des idées, c'est-à-dire de manière hypothético-déductive. Pour illustrer cette différence de nature — et non simplement de degré — entre la pensée concrète et la pensée formelle, Piaget[1] cite l'exemple du test de Burt, dont voici l'énoncé : «Edith est plus claire (ou blonde) que Suzanne; Edith est plus foncée (ou brune) que Lili; laquelle est la plus foncée des trois ? » La question n'est pas résolue avant 12 ans : « Auparavant on trouve des raisonnements comme ceux-ci : Edith et Suzanne sont claires ; Edith et Lili foncées, alors Lili est la plus foncée, Suzanne la plus claire et Edith entre deux. » Pourtant il s'agit là d'un simple problème de sériation entre trois termes que l'enfant résout aisément dès sept ans si on le lui présente en termes concrets, c'est-à-dire sous forme d'objets à manipuler, et non comme c'est le cas ici, sous forme de propositions. En d'autres termes, ce qui est acquis sur le plan concret doit être reconstruit sur le plan formel, exactement comme ce qui était acquis au niveau sensori-moteur devait être reconstruit au niveau de la représentation. A partir de sept ou huit ans, l'enfant est en possession des opérations nécessaires pour classer, sérier, dénombrer des *objets* mais ne possède pas encore les opérations qui lui permettront de classer, sérier, dénombrer dans l'abstrait, soit à partir de propositions simplement assumées. Ce qui montre « que les opérations hypothético-déductives sont situées sur un autre plan que le raisonnement concret, parce qu'une action effectuée sur des signes détachés du réel est tout autre chose qu'une action portant sur la réalité comme telle ou sur les mêmes signes attachés à cette réalité »[2].

Or cet instrument nouveau qu'est la pensée formelle[3], en ouvrant à l'adolescent le domaine de la pensée « pure », va lui permettre de s'engager dans la voie de toutes les spéculations, philosophique, politique, sociale, scientifique, esthétique, etc. — et nous verrons qu'il ne s'en fait pas faute. Il va le rendre singulièrement libre à l'égard de la réalité, et surtout du monde adulte, dont il lui ouvre l'accès. Par l'intelligence, l'adolescent est l'égal de l'adulte, la seule différence résidant dans son défaut d'expérience. Il est son égal et il se considère comme tel : il juge, critique, objecte, dresse des plans de réforme de la société ; c'est sur un pied d'égalité qu'il se place désormais pour discuter avec l'adulte, ce qu'il aime par-dessus tout d'ailleurs, à condition qu'on le prenne au sérieux et qu'on le traite précisément en égal. L'éveil de la pensée abstraite va donc tout à la fois souligner, accentuer les contradictions et l'ambiguïté inhérentes à la position de l'adolescent (il est et se sent intellectuellement un adulte comme il est et se sent physiologiquement mûr) et les atténuer dans la mesure où l'intelligence permet maintenant au jeune sujet d'accéder aux idées, aux idéologies et aux idéaux de la société qui l'entoure ; dans la mesure aussi où ses proches voudront bien lui faciliter cet accès en considérant avec bienveillance, en encourageant et non en la rabrouant, cette jeune pensée qui, bien souvent, s'enivre de son propre jeu, s'enchante de son propre spectacle.

Mais surtout, il faut bien se rendre compte que c'est cette transformation de l'intelligence qui donne à la crise juvénile sa structure et sa physionomie. Sans elle, il n'y aurait pas de «puberté mentale». C'est parce que le bouleversement des sens et de l'affectivité, déclenché par le bouleversement physiologique, s'accompagne d'une effervescence intellectuelle et imaginative intense que la crise pubertaire est ce qu'elle est. Devant le tumulte de ses sentiments, les débordements de sa conduite, les contradictions de ses attitudes et de ses réactions, qui l'inquiètent autant qu'ils déconcertent son entourage, devant ce qu'il considère comme l'incompréhension, ou l'injustice, ou la stupidité des adultes, l'adolescent ne reste pas passif : il s'interroge, il réfléchit sur lui-même et sur les autres, il échafaude des plans d'avenir, des théories destinées à transformer cette société dans laquelle il est appelé à s'insérer. L'enfant vit tout entier dans le moment présent; il ne se demande pas qui il est, ce qu'il est; il se contente *d'être*. Parce que sa pensée demeure attachée au concret et à l'action qui se passe, elle ne prend pas conscience d'elle-même, ne réfléchit pas sur elle-même. C'est pourquoi l'enfant ne systématise pas ses idées ni ne construit de théories; il ne peut se prendre lui-même comme objet de réflexion. Il est lui aussi en proie à des sentiments tumultueux et contradictoires, à l'égard des autres et à l'égard de lui-même, passe lui aussi par des périodes de crise; mais ses conflits, il ne peut que les vivre, ou que les revivre (ce qui revient au même, car alors il ne sait pas qu'il les revit) dans ses fantasmes et dans ses jeux. La fillette qui a été grondée par sa maman et qui rejoue toute la scène avec sa poupée en tenant le rôle de la mère, ne prend pas conscience du rapport qui existe entre son jeu et la situation qui l'a motivé (à plus forte raison de la compensation trouvée dans l'inversion des rôles), faute de recul, faute de pouvoir se regarder agir : sa pensée est tout entière dans le jeu.

L'adolescent au contraire ne se contente plus de vivre ses relations interpersonnelles ni de résoudre simplement ses difficultés dans l'immédiat. Il les réfléchit au sens propre comme au sens figuré. Parce qu'il est capable de penser dans l'abstrait, il peut se penser lui-même. Autrement dit, c'est l'apparition de la pensée formelle qui rend compte de cet événement capital qu'est l'éveil de la vie intérieure, au sens de l'introspection, de l'approfondissement, de la méditation. C'est grâce à elle que s'articule, sur le plan de la conscience, cette quête de l'identité qui se poursuit à travers toute l'adolescence. Bien sûr, la richesse de la vie intérieure dépend de la sensibilité, de l'affectivité, des expériences de chacun, dans une certaine mesure aussi de la culture et du milieu, et non pas seulement de l'intelligence : si elle est inexistante chez les débiles mentaux (dont l'intelligence n'atteint précisément jamais le niveau des opérations formelles), elle peut être d'une insigne pauvreté chez des êtres normaux, qui ne vivent qu'« au-dehors » sans se poser de questions ; ou encore chez tous ceux qui, pour des raisons d'ordre névrotique, craignent de s'approfondir et se fuient eux-mêmes. Il n'en reste pas moins vrai que la vie intérieure ne devient possible qu'avec l'avènement de l'intelligence abstraite. Et comme cet avènement coïncide dans le temps avec l'apparition de la puberté qui vient désorganiser profondément toute la vie affective du jeune être, il est naturel que prolongée, amplifiée par la réflexion et l'imagination, la crise pubertaire s'élève aux proportions d'une crise spirituelle. Encore une fois, cet aspect sera plus ou moins prononcé ; il fera rarement défaut. La plupart des jeunes se poseront ou remettront en question les grands problèmes de l'existence : l'Amour, la Religion (les crises religieuses sont fréquentes durant l'adolescence), la Morale, la Politique, l'Art, la Mort, la fuite du temps, le passé et l'avenir. Ce sera presque toujours avec l'intransigeance qui caractérise l'adolescent et en des termes emphatiques, solennels et absolus, dont le contraste avec la jeunesse et l'inexpérience du sujet pourra faire sourire. A tort, car derrière ces affirmations extrêmes, il faut reconnaître l'élan, les aspirations, les craintes, les « retombées » d'une personnalité qui s'éveille et qui se cherche. La correspondance que Roger Martin du Gard prête, au début des Thibault, à ses héros, Jacques et Daniel, deux lycéens liés par une amitié passionnée, est à cet égard exemplaire. Voici le fragment d'une lettre de Jacques, ou l'on retrouve tout à la fois les tourments et les révoltes de l'âme adolescente, l'espèce de délectation avec laquelle elle s'y complaît, le goût de l'introspection et le caractère livresque qu'elle prend volontiers à cet âge, sans parler de la ferveur sensuelle de l'amitié, sur laquelle nous reviendrons dans un prochain chapitre :

Dilectissime !

Comment peux-tu être tantôt gai et tantôt triste ? Moi, dans mes plus folles gaîtés, je suis parfois la proie d'un amer souvenir. Non, jamais plus, je le sens, je ne saurai être gai et frivole ! Devant moi se dressera toujours le spectre d'un inaccessible Idéal !

Ah, parfois je comprends l'extase de ces nonnes pâles au visage exsangue qui passent leur vie hors de ce monde trop réel ! Avoir des ailes, pour les briser, hélas, contre les barreaux d'une prison ! Je suis seul dans un univers hostile, mon père bien-aimé ne me comprend pas. Je ne suis pas vieux, cependant, et déjà, derrière moi, que de plantes brisées, que de rosées devenues pluies, que de voluptés inassouvies, que d'amers désespoirs !...

Pardonne-moi, mon amour, d'être aussi lugubre en ce moment. Je suis en voie de formation sans doute : mon cerveau bouillonne et mon cœur aussi (plus fort même encore si c'est possible). Restons unis! Nous éviterons ensemble les écueils, et ce tourbillon qu'on nomme plaisirs.

Tout s'est évanoui dans mes mains, mais il me reste la volupté d'être à toi, notre secret, ô élu de mon cœur!!!

Nous avons sous les yeux le journal tenu par une adolescente entre seize et vingt ans. Sous une forme moins littéraire, mais non moins romantique, c'est la même sensibilité souffrante, la même impression désabusée que la vie a passé et que l'on a laissé échapper le bonheur. C'est un fait que l'âme mobile et rêveuse de l'adolescent s'abîme facilement dans la mélancolie, dans une grisaille sans objet. Tous sont plus ou moins, à un moment donné, en proie au «mal du siècle», au spleen. Et c'est un fait aussi que ceux qui éprouvent la nécessité de s'épancher font tous plus ou moins de la «littérature». Pour exprimer les désirs confus qui les oppressent, ces élans qui les soulèvent et puis qui retombent, pour exalter des sentiments qui leur paraissent uniques, les mots de tous les jours ne leur suffisent pas; ils ont besoin d'un langage plus rare. Beaucoup écrivent des vers, d'autres, les jeunes filles plus encore peut-être que les garçons, recourent au journal intime, parfois vers quatorze ans déjà, plus souvent à partir de quinze ou de seize ans. Le journal répond à la fois au besoin de déverser le trop-plein de son cœur et de formuler ses sentiments, donc de comprendre ce qui se passe en soi, de se connaître.

La méditation où le Moi se prend lui-même pour objet (et peu importe si elle est complaisance ou délectation) n'est que l'une des directions où s'engage la pensée de l'adolescent. Sa réflexion se tourne aussi vers le monde et vers l'avenir, et aujourd'hui il semble bien que cette seconde orientation soit devenue prévalente, sans doute à cause de l'emprise croissante du groupe (dans un sens large) sur l'individu qui est si caractéristique de notre époque, car une telle emprise va à l'encontre de l'introspection. (Il faut y voir d'ailleurs une des raisons pour lesquelles la contestation des jeunes prend si souvent maintenant la forme de la violence : le groupe favorise l'action, ou plus souvent encore le «passage à l'acte» auquel n'est déjà que trop enclin l'adolescent.) En tout adolescent, il y a et il y a toujours eu un doctrinaire — intransigeant, absolu et terriblement subjectif car l'affect se mêle sans cesse au raisonnement — qui fait le procès de la société et reconstruit le monde, mais à l'ère des communications de masse, le débat collectif tend de plus en plus à prendre le pas sur la réflexion personnelle. De toute manière, c'est le propre de l'adolescent que de construire des théories, confuses souvent, ambitieuses toujours. Quel que soit le domaine où sa pensée s'aventure, elle tend maintenant vers l'explication générale et le système. Or cet adolescent, dont la présomption naïve peut faire sourire ou bien agacer, fourbit ses armes pour l'avenir. Comme B. Inhelder et J. Piaget[4] le font remarquer, les théories qu'il échafaude, pour malhabiles et peu originales qu'elles soient, « présentent du point de vue fonctionnel... cette signification essentielle de permettre à l'adolescent son insertion morale et intellectuelle dans la société... [Elles] lui sont en particulier indispensables pour s'assimiler les idéologies qui caractérisent la société ou les classes sociales en tant que corps par opposition aux simples relations interindividuelles ».

Le phénomène est tout naturellement plus marqué chez les jeunes qui poursuivent des études secondaires (encore que les différences tendent à s'estomper maintenant que chacun puise au fond commun de la culture de masse, radio, cinéma, télévision, etc.). Nourris de lectures et de films, souvent stimulés par le milieu familial et plus encore par les discussions entre camarades, ils sont capables de se livrer aux spéculations les plus effrénées. Entre quatorze et dix-huit ans, rares sont ceux qui n'ont pas leur théorie politique ou sociale (réplique inverse en général des idées et des positions de l'entourage) ; ceux qui s'intéressent à l'art professent une doctrine esthétique, ceux qui écrivent ou projettent d'écrire, une doctrine littéraire ; les « philosophes » prennent position, les « scientifiques » aussi. C'est à coup d'arguments et de syllogismes qu'on s'attaque au problème de la religion. Comme l'a dit P. Mendousse, l'adolescence est l'âge de la « rumination métaphysique ». Les théories peuvent changer, au hasard des lectures et des rencontres, le goût du paradoxe, la manie de « couper les cheveux en quatre » l'emporter sur le bon sens, cela n'a pas d'importance. Ce qui compte, c'est l'éveil d'une pensée personnelle, qui permettra l'élaboration d'un système de valeurs et d'un plan de vie, parallèlement à un approfondissement et à une prise de conscience de soi.

Sous une forme moins abstraite peut-être et certainement moins livresque, on retrouve ces mêmes processus chez les adolescents qui ne suivent pas la filière de l'instruction secondaire, apprentis, jeunes ouvriers, jeunes agriculteurs. Eux aussi s'interrogent, spéculent sur l'avenir, se passionnent pour les idées générales et les grandes questions de la vie. Quant aux jeunes filles, moins portées en principe aux spéculations purement intellectuelles — et à notre époque, cela n'est même pas sûr —, plus romanesques dans l'ensemble que les jeunes gens, elles ne demeurent pas en reste pour autant. De plus en plus présentes et actives dans les discussions, elles ont elles aussi leurs positions politiques et sociales, leurs théories sur l'amour, la famille, le rôle de la femme dans la société, etc. De façon générale on peut dire que de nos jours, adolescents et adolescentes sont, à un degré ou à un autre, engagés dans un immense débat collectif.

*
*　*

Si l'on revient maintenant au besoin d'originalité, on voit qu'il se manifeste — le plus souvent avec un décalage dans le temps — aussi bien dans le domaine des idées et des sentiments que sur le plan du comportement. Mais l'originalité elle-même est presque toujours limitée, voire inexistante. Les œuvres de jeunesse des grands créateurs sont rarement originales, mais bien souvent au contraire pleines de poncifs qui trahissent les influences mal assimilées des maîtres qu'ils se sont choisis. Il faut être l'adolescent Rimbaud pour atteindre d'emblée à l'expression personnelle et briser toutes les conventions. Tous les jeunes, plus ou moins, se croient originaux, quand ils ne sont pas persuadés d'être des génies méconnus. Pour les moins personnels ou les plus jeunes, l'originalité se réduit la plupart du temps à celle du groupe ou de la bande. Pour les autres, elle commence en général par n'être qu'une contre-imitation, le plus souvent par l'intermédiaire de nouveaux modèles venus remplacer les anciens et que le sujet imite sans même s'en apercevoir. C'est peu à peu seulement que la personnalité prendra son contour individuel et que le Moi s'affirmera d'une manière authentiquement personnelle (et encore, pour certains, ce moment n'arrive-t-il jamais).

L'essor de la pensée coïncide avec un renouveau de l'imagination, alimentée par l'effervescence de l'affectivité et par une vie sentimentale intense. Cette coïncidence explique en partie la fragilité de l'adaptation au réel de l'adolescent. La réalité pour lui est hérissée de difficultés, il s'y sent incompris et maintenu dans un état de dépendance insupportable qui coupe court à ses tentatives d'émancipation et d'affirmation de soi, et le renvoie sans cesse à sa propre faiblesse. Rien d'étonnant alors à ce qu'il cherche à surcompenser dans l'imaginaire ses sentiments d'infériorité et d'insécurité. Ses fantasmes de toute-puissance, qui rappellent ceux de l'enfant de cinq ou six ans, témoignent du narcissisme et de la mégalomanie si caractéristiques de l'adolescence, plus exactement de la première phase de celle-ci; ils illustrent aussi les attitudes extrêmes entre lesquelles l'adolescent oscille vis-à-vis de lui-même. Mais il arrive que le rêve s'épanche dans le réel et que s'abolisse la frontière entre celui-ci et celui-là : la tendance à la fabulation et à la mythomanie, la perte du contact avec la réalité sont un des dangers qui guettent l'adolescent, comme nous aurons l'occasion de le voir encore.

Il arrive aussi que les sentiments d'infériorité, au lieu d'être surcompensés dans l'imaginaire par des fantasmes de puissance, le soient dans la réalité même : le besoin de puissance passe directement dans les actes. Le «passage à l'acte» est un mécanisme que l'on trouve dans la délinquance juvénile, mais qui, comme l'écrit A. Haim, n'est pas «le seul fait des adolescents présentant des difficultés psychiques. [Il] est constant, caractéristique de cette période de la vie et tous les éducateurs d'adolescents le savent et s'en préoccupent»[5]. L'une de ses principales fonctions «est une fonction de défense régressive contre l'angoisse due à la confrontation avec la réalité mal perçue, revenant à un processus d'évitement de cette réalité»[6].

Ces considérations nous amènent à envisager maintenant les aspects proprement affectifs de la crise juvénile : l'évolution et la transformation des sentiments interpersonnels, en en montrant simultanément les implications profondes, c'est-à-dire le rôle des relations primitives et inconscientes avec les imagos parentales, auquel nous avons déjà eu à maintes reprises l'occasion de faire allusion.

NOTES

[1] J. Piaget, *Psychologie de l'intelligence*, Armand Colin, Paris, 1949, p. 178.
[2] J. Piaget, *op. cit.*, p. 179.
[3] A l'étude de laquelle B. Inhelder et J. Piaget ont consacré un ouvrage capital, *De la logique de l'enfant à la logique de l'adolescent*, PUF, Paris, 1955.
[4] B. Inhelder et J. Piaget, *op. cit.*, p. 302-303.
[5] A. Haim, *Les suicides d'adolescents*, Payot, Paris, 1969, p. 190.
[6] *Ibid.*, p. 195.

Chapitre 4
L'évolution des sentiments interpersonnels : l'amitié juvénile et l'éveil de l'amour

LA RÉACTIVATION DU CONFLIT ŒDIPIEN

Dans les pages précédentes, nous avons essayé de montrer qu'un des aspects caractéristiques de l'adolescence résidait dans l'effort fait par le jeune être pour s'appréhender lui-même et pour appréhender le monde, et que cet effort était rendu possible par la forme nouvelle de son intelligence. Le terme d'effort est peut-être mal choisi d'ailleurs car il implique quelque chose de délibéré, de volontaire, donc de conscient. Or cette tentative de l'être pour se saisir, pour restaurer une cohésion et une cohérence détruites, commence au plus profond de la personnalité, parce que c'est là que se situe le noyau de la crise. C'est à partir des mouvements pulsionnels qui l'ont désorganisé que va aussi se réorganiser tout le système des relations avec soi-même et avec autrui, et de ceux-ci la pensée ne perçoit qu'un écho affaibli et déformé ; entre l'« explication » — formulée ou implicite — que l'adolescent se donne de lui-même et des autres et ce qui se passe réellement en lui, entre ce qu'il croit être ou veut être et ce qu'il est vraiment, il y a toute la distance qui sépare l'inconscient de la conscience. Cet essai de conceptualisation qu'effectuent peu ou prou la plupart des adolescents n'est qu'une traduction infidèle — parce que le traducteur n'est pas en possession de tous les termes du langage qu'il traduit — du drame qui se joue dans l'inconscient. Conceptualisation ne veut pas dire intellectualisation :

intellectualiser signifierait vider l'événement de son contenu émotionnel pour le vivre comme une idée, cérébralement, autrement dit dessécher, tuer le sentiment, ou plus exactement le nier et le refouler (et beaucoup de jeunes, nous le verrons, recourent en effet à ce mécanisme pour échapper à leurs conflits). L'adolescent qui écrit des vers ou qui tient un journal se décharge d'abord des sentiments et des désirs qui l'oppressent. Mais le fait même de les écrire l'oblige à les formuler, donc à prendre une conscience plus claire de ce qu'il ressentait confusément. Il en va de même de toute confidence, même chuchotée dans l'oreille d'un ami. Nous irions volontiers plus loin en disant que le jeune qui imite l'allure, les opinions, les goûts de telle vedette ou de telle personne qu'il admire se reconnaît en celle-ci, et qu'il s'agit donc là aussi, en un sens, d'une sorte de conceptualisation.

Quoi qu'il en soit, l'interrogation anxieuse concernant sa personne et son rôle qui s'exprime de façon plus ou moins nette, plus ou moins consciente, au travers du comportement de l'adolescent, ne découle pas seulement du problème que représente pour celui-ci son insertion dans la société adulte et la position « en porte à faux » qui est la sienne ; elle est motivée bien plus profondément et de façon cruciale par le rejet des images parentales. La révolte contre les parents et le milieu que nous avons décrite précédemment répond manifestement au besoin de l'adolescent de se distancer du passé, de s'affirmer autre que l'enfant qu'il n'est plus, et c'est bien ainsi qu'il la vit au niveau conscient. Mais à ce besoin d'émancipation et d'affirmation de soi s'ajoutent et se mêlent d'autres motifs, inconscients ceux-ci, de récuser les modèles parentéraux ; ces motifs tiennent à la réactivation d'un ancien conflit : le conflit œdipien.

Il n'est peut-être pas inutile de rappeler ici, de façon très schématique, en quoi consistait le complexe d'Œdipe. Vers trois, quatre ans, le petit garçon éprouve pour sa mère, la fillette pour son père, une attirance particulière, des sentiments qui, sans que l'enfant en soit conscient, comportent déjà toute une part de sensualité. Le parent du même sexe apparaît comme un rival gênant qu'il s'agit d'écarter, d'où le comportement agressif du garçon à l'égard de son père, de la fille envers sa mère. Mais ce n'est pas impunément qu'on se mesure à des rivaux aussi puissants et auxquels vous attachent de surcroît tant de liens profonds et complexes. L'agressivité à leur égard ne tarde pas à provoquer des sentiments intenses de culpabilité, aggravés par toutes sortes de fantasmes de punition et de castration. Nous avons vu que l'attitude des parents avait une influence déterminante sur le déroulement et l'issue de ce conflit, dont dépendra l'orientation psycho-sexuelle ultérieure. En cas de solution heureuse, l'enfant cherche, dans son désir de l'emporter, à ressembler à son rival ; il finit alors par s'identifier à lui, et cette identification entraîne une sorte de connivence, de solidarité profonde et rassurante : le garçonnet se sent comme son père, qui devient alors un modèle, un Idéal du Moi. Il en va de même de la fillette avec sa mère. Il convient de rappeler aussi que les débuts du conflit coïncidaient ou suivaient immédiatement les premières manifestations du sentiment de personnalité et qu'il exprimait, entre autres, le besoin de l'enfant de se poser en tant que personne dans le triangle qu'il formait avec ses parents.

Or ce conflit, qui avait paru s'éteindre pendant la phase de latence, se rallume à la puberté. La maturation génitale et le réveil des pulsions sexuelles replongent l'adolescent en plein drame œdipien, car accepter sa virilité ou sa féminité signifie, dans le langage de l'inconscient, entrer une nouvelle fois en rivalité avec le parent du même sexe pour l'amour de l'autre. Les sentiments de culpabilité et d'angoisse qu'avait suscités le conflit initial s'en trouvent réactivés. C'est pour y échapper que l'adolescent commence en général par rejeter violemment à la fois la sexualité et les images parentales. Il refuse en quelque sorte de se laisser reprendre dans l'engrenage œdipien en coupant court avec le monde des adultes. Ces modèles ne seront d'ailleurs pas définitivement rejetés, mais c'est par un choix conscient et délibéré que le sujet, devenu autonome, y reviendra plus tard. De même, la phase d'ambivalence par laquelle passent les sentiments de l'adolescent envers ses parents ne supprime pas son attachement à ceux-ci mais transformera la nature des liens qui l'unissent à eux.

Toutefois, comme nous l'avons déjà indiqué, l'abandon, souvent brutal, des anciennes identifications prive l'adolescent du sentiment de son identité ; le vide ainsi créé est d'autant plus angoissant que le jeune est en proie à des désirs et des pulsions inconnus jusqu'ici et contre lesquels il doit lutter à un double titre : d'abord, parce que les accepter serait précisément retomber dans le conflit œdipien ; ensuite, parce que l'éthique de la société lui dénie le droit de les satisfaire. E. Kestemberg[1] relève qu'alors « devant l'inutilité de sa maturation génitale, il deviendra la proie d'une remise en question de l'estime de soi que les activités masturbatoires, fréquentes à cet âge, ne font qu'aggraver ».

Un tel vide doit être comblé par de nouvelles identifications qui, dans les cas favorables, restaureront le sentiment d'identité et l'estime de soi en renvoyant à l'adolescent une image sécurisante de lui-même et en lui redonnant un Idéal du Moi. Au début, on assiste très souvent à une sorte de compromis entre les anciennes et les nouvelles identifications, compromis qui montre combien subsiste la dépendance inconsciente aux parents, à quel point, au besoin de les rejeter se mêle celui de les conserver, au désir d'être considéré comme un adulte, l'envie d'être traité et protégé comme un enfant. Il n'est que de penser à l'amour passionné que voue si fréquemment l'adolescente à une femme plus âgée — maîtresse, monitrice, sœur aînée d'une amie — qui joue alors le rôle de substitut maternel. La vie d'internat en particulier est traversée par de telles passions, exaltées et tumultueuses, et celles-ci ont fait le sujet de maints romans, nouvelles ou films[2]. On retrouverait l'analogue chez le garçon qui, en pleine révolte contre l'adulte, peut vouer lui aussi une admiration, moins passionnée en général et surtout moins exaltée, à un maître, à un chef scout, à un ami de ses parents, qu'il considère alors comme un être tout à fait à part et qu'il s'efforce d'imiter. De telles identifications sont acceptables pour le Moi puisque, l'Objet d'amour étant du même sexe, le danger de retomber dans la situation triangulaire œdipienne est écarté. Mais dans son besoin d'éviter un tel danger, l'adolescent en court un autre, dont il n'a nulle conscience, qui suscite par contre les inquiétudes, souvent exagérées, des parents et des éducateurs. Le rejet des premiers appels de la génitalité vers l'hétérosexualité font des débuts de l'adolescence une phase d'homosexualité latente. Chez l'adolescent normal, ce n'est là qu'une étape passagère ; avec l'intensification de la pulsion sexuelle, on le verra bientôt se tourner vers le partenaire de l'autre sexe. En revanche, et nous y reviendrons plus loin à propos de l'adolescent délinquant, des jeunes qui, pour des raisons diverses — carence affective, déséquilibre des parents et de la vie familiale, etc. —, n'ont pu, au cours de leur enfance, s'identifier normalement, le garçon à une image virile du père, la fillette à une image féminine de la mère, peuvent courir le risque de rester fixés à cette phase homosexuelle, surtout si les relations qu'ils nouent alors s'y prêtent. Mais encore une fois, dans la majorité des cas, le passage de l'homosexualité latente à l'hétérosexualité s'effectuera sans trop de heurts.

Les considérations qui précèdent nous permettent d'aborder maintenant le chapitre des relations de l'adolescent avec ses pairs, qu'elles éclairent : nous commencerons par parler de l'amitié juvénile, puis de l'éveil de l'amour, pour nous arrêter ensuite au groupe. Logiquement, il faudrait traiter de ce dernier en même temps que de l'amitié ; d'abord parce qu'il y a, ainsi que nous l'avons déjà dit, un âge de la bande et que celui-ci coïncide en général avec le moment des amitiés ferventes ; ensuite et surtout parce que l'appartenance à un groupe représente, tout comme l'amitié, une solution provisoirement heureuse (heureuse dans la mesure où elle est provisoire) aux difficultés de l'adolescent : tout en évitant là aussi la situation œdipienne (le groupe est composé de membres du même sexe que lui), il retrouve dans le groupe un idéal, un système de valeurs qui lui permettront de reprendre confiance en lui-même. Néanmoins, le groupe représente un sujet si important que nous préférons lui consacrer un chapitre particulier.

L'AMITIÉ JUVÉNILE

Cette sorte de compromis que l'adolescent et l'adolescente réalisent si souvent en substituant aux modèles parentaux, rejetés, des modèles qui en réalité sont encore des figures paternelles ou maternelles idéalisées n'est que l'une des manières de prendre ses distances par rapport aux anciens objets d'amour. Il y a également les identifications, qu'on pourrait dire secondaires et qui changent aussi rapidement, à des personnages de roman, à des acteurs et des actrices, et aujourd'hui à toutes ces jeunes vedettes dont notre époque est si friande. Il y a aussi et surtout l'amitié.

L'identification à un être semblable à soi, connaissant les mêmes problèmes, les mêmes doutes, les mêmes anxiétés, les mêmes révoltes, les mêmes enthousiasmes, la possibilité de se retrouver en lui et de partager avec lui des sentiments trop lourds pour qu'on les supporte seul, sont d'une importance capitale et vont jouer un rôle considérable dans l'évolution de la crise juvénile. Si l'amitié est ce «mélange universel[3] des âmes» dont parle Montaigne, alors il est permis d'affirmer qu'on ne la découvre qu'à l'adolescence. Les «amitiés» de l'enfance ne sont encore que de simples camaraderies, fondées sur des habitudes et des occupations communes, le jeu en particulier. A partir de dix, onze ans déjà, on les voit se resserrer et devenir plus sélectives, mais c'est à la puberté qu'elles s'approfondissent et, bien souvent, se chargent de passion. Ferventes, exclusives, ombrageuses, elles ressemblent alors à l'amour, qu'elles précèdent et qu'elles annoncent, chez les filles surtout, mais fréquemment aussi chez les garçons. De l'amour, elles empruntent le langage, et comme l'amour, elles sont traversées d'orages, de brouilles et de ruptures, de pardons et de réconciliations. La trahison d'un ami ou d'une amie peut représenter pour l'adolescent ou l'adolescente une expérience bouleversante, qui l'atteint au plus profond de lui-même. Non seulement, elle porte un coup à ses exigences d'absolu, à son besoin intense d'affection et de tendresse, mais c'est le sentiment même de sa valeur qu'elle remet en cause, sentiment qui se fortifiait précisément dans l'amitié. A cet âge, l'ami joue le rôle de soutien du Moi, mieux : il est un autre Moi, un Moi idéalisé bien souvent et qui renvoie au sujet une image rassurante de lui-même. De là l'importance d'une telle relation ; de là aussi le désarroi quand elle vient à se rompre. Il n'est pas rare que la rupture d'une amitié soit à l'origine de certaines fugues. A la base de l'amitié juvénile, il y a donc beaucoup de narcissisme puisqu'à bien des égards la relation avec le partenaire est une relation en miroir. Mais on aurait tort de considérer ce narcissisme (qui de façon plus générale sous-tend tout le comportement de l'adolescent) comme négatif ; outre qu'il n'exclut nullement les élans généreux et désintéressés, en augmentant la confiance en soi, il renforce le Moi et favorise la cohésion et l'unité de la personnalité qui se cherche au travers d'autrui. Car de trop nombreuses identifications risqueraient de fragmenter le Moi, d'annihiler l'expression personnelle ; cette phase narcissique est donc nécessaire pour contrebalancer le mouvement centrifuge du processus de l'identification.

Tout ceci explique que l'amitié juvénile soit bien souvent une solitude à deux et qu'elle puisse alors sembler marquer un recul dans le développement de la socialité et faire obstacle à l'intégration dans le groupe. Son caractère exclusif inquiète parfois les parents, surtout si l'ami ou l'amie ne sont pas de leur goût (et ils le sont rarement parce que choisis en raison justement de leur appartenance à un milieu différent, voire opposé à celui du sujet). Il arrive qu'ils interviennent alors de façon active pour la faire cesser. On peut dire que dans la majorité des cas ils ont tort et ne font que jeter de l'huile sur le feu : sur le feu de la révolte et sur la flamme de l'amitié. Cette amitié, il serait beaucoup plus sage de la laisser s'éteindre d'elle-même, car, si passionnée et si exclusive qu'elle soit, et peut-être précisément à cause de cela, elle est rarement durable. L'adolescent s'enflamme, mais ce sont presque toujours flammes aussi brèves que violentes. Que de jeunes filles qui, entre 12 et 14, 15 ans, passent d'une « meilleure amie » à l'autre ! L'amitié à cet âge ne résiste guère à la séparation, même si celle-ci est ressentie comme dramatique au début ; il suffit parfois que l'ami ou l'amie change d'école et même de classe pour que les liens se relâchent. Le moment où l'un des partenaires se tourne vers l'autre sexe sonne aussi parfois le glas d'une amitié, surtout quand l'autre partenaire est plus jeune ou moins avancé dans son développement.

En tout état de cause, il faut des circonstances particulièrement favorables pour qu'une amitié née avant seize ou dix-sept ans survive à l'adolescence elle-même. Cette contradiction entre l'intensité des sentiments qui peuvent unir deux jeunes et leur caractère changeant et passager est à l'image de la personnalité mouvante de l'adolescent. En outre l'identification supprime la distance entre deux êtres : on fait siens les sentiments, les opinions, les idées de l'autre en même temps qu'on lui prête ses propres réactions; la relation est si intime qu'elle empêche de porter sur l'autre un jugement objectif, faute de recul. Dans la mesure où l'adolescent projette sur l'ami son Moi idéalisé, dans la mesure où il l'aime moins pour lui-même que pour l'image qu'il s'en fait (et qui est l'image de ce qu'il voudrait ou croit être), la séparation ou la rupture de l'amitié, pour déchirantes qu'elles puissent être, trouvent aisément remède : l'ami ou l'amie seront vite remplacés. Par contre, à partir du moment où l'adolescent prend conscience de ce qu'il est et de ce qu'il veut être et s'affirme de façon toujours plus personnelle, c'est-à-dire à partir du moment où il cesse de s'identifier à autrui pour ne plus s'identifier qu'à lui-même, ses relations amicales vont devenir plus stables : l'ami sera vu tel qu'il est, aimé pour ce qu'il est. Répétons-le, l'amitié au début est proche de l'amour, l'adolescent commence par reporter sur son ami des sentiments et des émotions qui, avec l'intensification des pulsions sexuelles, s'adresseront bientôt au partenaire de l'autre sexe. Dégagée de son halo passionnel, elle deviendra plus sereine, partant, plus durable.

L'amitié à l'entrée de l'adolescence n'est donc pas sans comporter certains risques, en raison notamment de l'homosexualité latente qui est à sa base. Mais, outre le fait que le cœur ici parle plus que les sens, il ne s'agit encore une fois que d'une étape passagère. Et s'il arrive même que des jeunes se livrent à des actes défendus, ce ne sont en général que déviations momentanées, qu'il faut se garder de dramatiser. Une intervention maladroite peut non seulement renforcer une culpabilité à laquelle l'adolescent n'est déjà que trop enclin, mais encore (et fréquemment par cela même) l'ancrer dans un comportement anormal. Bien souvent d'ailleurs, parents et éducateurs ont tendance à voir le mal où il n'est nullement, soupçonnant à tort une amitié parfaitement pure d'être «malsaine» et jetant alors le trouble et l'équivoque dans l'âme des jeunes gens. De surcroît, cette homosexualité sous-jacente est rarement exclusive : très vite on s'intéresse à la sœur de son ami ou au frère de son amie, ou encore l'on s'enflamme ensemble pour la même jeune fille ou pour le même jeune homme. L'effet rassurant, sécurisant, déculpabilisant de l'amitié, sans parler de l'enrichissement spirituel qu'elle représente pour l'adolescent, aide celui-ci à surmonter l'angoisse profonde déclenchée par sa maturation génitale et par la réactivation du conflit œdipien. Elle est un peu comme le havre où le voyageur peut reprendre des forces et puiser confiance en lui-même avant de mettre le cap sur le monde inconnu de l'amour.

LA NAISSANCE DE L'AMOUR

L'éveil de l'amour est évidemment lié à l'émergence de l'instinct sexuel, qui entraîne un remaniement profond de l'ensemble de la vie affective et, de proche en proche, de toute la personnalité. Richesse et extension du registre des émotions, essor de l'imagination, élans puissants et vagues vers un but que l'on ignore, soif de tendresse et d'absolu, complication des sentiments traduisant le conflit qui se joue dans l'inconscient « entre un désir intense "d'aller de l'avant" et un besoin également intense de "revenir en arrière" »[4], tout cela révèle le travail d'abord souterrain de l'instinct. Le travail de l'instinct, mais aussi la mise en œuvre de forces destinées à résister à l'instinct, redoutable en raison de ses implications œdipiennes et aussi — les psychanalystes insistent sur ce point — de la réactivation des données prégénitales les plus archaïques. Ces mécanismes de défense sont nécessaires à l'adaptation sociale — puisque la morale de notre société défend à l'adolescent de faire usage de sa génitalité nouvellement acquise —, en même temps qu'ils renforcent le Moi et contribuent au développement et à l'enrichissement de la personnalité : sublimée, la force instinctuelle est mise au service de la vie spirituelle et imaginative ou détournée vers des activités sociales, culturelles, sportives, etc. La sublimation, ou encore l'idéalisation de l'instinct, qui préservent la force vive de celui-ci, ne sont pas les seuls mécanismes en jeu ; deux autres, l'ascétisme et l'intellectualisation, ont été décrits par A. Freud[5] comme caractéristiques de l'adolescence.

L'ascétisme trouve son point de départ dans un rejet radical des pulsions, un renoncement à celles-ci qui se généralise et finit souvent par s'étendre, de proche en proche, à toute satisfaction quelle qu'elle soit : « cette crainte de l'instinct... a un caractère dangereusement progressif et peut, après n'avoir concerné d'abord que les véritables désirs pulsionnels, être reportée sur les besoins physiques les plus ordinaires[6].» De l'adolescent qui se refuse toute distraction et tout plaisir, qui fuit la société des jeunes de son âge à celui qui s'inflige des mortifications susceptibles de compromettre sa santé (se priver de sommeil, de nourriture, s'exposer au froid, etc.), tous les degrés sont possibles. En général cette phase d'ascétisme (que tous les adolescents ne traversent pas) est passagère ; par suite d'une brusque irruption des pulsions réprimées, un revirement soudain se produit, le sujet basculant alors dans l'excès contraire, se permettant sans le moindre frein tout ce qu'il s'était interdit et commettant parfois des délits ; normalement cette phase, fort désagréable pour l'entourage, est elle aussi passagère.

Quant à l'intellectualisation, elle consiste, comme son nom l'indique, à transformer ce qui est éprouvé profondément en pensées abstraites, en idées « avec lesquelles on peut consciemment jouer »[7] (échafauder des théories sur l'amour, la sexualité, la famille, la révolution, etc.); c'est un moyen (inconscient) pour l'adolescent de tenir à distance les pulsions et les conflits qui s'y rattachent, sans les fuir pour autant comme c'était le cas dans l'ascétisme. On voit sans peine pourquoi l'intellectualisation constitue le mécanisme de défense privilégié à cet âge, sa relation avec l'essor de la pensée formelle; il s'agit d'ailleurs d'une relation réciproque car, si l'intelligence abstraite favorise le choix de la défense, on peut penser que le surinvestissement des fonctions cognitives rend compte, en partie tout au moins, de l'« activisme » intellectuel de l'adolescent (c'est dans ce sens qu'A. Freud a pu dire que « les dangers pulsionnels rendent les hommes intelligents »).

La mise en œuvre de ces mécanismes (et d'autres encore) révèle l'angoisse qui commence par entourer la sexualité, les interdits qui la frappent. Inutile d'insister sur le fait que ces attitudes défensives sont normales et ne deviennent inquiétantes que lorsqu'elles persistent trop longtemps ou qu'elles s'aggravent, aboutissant alors à la suppression de toute vie affective authentique.

Dans les amitiés adolescentes, nous avons vu se développer d'abord la tendresse, dissociée encore de cette autre composante de l'amour qu'est l'instinct et dont l'intensification amène normalement le jeune garçon et la jeune fille à se tourner vers l'autre sexe; l'amour devient alors la grande affaire de la vie, avec ses émois et ses tourments, et surtout son romantisme. Car les adolescents commencent presque tous par rêver d'un amour idéal, épuré de tout élément charnel, un amour qu'ils parent des couleurs éclatantes de l'imagination et du rêve, au regard desquels la réalité apparaît bien fade et bien terne. La tendance à idéaliser l'instinct est commune au début aux garçons et aux filles; elle se traduit dans l'intensité nouvelle de la vie imaginative, dans les longues rêveries, dans le goût de la solitude. C'est dans l'imaginaire que l'adolescent et plus encore l'adolescente vont d'abord assouvir leur besoin d'aimer et d'être aimés; ils peuvent s'y livrer sans danger aux ardeurs de la passion amoureuse, compenser, en s'attribuant toutes les grâces, toutes les séductions, toutes les vertus du héros ou de l'héroïne de roman, la gaucherie, la maladresse, la timidité dont ils font montre dans la réalité, l'effroi qu'ils ressentent devant toute expérience amoureuse réelle, qui recouvre leur angoisse devant les premiers appels de la sexualité. Leurs sentiments peuvent bien s'adresser à un être proche et accessible (ce qui est loin d'être toujours le cas), c'est leur imagination qui s'en empare et qui construit autour de cet amour une idylle romanesque qui n'a, la plupart du temps, plus grand-chose à voir avec la réalité.

Cependant garçons et filles vont à partir de là présenter une évolution très différente. Les premiers ne sauraient ignorer longtemps le caractère érotique de leurs imaginations amoureuses, toutes idéalisées que soient celles-ci, car elles ne tardent pas à s'accompagner de processus génitaux qui montrent à l'évidence le lien qui les rattache à la sexualité. Les rêveries de l'adolescent prendront assez rapidement une tournure beaucoup plus réaliste, cependant que l'adolescente poursuivra les siennes en ignorant la sexualité qui les colore. Chez elle, la prise de conscience se fait plus tard, car l'excitabilité sexuelle demeure plus longtemps diffuse, sans localisation précise aux organes génitaux. La tendresse se développe avant le plaisir des sens et c'est pourquoi les imaginations sentimentales et romanesques tiendront en principe une place beaucoup plus considérable dans la vie de la jeune fille. La sexualité plus active et plus consciente du jeune garçon le ramène au contraire sur cette terre, le pousse à chercher dans le monde extérieur et dans l'action plutôt que dans la rêverie une issue, des dérivatifs à ses pulsions. Il ne saurait se contenter longtemps d'amours irréelles ; il se tourne activement vers la partenaire de l'autre sexe, il fait sa cour — une cour bien gauche et bien maladroite au début — il entreprend de conquérir.

Les premiers émois de l'amour, le premier éveil des sens, c'est le personnage de Chérubin qui les incarne ; Chérubin, dont le cœur palpite et se trouble au seul aspect d'une femme, Chérubin qui «n'ose oser» et dont le besoin de dire à quelqu'un : «je vous aime» est si puissant qu'il le dit tout seul en courant dans le parc... aux arbres, aux nuages et au vent. Si le côté volage, effronté et précoce de l'adolescent de Beaumarchais ressortit surtout à la sensibilité libertine du XVIIIe siècle, sa soif de tendresse, sa sensualité espiègle et turbulente, ses velléités conquérantes suivies d'accès soudains de timidité, la nature trouble et imprécise de ses désirs qui s'accrochent à toutes les femmes (et même un instant, à la revêche Marceline) sans se fixer sur aucune, sont des traits permanents du jeune adolescent. L'ambiguïté aussi, cette virilité naissante mal dégagée encore de l'enfance et de traits typiquement féminins, que Beaumarchais a eu soin de rendre en précisant que le rôle de Chérubin devait être tenu par une femme.

A cette recherche tâtonnante, à ce jeu mal accordé de l'instinct et de la tendresse, qui se traduisent au-dehors par une activité remuante et désordonnée (dont le travail scolaire subit très naturellement le contrecoup) succède en général, à partir de quinze ou seize ans, une période au cours de laquelle les sentiments de l'adolescent se fixent de façon plus stable et plus durable sur une seule personne. En général l'amour tendre commence par l'emporter sur la sensualité qui l'imprègne et le colore, puis, si l'évolution est normale, les deux composantes, affective et sexuelle, se trouveront bientôt harmonieusement équilibrées. Les modalités de cet accord varieront d'un individu à l'autre, en fonction de son passé psychologique, de son éducation, de son caractère et aussi du moment et des circonstances dans lesquelles interviendront les premières expériences hétérosexuelles. Trop précoces, celles-ci risquent de supprimer l'expérience de l'amour tendre, qui enrichit la vie sentimentale et la sensibilité en général. La dissociation entre l'instinct et la tendresse est un des risques qui guettent le garçon; elle est susceptible d'entraîner alors des anomalies dans la vie sentimentale ultérieure : le sujet est réduit à ne pouvoir éprouver pour la femme aimée, mais trop idéalisée, que des sentiments platoniques, et à ne pouvoir aimer la femme charnellement désirée. Pareille dissociation peut aussi se produire chez la jeune fille, mais, ainsi que le note H. Deutsch[8], au lieu de s'appliquer à l'objet d'amour, l'affecte elle-même : « ou bien elle s'abaisse à n'être qu'un simple objet sexuel, ou bien elle se place à un niveau inaccessible. »

*
* *

La tendance à idéaliser l'amour est plus marquée chez l'adolescente que chez l'adolescent, nous l'avons déjà vu ; plus longtemps que lui, elle va se satisfaire d'amours imaginaires, ou du moins à peine réelles, car les êtres pour lesquels elle s'enflamme comptent moins que les sentiments qu'ils lui inspirent ; ce sont ces sentiments qui sont le véritable butin dont vont se délecter le cœur et l'imagination de l'adolescente. H. Deutsch, qui a consacré une partie de son étude capitale sur la psychologie de la femme à l'évolution affective de l'adolescente, et à laquelle nous nous référerons souvent dans les pages qui suivent, écrit : « Les extases d'amour les plus profondes sont ressenties dans l'imaginaire, et ces sentiments sont investis des caractères de l'amour objectif. Éprouver l'amour est la seule chose importante dans de tels cas ; il n'est pas nécessaire que la personne aimée ait une réalité objective[9]. » Et l'auteur de souligner un autre trait distinctif de l'adolescente : son aptitude plus marquée que celle du garçon à « éprouver l'amour encore et encore ». L'être qu'elle croit aimer si intensément est bien souvent très vite abandonné, remplacé aussitôt par un autre qui sera l'objet d'une passion tout aussi ardente. Les adolescentes vont volontiers de flamme en flamme, croyant chaque fois connaître *Le* grand amour, nullement découragées par leurs déceptions successives. C'est d'ailleurs bien souvent la peur de se brûler les ailes qui les incite à voltiger d'un objet à l'autre ; parfois il suffit que la personne aimée réponde à leurs sentiments, et hop ! les voilà qui rompent et s'échappent. Plus fréquemment d'ailleurs elles se protègent instinctivement contre tout risque d'une réalisation possible en portant leur choix sur des êtres inaccessibles : c'est l'ami d'un frère aîné, qui ne prête qu'une attention distraite, tout au plus amicale et amusée, à la fillette ingrate encore qu'il rencontre de temps à autre ; c'est un professeur, un bel inconnu croisé dans la rue et dont un regard suffit à embraser le cœur et surtout l'imagination de l'adolescente, ou c'est tout simplement un personnage dont elle n'a qu'entendu parler.

Sur la mince trame fournie par la réalité, la rêverie va donc broder les thèmes les plus romanesques, dont l'essentiel se réduit en général à ceci : par une action d'éclat, par des talents restés jusqu'ici inaperçus, l'adolescente occupe soudain le devant de la scène — une scène qui peut s'élargir aux dimensions du monde — et conquiert celui qui jusqu'alors l'ignorait. On retrouve dans de tels fantasmes les tendances narcissiques et exhibitionnistes si typiques de cet âge, et plus fortes encore chez l'adolescente que chez l'adolescent. Ils pourront revêtir un caractère idéologique et social, l'élément narcissique n'en sera pas moins présent dans le beau rôle que la rêveuse ne manque pas de s'attribuer. « Toute sa capacité d'expérience est purement narcissique, écrit H. Deutsch[10], non seulement quant aux contenus de son imagination, mais aussi quant à la relation qu'elle envisage avec l'objet. Mais, poursuit l'auteur, même ici, le narcissisme n'est pas le seul facteur car nous trouvons toujours, dans ces fantaisies, les objets d'autrefois et nous reconnaissons souvent, dans l'amant platonique ardemment désiré, les traits du père. » De tels cas laissent bien apparaître la relation qui s'établit dans l'inconscient entre la situation actuelle et la situation triangulaire antérieure ; à quel point l'éveil de l'amour commence par être vécu comme une attirance — interdite — vers le parent de l'autre sexe.

Il arrive parfois que l'adolescente s'enferme si complètement dans ses fantasmes que ceux-ci deviennent plus réels que la réalité. Elle se met à fabuler, racontant à ses amies avec force détails les péripéties d'une histoire amoureuse qui n'existe que dans son imagination. Le besoin de la croire vraie, de lui donner réalité — et en même temps de se protéger contre toute réalisation — peut aller jusqu'à pousser la jeune fille à s'écrire des lettres d'amour à elle-même, qu'elle s'empresse aussi de montrer aux autres. H. Deutsch cite le cas d'une jeune fille qui, entre treize et dix-sept ans, s'absorbait à tel point dans son rêve qu'elle menait « dans la solitude une vie pleine de joies et de chagrins ; souvent ses yeux sont pleins de larmes parce que son amoureux devient un tyran, qu'il la trompe, et même qu'il la bat; puis, débordant d'amour, il lui apporte des fleurs qu'en réalité elle s'achète elle-même. Elle s'arrange pour avoir une photographie de lui et elle y inscrit une amoureuse dédicace »[11]. Et pendant trois ans, elle tient le journal de cette aventure imaginaire, dont elle parle à qui veut l'entendre. Cet exemple, extrême, montre combien mouvantes sont les frontières entre le réel et l'imaginaire durant l'adolescence, et fragile l'adaptation au monde extérieur.

C'est d'autant plus vrai qu'il est rare que l'adolescente de treize ou quatorze ans fasse effort pour réaliser concrètement les ambitions de toute espèce qui corsent ses fantaisies amoureuses. Il lui suffit de les vivre en rêve. Il est possible cependant qu'à l'heure actuelle où l'on est, dans tous les domaines — sport, chanson, littérature, etc. — à l'affût de jeunes talents et où tant d'exemples démontrent qu'il n'y a plus d'ambitions qui puissent paraître absolument chimériques, les jeunes filles, à l'instar des garçons, s'orientent plus tôt et plus activement vers le réel. A cela s'ajoutent, et nous y reviendrons, les mœurs de notre époque, qui ont élargi la sphère d'activité de l'adolescente et la mettent bien plus prématurément qu'autrefois en contact avec les réalités de la vie.

Or une telle orientation comporte également des dangers. Toute la magistrale analyse de H. Deutsch tend à démontrer que les imaginations sentimentales et romanesques, comme aussi la contemplation de soi, dans lesquelles la jeune fille se complaît beaucoup plus longtemps que le garçon, sont nécessaires à l'évolution harmonieuse de sa vie affective et spirituelle parce qu'elles préservent et enrichissent sa sensibilité et sa capacité de tendresse, permettant ainsi le développement de sa féminité; qu'une orientation trop précoce vers la réalité s'effectue toujours au détriment de la vie imaginative et implique par là même un certain appauvrissement. Ceci vaut aussi bien pour l'adolescente qui se lance prématurément dans des expériences sexuelles que pour celle qui s'engage trop énergiquement dans des activités intellectuelles, sociales, politiques, etc. La motivation profonde est parfois la même pour l'une et pour l'autre : une angoisse trop intense devant la sexualité; la première se jette dans une espèce de fuite en avant; la seconde cherche à échapper à des fantasmes trop fortement sexualisés en répudiant tout ce qui de près ou de loin touche à l'amour : « De telles jeunes filles, écrit H. Deutsch, ont souvent tendance à éliminer entièrement l'amour de leur vie. Même si elles ont des aspirations hautement humanitaires, sociales ou scientifiques, elles manquent de la richesse spirituelle qui vient de l'expérience affective. Ce type de jeune fille, qui a abandonné toute vie émotive, se laisse aller durant de longues périodes à une "objectivité" narcissique et froide; le danger consiste ici dans le succès de cette sublimation totale qui peut mutiler définitivement la vie affective. Ces jeunes filles sont menacées dans le cours de leur vie ultérieure par la névrose.» Un pas de plus, et nous avons le type de l'adolescente «ascétique» décrit plus haut. «Tous les libres appels de l'avenir sont alors pétrifiés, et le besoin de liberté et la faim d'amour cèdent la place à de rigides principes moraux. Chaque fois que se présente un danger de violer ces principes, la voix d'une loi intérieure se fait entendre comme un «signal d'alarme»[12].

Comme on le voit, il y a un équilibre difficile, un subtil dosage à trouver entre l'imaginaire et le réel. La tendance à idéaliser l'amour, ou du moins à satisfaire d'abord par l'imagination le besoin d'aimer et d'être aimée est, encore une fois, une façon normale pour l'adolescente de sublimer l'instinct, de se défendre contre les poussées de la sexualité, mais cette tendance ne doit être ni trop forte ni trop faible.

Qu'en est-il alors, dira-t-on, des adolescentes d'aujourd'hui, qui non seulement s'engagent de plus en plus tôt dans des expériences sexuelles, mais encore qui prennent part bien plus que par le passé aux activités des garçons, toujours plus semblables à eux? Dans un petit livre récent[13], H. Deutsch analyse les processus qui sont à l'origine de cette identité nouvelle entre les sexes. Ce que nous retiendrons ici, c'est d'abord que cette identité, recherchée, cultivée, est tout à la fois un des aspects de la révolte adolescente et une défense — différente d'un sexe à l'autre — contre l'angoisse. C'est ensuite qu'elle résulte de l'identification des filles aux garçons (et non l'inverse en dépit de la féminisation extérieure de l'adolescent), identification qui se manifeste notamment dans la participation des premières aux conduites de révolte des seconds et qui n'a pas pour cause, sauf dans quelques cas individuels, des tendances masculines inconscientes : «ce que les filles entendent faire, c'est par-dessus tout quitter l'exclusive du "réservé aux filles".» Cette volonté s'inscrit donc dans la ligne de la rébellion et du rejet des normes établies. Mais elle représente en même temps, on l'a dit, un mode de défense contre l'angoisse : l'adoption de la mise négligée et des manières débraillées du garçon est aussi pour l'adolescente une façon de se prémunir contre le danger d'être séduisante.

Le paradoxe saute aux yeux : d'un côté l'angoisse devant la sexualité existe toujours, les défenses sont mises en place ; de l'autre, la liberté sexuelle est vantée comme la panacée à toutes les difficultés. La liberté sexuelle en effet fait partie de la contestation, tout à la fois érigée en idéologie — comme une des voies conduisant à cette société nouvelle, transparente et sans hypocrisie que les jeunes appellent de leurs vœux —

et prônée comme un défi au monde adulte. Cela signifie qu'elle prend un caractère contraignant et standardisé... autrement dit qu'elle cesse d'être liberté; en d'autres termes encore, que bien des jeunes filles (et des jeunes gens) se jettent ou se laissent entraîner dans des expériences pour lesquelles elles ne sont pas prêtes psychologiquement; elles pensent braver impunément leur famille et leur milieu; en réalité cette attitude purement réactive ou/et imposée par un nouveau conformisme, et non pas libre comme elles l'imaginent, leur vaudra très vite d'être la proie de sentiments intenses d'angoisse et de culpabilité.

A la suite de H. Deutsch, tous les psychanalystes s'accordent à dire que l'évolution actuelle comporte plus de dangers pour l'équilibre psychique de l'adolescente que pour celui de l'adolescent. La précipitation à s'aligner sur les autres supprime la phase préliminaire d'idéalisation de l'amour et de rêverie sentimentale qui, plus marquée chez la fille, lui est aussi plus nécessaire (mais chez le garçon aussi, cette précipitation nuit à la différenciation de la personnalité et entraîne une certaine pauvreté affective). «La pseudo-modernité dans les normes sexuelles, écrit P. Blos, est dans une large mesure responsable des nombreuses complications observées dans le développement de la féminité. En renonçant au "double standard", c'est-à-dire au système de normes sociales différentes pour chacun des deux sexes, la société moderne n'a pas donné à la jeune fille la liberté dont elle espérait bénéficier. Un tel développement social ne tient pas compte du fait que la pulsion féminine est beaucoup plus intimement rattachée aux intérêts du Moi et aux attributs de la personnalité que ne l'est la pulsion masculine[14].» A cela s'ajoute encore la pression morale à laquelle sont soumises les adolescentes, car, ainsi que le relève H. Deutsch, «la nouvelle morale ne se contente pas de prendre à son compte le droit des filles à la liberté sexuelle, elle leur fait une sorte d'obligation d'user de cette liberté»[15].

La question est évidemment de savoir pour quelle fraction de jeunes cette «nouvelle morale» est devenue véritablement norme de conduite, et à quel âge. Le soutien puissant dont elle bénéficie de la part de toute une presse à sensation, de la publicité, du cinéma, etc., tend à faire prendre pour la règle ce qui n'est peut-être que l'apanage d'une minorité. Si la «révolution sexuelle» paraît chose accomplie dans les esprits, des enquêtes récentes tendent à montrer qu'il est loin d'en être ainsi sur le plan des mœurs; il semble qu'une liberté sexuelle excessive se heurte parmi les jeunes à une réprobation beaucoup plus forte qu'on ne pourrait le penser, surtout à l'encontre des jeunes filles : celles qui se livrent à des expériences sexuelles répétées tombent vite au rang d'objets dans l'esprit des garçons (d'où pour elles des sentiments accrus d'angoisse, d'infériorité, de solitude); ce sont d'ailleurs souvent des sujets psychiquement fragiles et mal adaptés. En fait, si les jeunes ne rêvent plus à l'amour — ce qui reste à prouver —, c'est bien souvent parce qu'ils n'osent plus trop y croire devant le spectacle lamentable que leur offrent tant d'adultes. Et sans doute serait-on plus près de la vérité en avançant que la majorité d'entre eux garde par devers soi des aspirations, un idéal qu'ils se refusent à exprimer ou seulement à formuler, de peur d'être déçus ou d'être taxés d'attardés. Ce qui est certain, c'est qu'il s'en trouve toujours pour tomber amoureux avec autant de fraîcheur que par le passé.

En résumé, on dira que la contrainte collective peut conduire au désastre psychologique dans la mesure où, s'exerçant sur des sujets trop jeunes ou trop faibles pour avoir construit leur propre système de valeurs, elle va à l'encontre de leurs tendances profondes, aggrave leurs conflits, augmente l'angoisse et l'insatisfaction, bloque l'évolution vers la maturité émotionnelle; qu'une telle contrainte comporte plus de risques pour l'adolescente que pour l'adolescent. On peut penser enfin que la liberté n'est dangereuse que dans la mesure où l'expérience sexuelle est dissociée de son contexte affectif, où elle ne s'accompagne d'aucun sentiment profond et durable de tendresse, n'apporte aucune plénitude émotionnelle. Cela revient à dire que tout dépendra de la maturité psycho-affective de l'individu.

Remarquons pour finir que ce qui manque en fait le plus aux jeunes — bien qu'actuellement on s'efforce toujours davantage de pallier cette lacune — c'est une éducation sexuelle. Bien des pères ou des mères s'imaginent avoir rempli leur devoir quand, ayant pris à part leur fils ou leur fille à l'approche de la puberté, ils lui ont donné des «explications» plus ou moins détaillées, plus ou moins claires et, en réalité, souvent si confuses et si embarrassées que l'intéressé n'y comprend pas grand-chose. De toute façon il ne s'agira, dans le meilleur des cas, que d'une information saisie sur le plan intellectuel mais non assimilée profondément. Beaucoup de parents se déchargent même de cette tâche sous prétexte que leur enfant sera toujours et mieux renseigné par ses camarades. Or ce n'est pas d'une information à la sauvette et qui tombe dans une oreille plus ou moins bien préparée à la recevoir dont les jeunes ont besoin, mais d'une véritable éducation; une éducation qui devrait commencer dès l'enfance et ne pas se borner seulement à satisfaire la curiosité de l'enfant concernant les différences anatomiques entre les sexes ou la reproduction, mais faire partie intégrante de l'éducation proprement dite, c'est-à-dire intéresser l'ensemble de sa personnalité. Après tout, la sexualité est indissociable et du plaisir et de la faculté d'aimer — jusqu'à plus ample informé une des plus nobles facultés de l'homme — et c'est eux que paradoxalement on voudrait passer sous silence, ancrant ainsi dans l'esprit de l'enfant qu'ils sont honteux et coupables. C'est sur ce point précis de l'éducation sexuelle que la carence des parents, même des mieux intentionnés, est la plus générale, et c'est pourquoi nombre d'éducateurs et de médecins prônent, faute de mieux, l'organisation dans le cadre de l'école de causeries au cours desquelles les jeunes puissent s'entretenir librement avec des personnes aptes à les renseigner. L'expérience a déjà montré que de tels entretiens répondaient à un besoin réel et que les jeunes ne demandaient qu'à s'exprimer et à interroger. L'expérience montre aussi que dans les milieux où ces questions ont toujours été librement débattues entre parents et enfants, ces derniers faisaient preuve, au cours de leur adolescence, d'un sens plus grand de leurs responsabilités. C'est précisément cette responsabilité qui peut seule réduire les risques inhérents à la liberté laissée de nos jours aux jeunes : responsables et informés, l'adolescent, l'adolescente ne se lanceraient plus aussi étourdiment dans des aventures stupides, si souvent redoutables pour leur équilibre psychique et l'orientation de leur vie future.

NOTES

[1] E. Kestemberg, « L'identité et l'identification chez les adolescents », *Psychiatrie de l'enfant*, vol. V, fasc. 2, PUF, p. 454.
[2] On se souvient peut-être, entre beaucoup d'autres, de ce récit intitulé « Olivia » (par Olivia), traduction, Stock, Paris, 1949, et certainement du film « Mädchen in Uniform ».
[3] C'est-à-dire total, complet.
[4] H. Deutsch, *La psychologie des femmes*, PUF, Paris, 1949, tome I, p. 105.
[5] A. Freud, *Le Moi et ses mécanismes de défense*, PUF, Paris, 1949.
[6] *Ibid.*, p. 139.
[7] *Ibid.*, p. 148.
[8] H. Deutsch, *op. cit.*, p. 129.
[9] H. Deutsch, *op. cit.*, p. 89.
[10] H. Deutsch, *op. cit.*, p. 90.
[11] H. Deutsch, *op. cit.*, p. 112.
[12] H. Deutsch, *op. cit.*, p. 115.
[13] H. Deutsch, *Problèmes de l'adolescence*, Payot, Paris, 1970.
[14] P. Blos, *Les adolescents*, Stock, Paris, 1967.
[15] H. Deutsch, *op. cit.*, p. 109.

Chapitre 5
Le groupe

LE CONFORMISME ADOLESCENT

La révolte contre les parents, le rejet des idéaux éthiques et sociaux des adultes, motivés profondément par le refus du conflit œdipien, plongent, nous l'avons vu, l'adolescent dans un état de désarroi et parfois de détresse intenses. Entre un monde qui disparaît et un monde qui n'est pas encore, il est là, qui ne sait plus ni qui il est, ni où il en est. Il se sent différent et de celui qu'il a été et de ceux qui l'entourent, dont l'incompréhension, réelle ou imaginaire, l'ulcère et le pousse en face d'eux à se replier sur lui-même. Mais la solitude est bien trop lourde pour le jeune Moi mal assuré, désaccordé, qui n'a pas encore conquis son autonomie, laquelle implique et l'estime de soi et le sentiment de sa propre identité. L'amitié est un premier recours contre ce désarroi et cette solitude ; la vie de groupe en est un autre, qui viendra faire utilement contrepoids et corriger ce que l'amitié à cet âge peut avoir de trop exclusif et de trop passionné. La plupart des adolescents la recherchent et on les voit s'agglomérer avec une facilité déconcertante. Eux qui se veulent et se croient originaux, qui tentent de s'affirmer et de s'imposer à leur entourage par la singularité, l'excentricité même, s'accommodent non seulement de l'imitation — on s'efforce de ressembler en tout aux êtres que l'on admire —, mais encore et surtout d'un extrême conformisme. Ce paradoxe que nous avons déjà rencontré nous renvoie toujours au même problème, à la même dialectique de l'identité et de l'identification. Rejetant les modèles anciens, l'adolescent doit s'en trouver de nouveaux avant de pouvoir, ou plutôt pour pouvoir être enfin lui-même. Il ressemble à un acteur qui essaie une série de rôles successifs avant de trouver enfin celui qui lui convient. Ses premiers pas dans la voie de l'émancipation sont mal assurés; en dépit de ses attitudes arrogantes, provocantes et frondeuses, il est incapable encore d'assumer son personnage, faute de savoir très bien lui-même qui est ce personnage, faute surtout d'avoir pris confiance dans ses possibilités. En s'identifiant à ses semblables, en répudiant le «Je» pour se fondre dans le «Nous», il peut alors sans trop d'angoisse assumer une personnalité de groupe opposée aux modèles des parents et des adultes en général.

Cette emprise du «Nous» et le sentiment de force qui en résulte se sont accrus dans des proportions jamais vues jusqu'ici grâce aux moyens de communication et de contact fournis par la technique moderne; le «Nous» s'étend désormais à toute la collectivité adolescente. Au bénéfice susceptible d'être retiré de la participation effective à un groupe restreint (contact, chaleur, sécurité, etc.) s'ajoute donc le profit qui découle de l'adhésion à un idéal collectif plus large — mode de vie, prise de position politique, culte d'idoles, etc. — choisi et créé par les jeunes (du moins le croient-ils) qui insère l'adolescent et l'adolescente dans une communauté plus vaste et leur procure pour un temps cette identité sociale qui leur faisait défaut. Mais il est important de souligner que si le conformisme adolescent est grandement facilité par les *mass media*, ceux-ci ne l'expliquent pas : l'adolescent a besoin de se sentir identique aux autres (différent des adultes mais semblable à ses pairs) pour se décharger de son angoisse, pour se rassurer et reprendre confiance en lui-même, pour se situer; alors que la volonté d'originalité marque la prise de distance par rapport au passé et aux parents, le conformisme s'explique par la recherche d'une identité qui ne peut s'acquérir, encore une fois, qu'au travers de nouvelles identifications.

La facilité avec laquelle l'adolescent verse sans s'en apercevoir dans le conformisme a été et continue d'être scandaleusement exploitée par la société des adultes. Les marchands, sans cesse à la recherche de débouchés nouveaux, se sont avisés que les jeunes, dont le nombre va croissant, étaient non seulement les consommateurs de demain, mais des consommateurs tout court. Les jeunes ont de l'argent — fini le temps où ils ne disposaient que de quelques francs par mois —, les jeunes dépensent énormément si l'on en croit les statistiques; car, comme tout un chacun dans notre société prospère et matérialiste, les jeunes ont des désirs, beaucoup de désirs. On va donc tout mettre en œuvre pour les attirer et les séduire, veiller à faire naître sans cesse de nouveaux besoins en lançant, à grand fracas de publicité, des modes nouvelles, de nouveaux objets à désirer. Tout cela, somme toute, est de bonne guerre. Mais ce qui ne l'est plus, c'est qu'on table de façon aussi explicite que cynique sur les plus mauvais côtés de la jeunesse d'aujourd'hui, d'une certaine jeunesse : le manque de maturité, le goût de l'oisiveté et de la vie facile, le recul devant l'effort. Voici, citées par la revue *Esprit* dans une étude sur les jeunes[1], quelques propos tenus au cours d'un colloque sur la publicité :

«Les jeunes sont plus instruits; ils comprennent mieux; ils sont plus sensibles aux mots, moins mûris par la vie concrète; ils sont moins armés pour se défendre contre les excès; s'ils ont la précocité intellectuelle, ils n'ont pas celle du caractère... Ils éprouvent un besoin de réussite, d'argent facile, le dégoût et le mépris pour l'effort à tel point que rares sont ceux qui pratiquent un sport. La jeunesse se fait de la vie une "philosophie" dans laquelle elle croit n'avoir que des droits. Elle rêve d'une voiture décapotable, symbole d'une vie plus large et oisive, désire aller aux USA et vivre dans une grande ville. La jeunesse ne rejette pas la société en tant que telle, mais rejette les principes qui régissent cette société.» Et nos marchands-psychologues de conclure : «cette jeunesse manque d'âme, il faut lui vendre de l'idéal.»

Trafiquant d'idéal! C'est un métier de rapport quand il s'agit d'âmes jeunes et malléables. Il suffit d'exploiter ce besoin d'identification si puissant chez l'adolescent. On l'entretient, on l'orchestre jusqu'à le transformer en véritable contagion; tant pis alors si le culte de l'idole et du rock dégénère un beau soir en manifestation violente et sauvage; les disques se vendent. Et si ce n'était que les disques! Mais non, nous venons de l'apprendre, tout se vend, même l'idéal, même l'amitié : «Claire est mon amie», signé Sheila; «A mon amie Monique», signé Sylvie. Entrez dans la chambre de n'importe quelle jeune fille, de n'importe quel garçon entre douze et seize ans, tous vous montreront fièrement, épinglées sur les murs, les mêmes photos porteuses des mêmes déclarations d'amitié signées par les vedettes du jour. Il suffit de payer. Tout cela peut bien remplir d'une satisfaction très personnelle l'adolescent ou l'adolescente, qui ne voient pas ce qu'a de frelaté la marchandise qu'on leur offre, il n'en reste pas moins que cette prise en charge par l'adulte et pour de purs motifs commerciaux, des sentiments des jeunes, a quelque chose de nauséabond. On les dupe en leur vendant un idéal de pacotille et on les dupe en leur faisant croire que les modèles qu'en réalité on leur impose, ce sont eux-mêmes qui les ont choisis. Où sont les vrais «tricheurs» là-dedans?

L'exploitation sur une vaste échelle du processus de l'identification ne concerne, cela va de soi, pas seulement les adolescents ; elle vise aussi bien les adultes. Mais les adolescents sont bien plus vulnérables puisque leur personnalité n'a pas encore achevé de se former et qu'ils sont à la recherche de modèles. Le tam-tam de la publicité qui bat un rappel incessant a sur eux un effet puissant et aboutit à ces déchaînements collectifs auxquels il nous est donné d'assister depuis quelques années. Nos trafiquants d'idéal, véritables apprentis-sorciers, en sont les premiers responsables.

Heureusement, une réaction s'amorce chez les adolescents eux-mêmes, du moins chez les plus âgés et les plus conscients, qui discernent les manipulations dont ils sont l'objet. Déjà les propos rapportés plus haut ne sont plus tout à fait vrais : c'est bel et bien, nous l'avons dit au début de cette étude, la société en bloc, son confort, son luxe et son argent que rejettent maintenant tant de jeunes, dont les meilleurs sont aussi en passe de redécouvrir de nouveaux idéaux et de nouvelles valeurs. Certes, il est aisé de relever bien des contradictions dans leurs conduites, mais dans un monde aussi complexe que le nôtre, quel adulte y échappe ?

LE GROUPE ET SA FONCTION

On doit remarquer d'emblée que, de façon générale, la formule du groupe paraît convenir moins bien à la nature féminine qu'au tempérament masculin. Un groupe purement féminin se fractionne rapidement en petits clans, rivaux ou non, même si extérieurement il donne l'impression de cohésion. L'esprit d'équipe et de camaraderie sont plus naturels au garçon et à l'homme ; non que la femme en soit incapable, mais elle semble préférer au groupe des relations plus individualisées à deux ou à trois. Nous avions déjà noté l'apparition de cette tendance chez les fillettes de dix, onze ans ; elle va tout naturellement s'accentuer durant l'adolescence où l'amitié devient si exclusive. Rappelons pourtant la tendance des adolescentes à se mêler davantage aujourd'hui aux groupes de garçons, à participer notamment à leurs conduites de révolte. Dans l'ensemble néanmoins, la « solution de groupe » paraît encore concerner surtout l'adolescent et c'est de lui que nous allons nous occuper maintenant.

Le groupe d'adolescents est bien différent du groupe d'enfants. Ces derniers se rassemblent pour jouer. Les mobiles qui poussent les premiers les uns vers les autres sont beaucoup plus profonds. Quelles que soient les fins du groupe, qu'il s'agisse d'activités sportives, politiques, culturelles, délinquantes, ces mobiles demeurent les mêmes, comme demeure semblable la fonction du groupe : l'adolescent cherche toujours dans ce dernier (comme dans l'amitié) une raison d'être, un idéal du Moi, une image rassurante de lui-même qui apaisent son inquiétude intérieure et lui redonnent le sentiment de sa valeur. Plus il se sentira faible et démuni, plus la lame de fond qui le jette vers les autres et le porte à s'identifier à eux sera puissante, plus il aura tendance aussi à se démettre, à se décharger en quelque sorte de lui-même sur le groupe et à se fondre dans celui-ci. Les problèmes dans le groupe sont dilués, l'angoisse et la culpabilité s'y trouvent «collectivisées», selon l'expression de Blos[2]. Ces phénomènes sont particulièrement accusés, à un degré pathologique même, dans le gang délinquant. Mais de façon générale et du fait même de ce mouvement identificatoire, la nature des liens qui unissent les membres du groupe est tout autre que précédemment : plus profonds, plus inconscients, ce sont des liens qui soudent et qui cimentent.

Le groupe va donc permettre à l'adolescent de s'affirmer en toute sécurité. Au milieu d'êtres qui pensent et sentent comme lui, il sait qu'il peut déposer les armes, s'exprimer librement, sans crainte d'être incompris ou de se heurter à ce sourire ironique et supérieur de l'adulte qui l'annihile. Ici il est pris au sérieux, et il trouve un idéal et des valeurs à la mesure de ses aspirations. Aussi différents ou opposés que puissent être les buts poursuivis, il est des valeurs communes à tous les groupes, y compris à la bande délinquante : courage, loyauté envers les camarades, oubli de soi, fidélité à la parole donnée, etc. Au fond, pour le meilleur ou pour le pire, c'est à un perpétuel dépassement de lui-même que le groupe incite l'adolescent; il répond ainsi à ce besoin si typique du jeune garçon de reculer toujours plus loin les limites de ses possibilités, de vaincre sans cesse de nouveaux obstacles pour se prouver et prouver au monde (le «monde», étant en général les parents) qu'il est digne d'être considéré comme un homme. De là son goût du risque, sa folle témérité, d'autant plus folle souvent qu'il est moins sûr de lui. Entre eux, les adolescents ont l'impression de se conduire et de vivre en adultes, d'être des adultes; s'épaulant les uns les autres, tous semblables, tous égaux, ils se sentent forts et indépendants; il n'y a rien qu'ils ne puissent faire en groupe, alors que seuls ils se sentent si misérables face au monde adulte.

Le groupe peut ainsi être tout à la fois une solution — momentanée — aux conflits de l'adolescent et une préparation remarquable à la condition d'homme, dans la mesure où il ne dévie pas vers des activités antisociales, dans la mesure aussi où son emprise ne va pas jusqu'à empêcher toute affirmation personnelle.

Mais l'identification au groupe, à l'Idéal du groupe, n'est ou ne devrait être qu'une solution provisoire. Il vient normalement un moment (variable, surtout à l'heure actuelle, mais qui se situe en gros autour de seize ans) où l'adolescent éprouve le besoin de s'affirmer sur un mode plus personnel et d'assumer seul la conduite de sa vie. Au travers des autres, il a pris conscience de lui-même, de ses possibilités, de sa valeur, et c'est en lui-même qu'il va chercher désormais ses raisons d'exister. Certains adolescents d'ailleurs ne passent jamais par le « stade de la bande ». Ce sont en général les plus épris d'originalité, les individualités les plus marquées (mais ce peut être aussi les plus timorés et les plus dépendants, les sujets qui sont restés accrochés au monde de l'enfance, les inadaptés ; tous ceux-là risquent fort de ne jamais oser s'affirmer ou bien, à l'âge où précisément l'adolescent normal prend ses distances vis-à-vis du groupe, de venir grossir les rangs d'une bande délinquante).

Quoi qu'il en soit, la « solution de groupe » qui, en offrant à l'adolescent un Idéal du Moi et un cadre sécurisant, permet au début le mouvement en avant, peut devenir nocive lorsqu'elle se prolonge au-delà d'un certain âge ; ce que le groupe avait commencé par faciliter : l'affirmation de soi, il finit par l'entraver. Au lieu d'être le tremplin d'où le jeune s'élance dans la vie, il devient alors un refuge, un moyen de fuir ses responsabilités, une béquille. Car le groupe peut aliéner, la soumission à l'idéal collectif impliquer le renoncement à toute une partie de soi-même, parfois à toute réflexion personnelle. On connaît ces individus qui ne se sentent exister que dans et par le groupe — politique, sportif, mondain, religieux, militaire, etc. —, incapables d'avoir une pensée personnelle et démunis dès qu'il se trouvent en face d'eux-mêmes, proies toutes désignées pour les idéologies totalitaires quelles qu'elles soient. (Nous aurons d'ailleurs l'occasion de parler plus loin d'un autre type d'aliénation, propre à notre époque.) Le risque est d'autant plus grand que le pouvoir d'attraction du groupe est plus fort, et plus malléable la personnalité de ses membres, ce qui est précisément le cas durant l'adolescence. Le groupe pourra donc maintenir le jeune dans un état d'immaturité en l'empêchant d'accéder à une pleine autonomie et en l'habituant à chercher toujours à l'extérieur des ressources, des points d'appui, une sécurité qu'il devrait trouver en lui-même. Il faut qu'à un moment donné, il sache prendre ses distances ; cela ne signifie pas qu'il doive abandonner toute activité de groupe, mais seulement que le groupe cesse d'être, comme c'est le cas au début, sa seule référence, de représenter pour lui la mesure de toute chose. Au fond, on pourrait dire que ce que le groupe apporte initialement à l'adolescent : sécurité, confiance en soi, renforcement du Moi, etc., celui-ci le lui rend plus tard sous forme d'une participation plus personnelle, plus autonome, moins narcissique, et donc plus authentiquement sociale.

Une question sans doute est venue à l'esprit du lecteur : à l'heure actuelle, la phase du groupe semble s'étirer en longueur, bien au-delà de quinze, seize ou dix-sept ans; les jeunes ont tendance à tout faire en groupe, semblent ne plus pouvoir se passer de celui-ci. Est-ce là le signe d'une fixation au stade de la bande, donc de l'immaturité plus grande de la jeunesse d'aujourd'hui par rapport à celle d'autrefois ? Ou le choix autonome, responsable, de formes sociales plus propres à satisfaire ses besoins et ses idéaux, la réaction contre cette solitude dans la foule décrite par Riesman[3] et qui est le fruit empoisonné du progrès ? Il est bien sûr impossible de répondre. On ne peut que constater l'emprise du rêve d'une vie communautaire sur la jeunesse actuelle, rêve qui reflète les aspirations authentiquement généreuses des uns, l'angoisse, la peur des responsabilités et le besoin infantile de dépendance des autres.

La bande d'adolescents délinquants est l'exemple qui illustre le mieux comment le groupe peut faire obstacle à cette maturation psychologique, sociale et culturelle, à cette intégration progressive à la vie adulte, qu'il a normalement pour fonction de favoriser. L'étude de ces bandes nous permettra de saisir du même coup, comme au travers d'un verre grossissant et déformant, car ils sont ici hypertrophiés, les différents aspects du groupe adolescent dont il vient d'être question; elle nous permettra également de mieux préciser et évaluer les incidences sociologiques des problèmes posés par la jeunesse actuelle[4].

NOTES

[1] *Esprit*, février 1964.
[2] P. Blos, *op. cit.*
[3] D. Riesman, *La foule solitaire*, Arthaud, Paris, 1964.
[4] Il faudrait parler aussi de cette forme plus grave et plus dangereuse encore de transgression qu'est la toxicomanie juvénile. Nous ne le ferons pas, préférant renvoyer le lecteur aux études des spécialistes, et notamment à l'ouvrage remarquable de C. Olivenstein, *La Drogue*, Ed. Universitaires, Paris, 1970.

Chapitre 6
La bande délinquante

Au cours de ces vingt dernières années, la délinquance juvénile a augmenté dans des proportions jamais vues jusqu'ici. C'est aux USA qu'elle paraît avoir revêtu le caractère le plus grave : là les statistiques montrent que « le groupe des adolescents occupe le premier et le second rang dans pratiquement toutes les catégories de délits »[1] et que pour la ville de New York, le taux d'augmentation de la délinquance juvénile s'élevait en 1954 à 52,7 %, ce qui était qualifié de « saut sans précédent ». Mais si l'Amérique détient le triste record de la criminalité juvénile, l'Europe n'est nullement épargnée, pas plus d'ailleurs que des pays comme l'Afrique du Sud, l'Inde ou le Japon ; le phénomène est général et un peu partout des cris d'alarme s'élèvent pour dénoncer le mal qui mine la jeunesse d'aujourd'hui.

Mais ce n'est pas seulement par son augmentation numérique que la délinquance juvénile revêt un caractère inquiétant, c'est aussi par son extension, ainsi que par la gravité nouvelle des délits commis. Si elle demeure un phénomène essentiellement urbain, elle n'est plus, contrairement à ce que l'on croit encore souvent, cantonnée dans les zones surpeuplées et insalubres des grandes cités ; assurément, c'est bien là qu'elle rencontre les conditions les plus favorables et que les bandes de jeunes prolifèrent en plus grand nombre ; elle a néanmoins débordé les taudis pour atteindre un peu toutes les couches de la population, y compris les classes bourgeoises et les milieux aisés. D'autre part, les délinquants se recrutent parmi des sujets de plus en plus jeunes : le chiffre des arrestations d'adolescents de moins de seize ans s'élève régulièrement. Cette observation faite en Amérique est valable aussi, quoique dans une moindre mesure, pour l'Europe. Enfin les activités des bandes sont devenues beaucoup plus dangereuses et plus criminelles qu'elles ne l'étaient précédemment; non seulement les vols de voiture et les cambriolages sont maintenant monnaie courante, mais les agressions à main armée se multiplient et les meurtres ne sont pas rares. Dans l'arsenal de la bande, fusils, couteaux, rasoirs et chaînes de bicyclette ont remplacé les bâtons et les cailloux de jadis. Et le grand public a eu quelques échos au cours de ces dernières années de la sauvagerie avec laquelle des gangs rivaux réglaient leurs comptes entre eux, laissant souvent des blessés graves et parfois des morts sur le terrain. Là encore, c'est aux États-Unis que cette férocité atteint son paroxysme : «... en 1956, dans le Michigan, un groupe de garçons de 15 à 17 ans avait trente crimes à son actif. Entre janvier et août 1957, la police a trouvé à New York 110 bandes rivales de jeunes de 14 à 17 ans, parmi ceux-ci vingt-deux furent blessés mortellement au cours de bagarres[2].» Depuis lors la situation n'a fait qu'empirer.

La délinquance juvénile est l'un des symptômes les plus évidents du déséquilibre et du malaise profond dont souffre la société contemporaine pour n'avoir plus su offrir à l'homme des conditions humaines d'existence. Si elle est presque toujours la manifestation de troubles psychologiques, ceux-ci ont très souvent pour cause indirecte des facteurs sociaux. Ce sont ces derniers que nous allons envisager pour commencer.

LES FACTEURS SOCIOLOGIQUES DE LA DÉLINQUANCE JUVÉNILE

Comme nous l'avons déjà dit, la bande délinquante est un produit des grandes cités industrielles. A la campagne ou dans les villes de faible ou de moyenne importance, il n'y a pas de gang organisé; il arrive souvent que des jeunes se rassemblent à l'occasion d'une fête ou d'une manifestation et commettent quelque mauvais coup, mais ils se dispersent ensuite comme une volée de moineaux, faute d'une structure et d'une organisation véritables. Ce sont bien les transformations de la vie en milieu urbain qu'il faut, de façon générale, rendre responsables de la prolifération des gangs, mais en répétant que le plus souvent elles agissent sur l'enfant de façon indirecte, par l'intermédiaire des parents en particulier. C'est la désadaptation de ceux-ci, qui les rend incapables de faire face à leur tâche d'éducateurs, qui entraîne l'inadaptation de celui-là.

«Vous reconnaîtrez une civilisation authentique à ce signe qu'elle construira des villes que les hommes aimeront habiter» a écrit Le Corbusier. Pour l'heure, la ville moderne, gigantesque et inhumaine, serait bien plutôt devenue un enfer. L'essor démographique de l'après-guerre, les migrations massives de main-d'œuvre vers les grands centres, les conditions désastreuses d'existence et de travail qui découlent de cette organisation urbaine sans précédent, ont fait éclater les anciennes structures, effrité les valeurs sociales et morales, disloqué la famille. Pris dans le rythme trépidant et harassant de la cité, au milieu du bruit et de l'agitation, l'homme moderne mène une existence sans repos et sans joie, et finalement absurde. Jamais la vie n'a tant ressemblé à ce «conte plein de bruit et de fureur» dont parle Shakespeare dans *Macbeth*, et l'homme à ce «pauvre acteur qui se pavane et se tourmente durant son heure sur la scène et puis qu'on n'entend plus».

Mais ce qui est plus grave, c'est que cette vie où chacun court à ses affaires, harcelé, talonné par le temps, dans un va-et-vient incessant, aliène l'être non seulement des autres mais encore de lui-même. Jamais il n'a vécu dans une promiscuité aussi grande avec ses semblables, et jamais il ne leur a été aussi étranger, il ne s'est trouvé aussi seul. Les grands ensembles d'habitations urbaines abritent des centaines de ménages, qui n'ont aucun contact les uns avec les autres. Dans les escaliers ou l'ascenseur, c'est à peine si l'on échange un furtif salut, et l'on ignore le plus souvent jusqu'au nom, jusqu'au visage de son voisin de palier; par contre l'on connaît trop bien sa voix, les cris de ses enfants, les récriminations de sa femme, le son de sa radio; la vie de la famille d'au-dessus ou celle d'en dessous pénètre avec la même insistance contrariante dans la vôtre. Quoi de plus déprimant que ces bruits du grand immeuble qui, jamais, ne seront des bruits familiers parce qu'ils ne signalent aucune présence amie?

Même anonymat dans la foule des grands magasins, des supermarchés, où l'invention du self-service est venue supprimer les dernières occasions de relation humaine entre acheteurs et vendeurs qui subsistaient encore. Solitude dans la foule encore, le dimanche où, les yeux fixés sur la voiture qui précède, des milliers de citadins s'évadent, en colonnes, hors de la grande ville; isolement toujours dans les campings surpeuplés, où les tentes se touchent mais où l'on vit chacun pour soi.

La solitude sociale en milieu urbain est un phénomène qui n'atteint pas seulement l'individu, mais la cellule familiale elle-même. Dans une enquête portant sur l'agglomération parisienne, F. Cortez[3] a montré à quel degré d'isolement matériel et moral pouvaient être réduites certaines familles dont une sur deux n'avait, en dehors du cadre professionnel, de relations *avec personne*. Aux yeux de l'auteur, cette mauvaise insertion sociale de la famille est un grave facteur de trouble et de déséquilibre pour l'enfant : comment la famille pourrait-elle adapter celui-ci à une société dans laquelle elle n'a pas réussi elle-même à s'intégrer ? Une telle situation — que connaissent aussi bien les familles aisées, car la réussite économique n'est pas forcément le signe d'une bonne insertion sociale —, est consécutive à l'exode des campagnes vers la ville qui coupe chaque année des milliers d'êtres de leurs attaches traditionnelles[4] et les jette brutalement dans une vie pour laquelle ils ne sont nullement préparés. Perdus, ne connaissant personne, affrontés à des difficultés matérielles de toute espèce, ils luttent tant bien que mal pour se faire une place au milieu de l'indifférence générale et n'ont d'autre ressource que le repli sur eux-mêmes. La famille, isolée, se trouve alors réduite à sa plus simple expression : plus de grands-parents pour prendre soin des enfants quand la mère est harassée, plus d'amis, plus de voisins même à qui confier ses peines et ses joies et demander conseil. Tous ces familiers qui, dans le village ou la petite ville, entourent le foyer et dont la présence vient équilibrer, au besoin corriger l'influence des parents, ont disparu. Dans la cellule familiale atrophiée, l'air ne se renouvelle plus, faute d'apport extérieur. Circonstance aggravante, le père et la mère sont rarement originaires de la même région, ce qui les prive de ce fonds commun d'expériences, de souvenirs, de traditions, qui pourrait rendre un peu présent le village lointain. Abandonnés à eux-mêmes, les parents doivent décider seuls, «pratiquement sans modèles et sans contrôle», de leur comportement, faire face seuls en particulier aux soucis et aux problèmes que pose l'éducation des enfants.

Cette solitude sociale est naturellement rendue plus lourde par les fatigues d'un travail sans joie, parce que lui aussi trop souvent dépersonnalisé et déshumanisé, à l'usine ou au bureau et par celles des longs trajets dans les métros bondés ou à travers des artères encombrées. La mécanisation du travail a entraîné un émiettement des tâches tel, que celui qui les accomplit ne saurait y trouver ni motif d'intérêt, ni par conséquent de satisfaction. Pour des millions d'êtres, le travail n'est rien d'autre qu'un simple gagne-pain, une sorte de temps mort qu'on s'efforce le plus possible de mettre entre parenthèses.

A propos de travail, Cortez observe aussi que la plupart du temps, les enfants ignorent tout du travail de leur père; d'abord il est rare que celui-ci en parle : qu'aurait-il à raconter s'il exerce un de ces métiers qui consistent à répéter éternellement le même geste ? Ensuite, au contraire de ce qui se passe à la campagne où l'enfant voit son père travailler, la distance qui sépare le logis familial du lieu de travail rend impossible toute visite à celui-ci, qui permettrait au père d'expliquer, d'intéresser son fils à ce qu'il fait et d'offrir ainsi à celui-ci une image plus précise et plus proche de lui-même.

A cela s'ajoute encore que, dans la famille urbaine, la mère n'est pas beaucoup plus présente que le père ; obligée presque toujours de prendre un emploi, sa tâche est devenue écrasante ; elle n'a matériellement plus le temps de s'occuper de ses enfants, livrés à eux-mêmes et à la rue une bonne partie de la journée. Mais surtout, comment dans ces conditions, le couple éreinté et tendu parviendrait-il à créer autour de lui l'atmosphère de calme et de détente joyeuse dont les jeunes ont besoin pour s'épanouir ? La fatigue, la nervosité, l'insatisfaction risquent au contraire de favoriser les rancœurs et les disputes et finalement la mésentente des parents, la pire des choses pour la santé psychique et morale de l'enfant.

La situation n'est pas tellement différente dans les milieux plus aisés. Le médecin, l'avocat, l'homme d'affaires, pour ne prendre que ces exemples, sont eux aussi les victimes du travail à la chaîne et du surmenage ; quand on voit jusqu'à 50 ou 60 patients par jour, des dizaines de clients, au milieu des appels incessants du téléphone et du bruit des machines à écrire, quand il faut retourner faire des visites le soir ou travailler au bureau jusque tard dans la nuit, quelle part reste-t-il pour la famille ? Là non plus les enfants ne voient presque plus leur père, bien heureux encore quand ils trouvent leur mère en sortant de l'école, car dans la bourgeoisie aussi la femme s'est mise à travailler au-dehors, par goût sinon par nécessité. Ici également l'air se raréfie : on n'a plus de temps à consacrer aux amis, aux connaissances. Dans ces milieux-là les loisirs tendent à devenir de plus en plus aléatoires ; au contraire, dans la vie de millions de salariés, ils ont pris une place toujours plus considérable — nous verrons que cette augmentation des loisirs constitue l'un des problèmes majeurs de notre époque — mais, évasion trop souvent, ils sont eux aussi marqués par l'agitation et la tension au milieu de la foule des week-ends ou des vacances.

Encore une fois, c'est le drame de l'homme moderne de ne plus pouvoir s'isoler et de se trouver en même temps terriblement seul. Et le paradoxe ne s'arrête pas là. Pris dans un engrenage monstrueux, il est en proie à une anxiété diffuse et corrodante, si généralisée que des psychiatres et des sociologues ont pu la considérer comme une des caractéristiques de notre société technique, comme une « névrose culturelle ». Elle a pour corollaire un autre trait distinctif de notre époque : le conformisme. Pour échapper à sa solitude et à son angoisse — nous connaissons ce mécanisme pour l'avoir vu à l'œuvre chez l'adolescent — l'individu cherche à se faire en tous points semblable aux autres; être comme tout le monde, penser et agir comme tout le monde, il croit recouvrer par là le sentiment d'appartenance à la communauté; en réalité il s'aliène un peu plus; renonçant à son autonomie et à son individualité, il se retrouve plus dépendant, plus impuissant, plus désécurisé encore.

L'anxiété pousse l'homme à se fuir lui-même. L'hyper-collectivisation suscite un besoin de rompre avec l'univers quotidien. L'habitude de chercher au-dehors des satisfactions qu'on n'est plus capable de puiser en soi s'est trouvée grandement favorisée par l'action concomitante de deux facteurs : l'augmentation des loisirs précisément et l'élévation constante du niveau de vie. Les progrès de l'organisation et de la technique, l'automation croissante des moyens de production ont réduit et réduiront sans doute toujours davantage les heures de travail. Grâce au rendement de la machine, le labeur humain n'est plus aussi indispensable que par le passé à l'accroissement du bien-être de la collectivité. Or ce bien-être, il s'est précisément accru dans des proportions inconnues jusqu'ici. Dans un important ouvrage, fruit de plusieurs enquêtes menées en équipe et dont le titre à lui seul est significatif : *The Lonely Crowd* (La foule solitaire)[5], le sociologue américain David Riesman analyse les conséquences et les répercussions sur la mentalité et les attitudes collectives de cette révolution économique, sociale et culturelle (la seconde à ses yeux dans l'histoire de l'humanité) caractérisée par le passage de «l'ère de la production à l'ère de la consommation». L'étude concerne les États-Unis, mais n'en a pas moins une portée générale. Dans nos sociétés économiquement évoluées, les biens de consommation, de confort et de loisir se sont répandus dans toutes les classes sociales; s'il en est encore de moins favorisées que d'autres, elles tendent toute leur énergie à combler leur retard dans ce domaine (aidées en cela par l'institution de la vente à crédit). La mise à la portée d'un nombre croissant d'individus de biens autrefois réservés à de petits groupes de privilégiés, joint au développement gigantesque des communications de masse, à la suppression des distances dans l'espace et dans le temps, a nivelé les différences sociales, aboutissant à la formation d'une immense classe moyenne qui ne cesse de s'étendre et d'englober des milieux jusqu'ici distincts; elle a entraîné la dégradation des valeurs traditionnelles, une nouvelle conception du bonheur qui tend de plus en plus à prendre la forme de la poursuite égoïste du plaisir et du profit immédiats : chacun veut toujours plus d'argent, toujours plus de confort, toujours plus de distractions.

Mais psychologiquement, l'homme est loin d'être adapté encore à cette ère d'abondance et de consommation de masse. L'éclatement des structures antérieures, l'affaiblissement de la pression et du contrôle de la société, le relâchement des liens familiaux lui laissent dans la conduite de sa vie une liberté beaucoup plus grande que par le passé. Or trop de liberté engendre l'anxiété, car elle finit par devenir synonyme de solitude, surtout si les valeurs spirituelles s'affaiblissent au profit d'une valorisation excessive du bien-être matériel. Nous voilà ramenés au cercle vicieux solitude-anxiété-conformisme; à notre avis, il serait faux d'objecter que le conformisme est le simple résultat de l'extension des *mass media*; il nous paraît au contraire que cette extension ne fait que répondre à un besoin, qu'elle exploite et qu'elle renforce par le jeu de l'action et de la réaction.

*
* *

Il est évident que ce climat général d'anxiété et de tension est tout particulièrement nocif pour les jeunes, eux qui auraient tellement besoin au contraire d'un cadre stable, d'un milieu sécurisant et bien structuré, de modèles cohérents, de valeurs sûres. Il ne peut qu'ajouter à leur propre angoisse et à leur propre insécurité, et par là même exaspérer la violence de leur révolte, car il est bien connu que l'anxiété a partie liée avec l'agressivité; il suffit de regarder autour de soi et de lire les journaux pour s'en convaincre. Il y a une trentaine d'années, on pouvait écrire que la révolte juvénile était une révolte sans cause, que la jeunesse manquait d'enthousiasme et d'idéal. Depuis lors, Mai 68 et bien d'autres événements ont abondamment démontré le contraire. Encore une fois, un nombre toujours plus grand de jeunes est à la recherche de nouvelles valeurs spirituelles (même si cette recherche implique la transgression et l'auto-destruction comme dans le cas de la drogue), et dénonce le caractère aliéné de notre société. Pourtant, chez un nombre qui va lui aussi croissant d'adolescents, la révolte demeure anarchique; leur refus est un refus dépourvu de toute référence idéologique (sinon plaquée) et qui passe directement dans les actes.

«Enfants de taudis, enfants de justice» a écrit un auteur belge[6]. Quelle ne fut pas la consternation générale lorsqu'on s'aperçut que l'unité d'habitation ultra-moderne, en dépit de ses conditions d'hygiène et de confort, loin de supprimer la délinquance juvénile, la facilitait elle aussi. Quelque chose empêchait les rouages, pourtant si bien huilés — trop bien huilés —, de la machine moderne de tourner rond. Ce quelque chose, ce grain de poussière, c'était l'homme tout simplement; on avait bâti pour lui et on l'avait oublié, ou plutôt on en avait fait une sorte d'abstraction. Il a fallu reconsidérer toutes les données du problème de l'habitat en le replaçant dans son contexte sociologique. Pour ne parler ici que de l'incidence directe de l'habitat sur le comportement des jeunes, on sait maintenant qu'à défaut de lieux de réunion, de salles de loisirs, de terrains de sports, de bibliothèques, etc. conçus spécialement pour eux, les jeunes des grands ensembles se groupent en bande et tôt ou tard commettent quelque méfait qui les amène devant le juge. Ici on peut bien dire que «c'est l'occasion qui fait le larron», car il s'agit en général moins d'inadaptés que d'adolescents désœuvrés et qui cherchent quelque exutoire à leur «fureur de vivre». Il faut distinguer entre de tels cas, que l'on peut qualifier de bénins (à condition qu'on traite le mal à ses débuts) et la bande pathologique; chez les premiers, la délinquance est la conséquence directe de facteurs exogènes : l'oisiveté, l'absence de surveillance et surtout de motifs d'intérêt. Ces adolescents-là, il suffira en général de s'en occuper, de les encadrer, pour les remettre dans la bonne direction. La bande pathologique en revanche est formée de sujets qui, en raison de leurs troubles psychologiques, sont incapables de s'intégrer dans un groupe normal. Ces troubles remontent à la petite enfance et trouvent presque toujours leur origine dans les carences affectives et éducatives dont a souffert le sujet. La plupart des adolescents délinquants sont des êtres qui n'ont pas connu des conditions familiales normales ni reçu la ration d'affection dont ils avaient besoin. Nous touchons ici aux causes psychologiques de la délinquance juvénile. Mais il est clair qu'elles sont engendrées, au moins partiellement, par les facteurs sociaux que nous venons de passer en revue. C'est ainsi que les conditions anxiogènes de notre époque sont largement responsables de la dissociation de la famille, considérée en général comme l'un des facteurs favorisant le plus la délinquance juvénile.

LES FACTEURS PSYCHOLOGIQUES DE LA DÉLINQUANCE JUVÉNILE

Tout au long de cette seconde partie nous avons vu sans cesse à quel point les bouleversements physiques et psychiques qui surviennent à la puberté, parce qu'ils remettent en cause la personne même de l'adolescent, ses relations avec autrui, comme ses relations avec lui-même, étaient facteurs d'insécurité, d'anxiété, de dévalorisation; nous avons montré que ces difficultés étaient aggravées dans notre système socioculturel par l'absence d'une définition précise du rôle et du statut de l'adolescent, dont les questions anxieuses qu'il se pose sur lui-même ne trouvent au-dehors que des réponses ambiguës; qu'elles étaient aggravées plus encore par la résurgence des conflits émotionnels de l'enfance, revécus avec une intensité dramatique. Comment des êtres n'ayant jamais été sécurisés comme enfants pourraient-ils donc franchir sans dommages ce cap hérissé d'écueils? Fragilisés par leurs expériences antérieures, ils l'abordent en état de moindre résistance et ce qui, pour l'adolescent normal, ne représente qu'une période difficile, tourne pour eux à la catastrophe. La puberté agit comme un révélateur : toutes les failles de la personnalité dues aux facteurs héréditaires et aux carences éducatives, qui ont pu demeurer plus ou moins latentes jusque-là, apparaissent au grand jour; chez ces prédisposés, c'est le moment où s'installent les névroses, les psychoses, la délinquance.

Souvenons-nous de l'importance cruciale, au cours des toutes premières années, de la relation avec la mère; des conséquences désastreuses de la séparation d'avec celle-ci quand elle n'est pas remplacée par un substitut adéquat; du rôle néfaste des mauvaises mères, dont l'absence d'amour et le rejet, perçus par l'enfant, vont faire de lui un bébé fragile, prédisposé aux maladies somatiques d'abord, et plus tard aux troubles affectifs. On sait aujourd'hui qu'il y a un lien de cause à effet entre une carence maternelle dans la prime enfance et, non pas la délinquance, mais le caractère délinquant. Tel le psychopathe, chez lequel des facteurs constitutionnels aggravent encore les effets de cette carence; il se caractérise par son comportement impulsif, son incapacité à supporter la moindre frustration, le moindre délai à l'accomplissement de ses désirs, et ses perpétuels passages à l'acte : le détour par le fantasme lui est impossible, celui-ci est aussitôt «agi» dans la conduite antisociale. Il se signale aussi par l'absence de culpabilité, la superficialité et l'inauthenticité de ses relations interpersonnelles, dépourvues d'affect. Le lecteur se rappelle sans doute le détachement, l'indifférence progressive à autrui des jeunes enfants élevés en institution; bon nombre de psychopathes sont effectivement des sujets ayant connu dès leur naissance des placements prolongés ou répétés en milieu institutionnel. Ceux qui ont été élevés dans leur famille n'ont pu, eux non plus, établir une première relation d'objet normale, en raison cette fois de caractéristiques affectives propres à la mère : selon J. van Thiel-Godfrind[7], la mère du psychopathe a souvent une personnalité très narcissique; elle est incapable «d'investir harmonieusement [son] enfant qui est vécu comme objet de projection de [ses] désirs narcissiques» et montre par ailleurs une complaisance extrême vis-à-vis des pulsions de l'enfant, qu'elle utilise pour son propre compte.

D'autres sujets, pour avoir été rejetés ou mal aimés dès leur naissance, seront privés tout à la fois de sécurité et du sentiment de leur valeur propre : on ne m'aime pas, c'est donc que je ne vaux rien, telle est la façon dont en grandissant ils éprouveront les choses. Cette dévalorisation, ou mieux : cette avalorisation (selon l'expression d'Odier) les poussera, en vertu d'un mécanisme bien connu, à se montrer désobéissants, paresseux, sournois, à commettre des fautes qui, avec l'âge, prendront un caractère de gravité accrue; tout cela pour se conformer à l'image que l'entourage leur renvoie d'eux-mêmes (et qu'ils ont faite leur).

Mais l'enfant n'a pas besoin d'amour seulement pour se développer harmonieusement; il lui faut aussi des modèles : des modèles stables et cohérents auxquels il puisse s'identifier et que seul un couple parental normal et équilibré est à même de lui fournir. Neuf fois sur dix l'adolescent délinquant à manqué de tels modèles dans son enfance; il n'a pu en particulier vivre normalement la situation œdipienne, se situer correctement par rapport à des parents qui ne lui offraient d'eux-mêmes que des images contradictoires, inconsistantes ou trop inquiétantes. L'absence du père, plus spécialement son absence psychologique, due à une personnalité faible et falote (pendant, presque toujours, à une épouse plus ou moins écrasante, qui a de surcroît tendance à annuler toute velléité d'intervention paternelle auprès de l'enfant) est un facteur couramment invoqué dans les études portant sur la délinquance juvénile. Pour les sujets ayant connu des carences précoces, la cause est entendue : alors que la présence d'un père capable d'offrir un modèle d'identification valable aurait contribué à renforcer l'élaboration du Moi, à permettre celle du Surmoi, son inexistence cristallise et aggrave les troubles antérieurs. Chez les autres, ceux qui ont vécu une première relation relativement satisfaisante avec la mère, l'absence d'une figure paternelle structurante empêchera la constitution définitive du Surmoi, liée à la résolution du complexe d'Œdipe. Du délinquant psychopathe au délinquant névrotique, en passant par les personnalités qui mêlent à une structure psychopathique ou caractérielle des manifestations névrotiques (ou encore psychotiques), toutes les variantes sont possibles. Variables aussi seront les attitudes profondes, en particulier les sentiments de culpabilité : typiquement absents chez le psychopathe, diffus chez d'autres, ils peuvent exister à un degré morbide chez certains délinquants névrotiques : dominés par un Surmoi tyrannique, ces sujets sont mus par un besoin inconscient de se faire punir pour justifier, objectiver la culpabilité et l'angoisse intenses qui les oppressent. A la différence des sujets dont il a été question plus haut, ils ne se conforment pas tant à l'image que l'entourage se fait d'eux qu'à celle de leur Surmoi.

Mentionnons pour finir une autre cause de trouble assez largement répandue à notre époque. Une mauvaise vulgarisation des théories psychanalytiques a entraîné des erreurs éducatives monumentales qui, aux États-Unis notamment, ont été systématisées sur une vaste échelle. Par crainte de donner des complexes à l'enfant, de fausser ou d'empêcher sa personnalité de s'épanouir pleinement, on a cru qu'il fallait renoncer à toute contrainte. Un tel «principe», souvent adopté aussi par commodité ou par incurie, n'a pas manqué de porter ses fruits : enfants gâtés, mal élevés, sans égard pour autrui, incapables de supporter la moindre frustration et, ce qui est plus grave, faibles et irrésolus, voilà à quoi ont abouti les théories du «laisser faire». Car l'enfant pour devenir fort a besoin de règles, il a besoin de se sentir encadré, dirigé; laissé libre toujours de choisir ce qu'il veut, il devient vite un indécis et un anxieux, et il n'y a rien de plus désécurisant que l'indécision; l'absence de punition l'empêche de se décharger de sa culpabilité et accroît son angoisse en même temps que son agressivité. Par ailleurs, habitué à n'en faire qu'à sa guise, sans rencontrer le moindre blâme, les premières difficultés le rebuteront, et ce seront les échecs successifs, qu'il en viendra vite à imputer à autrui ou aux circonstances. Pour ces inadaptés aussi, la bande pourra représenter un refuge et une compensation.

LA PSYCHOLOGIE DE LA BANDE

Aussi divers que puissent être les troubles et la personnalité des adolescents qui composent une bande délinquante, le motif fondamental qui les a poussés vers celle-ci est pratiquement toujours le même : le besoin de sécurité. Presque tous les délinquants sont des anxieux; la bande dissout l'anxiété ou tout au moins la rend tolérable. Dans la bande, le garçon va trouver une compensation à ses sentiments de faiblesse et d'infériorité, l'estime, l'affection, tout ce qui lui a manqué jusque-là. Ce sont ici en somme les mêmes motivations que celles de l'adolescent normal, mais bien plus intenses et plus impérieuses parce qu'elles sont nourries par les frustrations de toute espèce et qu'elles s'enracinent dans le passé.

Il peut paraître paradoxal à première vue que de jeunes inadaptés réussissent à s'adapter aussi parfaitement à la vie de groupe qui, tout en marge de la société qu'elle soit, ou plutôt à cause de cela précisément, exige de la part de chacun une obéissance aveugle, une discipline de fer et des sacrifices personnels considérables. Il faut admettre que le futur membre du gang est psychologiquement prêt à renoncer à sa liberté et à son autonomie et à se soumettre corps et âme à la volonté du groupe. Celui-ci devient en quelque sorte le dépositaire de son Moi; en contrepartie il offre à l'adolescent la sécurité, la chaleur, le bonheur, la puissance. Le garçon normal, tout en s'identifiant au groupe et en y trouvant lui aussi un support pour son Moi, n'en garde pas moins une certaine distance, un certain quant-à-soi, ne serait-ce que parce que d'autres influences que celles du groupe s'exercent sur lui. Il ne s'agit que d'un moment dans son évolution vers la maturité et l'autonomie. Pour le délinquant au contraire, la bande est le point d'arrivée; il n'ira pas plus loin. Il faut admettre aussi que la bande exerce sur ses membres une sorte de fascination intense qui rejette dans l'ombre tout ce qui n'est pas elle. Cette fascination est la résultante de toute une série de facteurs, et en premier lieu des réponses que la bande apporte aux motivations inconscientes puissantes de chacun.

On a maintes fois souligné l'importance dans les gangs de l'homosexualité; une homosexualité qui là aussi demeure le plus souvent latente, mais qui est beaucoup plus agissante que dans les groupes d'adolescents normaux. C'est que chez le délinquant, cette homosexualité trouve son origine, non dans la situation présente (crainte en face des premiers émois sexuels), mais dans le passé. Pour l'une ou l'autre des raisons que nous avons énumérées plus haut, il n'a pu vivre normalement la situation œdipienne et s'identifier à une image paternelle virile; son orientation psycho-sexuelle s'en est trouvée compromise, ce qui se révèle à l'adolescence par une ambivalence sexuelle beaucoup plus marquée et surtout plus durable que celle du garçon normal, chez lequel il ne s'agit que d'une phase passagère. Cette homosexualité sous-jacente, qui est l'une des raisons de l'attirance persistante du garçon pour la vie de la bande, colore fortement les relations interindividuelles à l'intérieur de celle-ci et constitue la base sur laquelle s'établit l'entente intime du groupe. Elle se manifeste extérieurement par une allure particulièrement efféminée et par l'exclusion, en général rigoureuse, des filles de toute participation aux activités de la bande; les petites amies sont tenues à l'écart ou ne sont admises que pour les «parties de plaisir». Encore n'est-il pas rare qu'une bande de garçons fonde sur une infortunée victime et la contraigne à se plier aux exigences de chacun. De tels actes sont significatifs de l'incapacité de ces garçons à assumer seuls une virilité qui les effraie.

Dans les rares cas où le gang intègre des filles, celles-ci présentent presque toujours elles aussi de fortes tendances homosexuelles, latentes ou manifestes. La vie de la bande offre une issue à leur revendication virile; elles se conduisent en garçons et se distinguent à peine de leurs compagnons. P. Parrot et M. Gueneau[8] rapportent l'exemple d'un gang de garçons qui était dirigé par une telle fille.

Un autre facteur expliquant l'attrait de la bande provient de ce que celle-ci tire le délinquant de sa misérable enfance pour en faire un «homme» (du moins à ses propres yeux). Le désir de se conduire et d'être considéré comme un homme, normal chez tout adolescent, devient chez le délinquant besoin compulsif. Car les frustrations, les souffrances, les échecs lui ont rendu sa situation d'enfant faible et démuni intolérable, et intolérables par-dessus tout les sentiments d'infériorité qui en ont résulté. Bien souvent par ailleurs, les dures conditions de son existence, tout en faisant de lui un retardé affectif, l'ont à d'autres égards prématurément mûri. Il a appris que la vie était une lutte sans merci, où les faibles succombent, où la raison appartient au plus fort, où il s'agit de réussir à tout prix. Il va donc s'efforcer de brûler les étapes qui le séparent de l'âge adulte pour être à son tour du côté des forts. La bande lui offre cette possibilité : sans elle on n'est rien qu'un pauvre être ballotté par la vie, sans défense face au monde hostile ; avec elle on peut tout ; on devient puissant, on domine l'entourage, on prend sa revanche en terrorisant un quartier, en bravant cette autorité suprême qu'est la police. La délinquance juvénile est bien un phénomène de groupe : il est exceptionnel que l'adolescent délinquant agisse isolément ; un garçon qui se fait prendre en train de voler une voiture ou de dévaliser une devanture de magasin pourra bien donner (il s'y efforcera) l'impression qu'il «travaille» pour son compte, on finira toujours par découvrir que le coup avait été soigneusement monté par plusieurs.

C'est l'immaturité affective de ces adolescents, restés par bien des côtés de tout petits enfants, jointe à leur besoin obsédant d'agir en hommes et au pouvoir grisant que confère la bande, qui rendent leurs agissements si dangereux. Car il est bien évident que la virilité se ramène pour eux à quelques traits ou symboles sommaires : l'art de se battre, la fréquentation des bars et des tripots, la possession d'une voiture...

Et pourtant, il n'en est pas moins vrai que le délinquant trouve dans la bande d'authentiques valeurs morales, analogues à celles qui régissent n'importe quel groupement normal : la loyauté envers les camarades, l'esprit de solidarité sont ici plus qu'ailleurs encore érigés en dogmes inflexibles qui exigent de la part de chacun des sacrifices personnels parfois exorbitants. Comme toute vie communautaire, la vie de la bande implique le sens d'autrui, la primauté de l'intérêt de tous sur les intérêts particuliers ; plus dangereuse, elle exalte le courage — physique et moral —, l'héroïsme même, et la maîtrise de soi. Ces valeurs sont par excellence celles de la jeunesse, désintéressée, généreuse et enthousiaste. Seulement ces valeurs, en soi si précieuses, ne dépassent pas le cercle étroit de la bande; en dehors de celle-ci, elles n'ont plus cours. Et en resserrant les liens à l'intérieur du groupe, en renforçant son unité, elles contribuent par là à l'isoler davantage du monde environnant, qui perd de sa netteté, tout comme les abords d'une zone violemment éclairée par des projecteurs s'estompent dans la nuit. La bande n'en a plus qu'une vision floue, déformée, stéréotypée, et certains sociologues voient là une des raisons qui expliquent le peu de cas qu'elle fait de la vie humaine : «les autres» ne sont guère plus que des silhouettes irréelles, sans présence vivante, des abstractions. Le geste meurtrier devient un geste sans importance.

Néanmoins l'intransigeance même avec laquelle ces adolescents appliquent des valeurs morales au sein du groupe montre qu'elles ont pour eux une signification plus profonde : dans le code d'honneur de la bande, le délinquant trouve pour la première fois un idéal à sa portée, et dont l'observance, en l'entraînant à se dépasser lui-même, à vaincre sa peur, à se dépenser pour ses camarades, l'élève à ses propres yeux et lui donne ce qu'il n'a jamais connu : une image valorisante de lui-même. Comme l'ont noté nombre d'observateurs, le délinquant est rarement un pervers amoral; s'il s'est rangé du côté du mal, ce n'est pas faute de distinguer entre le bien et le mal; c'est très souvent pour avoir accepté et s'être conformé à l'image que l'entourage se faisait de lui. Nous avons rappelé plus haut à quel point les sentiments moraux sont liés dans la petite enfance à l'amour et à la sécurité, et décrit le cercle vicieux dans lequel une culpabilité pathologique, engendrée par les carences affectives, pouvait entraîner l'enfant. Le bien devient à ses yeux un idéal de plus en plus inaccessible qu'il ne se sent ni capable ni digne de poursuivre. Encadré par la bande, réconforté par la chaleur et la compréhension de ses camarades, il va pouvoir enfin développer des qualités morales qui le réhabiliteront à ses propres yeux.

Il va de soi que de tels mécanismes sont loin d'expliquer tous les cas de délinquance juvénile. Sans parler des déviations susceptibles de résulter directement des conditions d'habitat dans les grands ensembles modernes, il y a les débiles mentaux, les jeunes qui ne font que suivre l'exemple que leur ont donné des parents dévoyés, tous ceux que l'on classe sous l'étiquette de psychopathes ou encore de névrosés caractériels.

«Le garçon de bande typique, dans les traits essentiels de sa personnalité, est un garçon moderne typique» a pu dire D.R. Taft[9]. En dépit du caractère paradoxal de cette affirmation, il faut remarquer en effet que si la bande délinquante est en révolte contre la société, c'est à cette dernière que, loin de les avoir inventés, elle emprunte la plupart de ses valeurs et de ses modèles (au contraire du jeune toxicomane qui, lui, les a totalement récusés). Comme tout un chacun, les membres de la bande recherchent la sécurité et le bonheur, et c'est la société qui leur a appris à les placer dans les biens matériels et le plaisir immédiat : la voiture, par exemple, pour prendre un cas significatif entre tous.

« Aucune discussion sur le comportement adolescent ne sera complète si l'on n'a pas convenablement saisi ses étroites relations avec l'automobile, écrivent H. Bloch et A. Niederhoffer[10]. De toutes les inventions, la voiture est celle qui a introduit la révolution la plus radicale dans la génération adolescente contemporaine.» Et les auteurs d'analyser la signification quasi religieuse de la voiture pour l'adolescent ; clé magique qui ouvre la porte à toutes les aventures, à toutes les évasions, sur le plan du réel comme sur le plan du fantasme, elle est aussi par excellence le symbole de la virilité et de la puissance.

Mais cette mystique de la voiture est-elle vraiment particulière aux adolescents, comme les auteurs cités le laissent entendre? Ne caractérise-t-elle pas plutôt l'ensemble de notre société ? Combien d'adultes, qui en sont encore privés, sont obsédés par le désir d'avoir une voiture ; combien s'identifient à leur auto, qui devient pour eux aussi symbole de puissance, moyen magique de s'affirmer et de compenser leurs sentiments d'infériorité ; pour l'adulte également, elle est un instrument d'évasion hors du cadre monotone de sa vie quotidienne, et surtout le signe de la réussite sociale. Il est vrai qu'à l'heure actuelle la voiture, qui apparaît de plus en plus comme un fléau, est en voie d'être démystifiée aux yeux de bon nombre d'adultes, et de jeunes aussi ; pour beaucoup cependant elle garde tout son pouvoir symbolique, et le vol d'autos constitue encore le délit privilégié des bandes adolescentes.

Autre exemple : en Amérique et en Angleterre, et maintenant dans d'autres pays, les gangs sont violemment racistes ; il n'y a pas si longtemps, certains quartiers londoniens étaient le théâtre de combats féroces entre de jeunes Blancs et de jeunes Noirs. Que font-ils d'autre, ces adolescents, sinon épouser l'idéologie raciste de la société qui les entoure? On pourrait en dire autant de leur dédain pour la vie humaine et de leur violence croissante. Les bandes pathologiques sont bien un produit de notre culture : insécurité, anxiété, conformisme, agressivité, ce sont ici et là les mêmes tendances, les mêmes mécanismes.

ORGANISATION ET STRUCTURE DE LA BANDE

La force de la bande pathologique réside dans son extrême unité : la bande marche « comme un seul homme ». Cette unité tient en premier lieu aux motivations psychologiques profondes qui sous-tendent la vie du groupe et dont nous venons de parler. Elle est scellée plus étroitement encore par les activités délictueuses de la bande — le nouveau venu, quel que soit par ailleurs le rituel qui préside à son admission, ne devient membre à part entière qu'après avoir prouvé ses « capacités » par une action d'éclat, entendez : un cambriolage, un vol de voiture ou tout autre exploit contre la société et l'ordre établi. Enfin cette unité est parachevée par une organisation et une structure beaucoup plus poussées que dans n'importe quelle autre association spontanée de jeunes, et qui maintiennent chacun dans la plus stricte obédience, dans le conformisme le plus rigide. Le gang a ses institutions, ses rites (échange de sang, tatouages destinés à renforcer le sentiment d'appartenance à la « secte », brimades de toute espèce, autrement plus dangereuses que les classiques « bizutages » des internats et des grandes écoles, etc.), son jargon secret, son quartier général. Au fond, si l'on fait abstraction de la nature de ses activités, des motifs d'intégration et de la personnalité de ses membres, pour ne se placer qu'au point de vue de l'organisation de la vie communautaire, la bande n'est pas tellement différente de la patrouille scoute. Seulement et c'est là l'essentiel — cette organisation, la bande se l'est créée elle-même, en l'absence de tout cadre préexistant. Au départ, elle n'est qu'un groupement spontané de jeunes, sans aucune structure. Mais, au contraire des autres associations de ce type, elle se structure très rapidement. Comme dans n'importe quel groupe spontané, des personnalités plus fortes que les autres vont s'imposer et prendre les leviers de commande ; mais en raison même de la vie dangereuse de la bande, elles jouiront d'un pouvoir plus étendu. D'autre part, la diversité des activités de la bande (qui sont d'ailleurs loin de se réduire uniquement aux actes délictueux, ceux-ci ne constituant pas un but en soi mais surtout un moyen pour ces garçons de se prouver qu'ils sont des hommes) permet à chacun de manifester ses aptitudes particulières et aboutit ainsi à une sorte de « division du travail », à une définition et à une délimitation précises du rôle et du statut des membres. L'un sera la tête, le cerveau de la bande, celui qui conçoit les idées et les projets qu'un autre, plus doué pour l'organisation pratique, aura pour tâche de mettre au point. Un troisième sera préposé aux « relations extérieures » ; plus diplomate, c'est lui qu'on enverra parlementer, toutes les fois que cela sera nécessaire, avec les autorités, parents, police, etc. Il y aura aussi le Don Juan, qui tout naturellement sera le Grand-Maître des parties de plaisir, le racoleur de filles dans les bals de quartier. Et puis il y aura les exécutants : l'as de la mécanique et du volant qui s'« occupera » des voitures, le spécialiste du chalumeau pour les coffres-forts, les athlètes pour les règlements de comptes avec les bandes rivales, etc.

Une telle organisation a pour avantage de réduire les possibilités de conflit et notamment d'éviter les rivalités entre les leaders; même si l'un domine plus nettement que les autres, chacun a sa propre sphère d'activité, à l'intérieur de laquelle il peut faire preuve d'initiative et qui lui confère des pouvoirs suffisamment étendus pour qu'il ait le sentiment de sa puissance. Quant aux plus faibles, l'unité au sein de la bande est telle qu'ils s'identifient aux forts qui la dirigent et n'ont guère conscience de jouer un rôle de second plan. On peut rapprocher une telle attitude de l'égocentrisme (au sens de Piaget) de l'enfant de cinq, six ans qui croit diriger les activités du groupe alors qu'en réalité il ne fait qu'imiter ou suivre les directives d'autrui, faute d'une distinction précise entre l'ego et l'alter.

Par ailleurs, il y a un personnage qui semble se retrouver assez régulièrement dans la bande délinquante : c'est le bouc émissaire ou le bouffon. Par certaines de ses fonctions, il se situe souvent du côté des leaders, mais en même temps par d'autres traits de sa personnalité — sa bouffonnerie précisément, son caractère loufoque ou bizarre, ses idées saugrenues (qui sont fréquemment à l'origine des plus folles aventures de la bande) —, il sert de tête de Turc, de point de mire à toutes les plaisanteries, facéties et mystifications de ses camarades. Par là même, il joue le rôle de soupape de sûreté, car c'est sur lui (et non sur les autres leaders) que se décharge l'agressivité des membres du groupe. Il y a donc là un élément de plus qui préserve et renforce la cohésion du gang.

NOTES

[1] H. Bloch et A. Niederhoffer, *Les Bandes d'adolescents*, Payot, Paris, 1963, p. 190.
[2] Ces chiffres sont cités par P. Parrot et M. Gueneau dans *Les Gangs d'adolescents*, PUF, Paris, 1959, et tirés d'un rapport de M. Edgard Hoover, directeur du FBI daté du 1er février 1957.
[3] F. Cortez, *Enfance, famille et société urbaine*, Editions Labor, Bruxelles et PUF, Paris.
[4] Selon des statistiques récentes, 120 000 provinciaux arrivent chaque année à Paris.
[5] D. Riesman, *La foule solitaire*, Arthaud, Paris, 1964.
[6] J. Koenig, *Enfants de taudis, enfants de justice*, dans *Habiter*, juin 1957.

[7] J. van Thiel-Godfrind, *Réflexions sur la relation entre la mère et l'enfant dans la psychopathie. A propos de trois observations*, *Psychiatrie de l'enfant*, XIV, 2, 1971, p. 503-530.
[8] P. Parrot et M. Gueneau, *Les Gangs d'adolescents*, PUF, Paris, 1959.
[9] D.R. Taft, *Criminology*, Macmillan, New York, 1950, p. 181, cité dans H. Bloch et A. Niederhoffer, *Les Bandes d'adolescents*, Payot, Paris, 1963.
[10] H. Bloch et A. Niederhoffer, *op. cit.*, p. 233.

Chapitre 7
Perspectives

Comment remédier à la délinquance juvénile ? Un peu partout au cours de ces dernières années, des psychologues, des sociologues, des médecins, des éducateurs ont tenté de gagner la confiance des adolescents et de se faire admettre dans leur bande, avec l'espoir qu'en partageant leur vie ils parviendraient peu à peu à avoir une influence et à redresser le sens de leurs activités. Beaucoup pensaient pouvoir s'appuyer sur leurs connaissances de la dynamique de groupe — sujet à l'ordre du jour à l'heure actuelle —, sur le développement des techniques de psychothérapie de groupe, pour exercer une action en profondeur touchant au psychisme de chacun. La plupart se sont heurtés à une fin de non-recevoir ou, supportés plutôt qu'acceptés, n'ont pas réussi à franchir une certaine barrière de silence et de méfiance. Dans leur ouvrage sur les gangs adolescents, P. Parrot et M. Gueneau[1] rapportent pourtant le récit détaillé d'une expérience réussie. Mais de façon générale, le bilan de tels essais paraît négatif.

Il n'y a là rien de très étonnant, car c'est à la racine qu'il faudrait prendre le mal en s'attaquant à sa cause même : le divorce entre l'homme et cette société en pleine révolution décrite par Riesman et à l'heure de laquelle l'homme ne vit pas ou ne sait pas encore vivre. Car les processus de l'adaptation humaine sont lents face à la rapidité de l'évolution technique. C'est ce déséquilibre, source d'une angoisse permanente, qu'il faut à tout prix réduire en ménageant à l'individu des conditions d'existence qui ne tiennent pas compte seulement de son bien-être matériel mais satisfassent aussi et surtout ses aspirations à la sécurité et à la responsabilité et, c'est là l'essentiel, qui rétablissent le dialogue avec autrui.

« Le danger ne va pas sans son propre salut » a écrit Hölderlin. Les maux qu'a engendrés notre civilisation machiniste contiennent aussi leur antidote, le contre-poison qui permettra d'enrayer la maladie, et notamment un de ses symptômes les plus alarmants : les progrès galopants de la délinquance juvénile.

Les perfectionnements techniques, le développement de l'automation ont abouti, nous l'avons vu, à une division du travail qui, pour un nombre croissant d'individus, lui ont enlevé tout caractère personnel et humain, en faisant du même coup une source de tension nerveuse et d'insatisfaction. Mais les progrès techniques ont aussi apporté à l'homme la réduction des heures de travail hebdomadaires (la « semaine des deux dimanches » sera bientôt sans doute une réalité pour tous) et les trois semaines de congés payés, autrement dit des loisirs. Le loisir, voilà l'antidote, dont G. Friedmann a souligné le rôle primordial qu'il pourrait et devrait jouer dans l'humanisation, il faudrait dire la réhumanisation, de notre société mécanisée.

Le problème du loisir revêt aujourd'hui une importance capitale et se trouve au cœur des préoccupations des sociologues, à tel point que certains définissent déjà notre civilisation comme une « civilisation du loisir ». Sans aller aussi loin puisqu'il intitule son ouvrage *Vers une civilisation du loisir*, J. Dumazedier[2] écrit : « [Le loisir] apparaît comme élément central de la culture *vécue*[3] par des millions de travailleurs, il a des relations subtiles avec tous les grands problèmes du travail, de la famille, de la politique, qui, sous son influence, se posent en termes nouveaux. » Donnant des chiffres, l'auteur évalue en gros entre 20 et 30 heures hebdomadaires la durée des loisirs pour la majorité des ouvriers urbains en France, à quoi viennent s'ajouter les 225 heures environ que représentent les congés payés. A la suite d'une enquête systématiquement menée sur la signification du loisir chez les ouvriers et les employés, il observe que, défini autrefois comme un « état » (*cf.* Littré), le loisir l'est maintenant par la majorité comme un « temps » et que plus d'un quart le conçoive déjà comme une « activité ». Si, pour tous, le loisir reste d'abord « libération et plaisir », des différences essentielles apparaissent qui correspondent aux trois fonctions principales que Dumazedier reconnaît au loisir : *délassement, divertissement, développement*. La première délivre de la fatigue, la seconde de l'ennui, la troisième se définit, elle, de façon positive et englobe toutes les activités entreprises par l'individu en dehors de ses activités professionnelles pour acquérir, perfectionner, développer des connaissances, des aptitudes, une culture, et cela dans les domaines les plus divers — intellectuel, social, politique, artistique, sportif, etc. —, au gré de ses intérêts; en d'autres termes, toutes les activités qui aboutissent à un enrichissement et à un épanouissement de la personnalité. De telles activités réclament effort, travail, volonté, mais, librement consentis, parce que motivées par un attrait personnel, elles ont un effet formateur et valorisant. Qu'on pense simplement aux bienfaits du bricolage ou du jardinage : ils constituent une saine réaction au machinisme, le retour, comme l'observe avec pertinence Dumazedier, à des formes artisanales de travail. De telles activités ne sont pas toujours entièrement gratuites; il arrive qu'on bricole pour le voisin ou pour une connaissance moyennant quelque rémunération. L'auteur émet l'hypothèse que, plus que la recherche de petits profits supplémentaires, c'est le besoin de se sentir «à son compte», d'être «patron», qui explique ces travaux «mi-utilitaires, mi-désintéressés», qu'il s'agit donc là aussi d'une façon de compenser le statut de dépendance qui est celui de l'employé de la grande entreprise.

Tout en étant étroitement imbriquées les unes dans les autres, ces trois fonctions du loisir sont loin à l'heure actuelle d'être valorisées au même degré; la troisième est la moins fréquente : bien que notre société dispose de moyens techniques de formation, d'information, de communication autant dire illimités, ces moyens, nous avons déjà eu l'occasion de le voir, sont trop souvent mis, non au service du développement de la personnalité et d'une authentique culture populaire mais, parce qu'on table pour des raisons commerciales sur les besoins les plus élémentaires afin d'atteindre le plus grand nombre, au service de l'évasion. «Tout se passe comme si, dans ce système, l'activité de loisir n'était qu'un moyen de ramener l'homme à l'état infantile. Ni la plongée rafraîchissante dans les souvenirs d'enfance, ni l'entretien au cœur de l'adulte de cette fraîcheur de sensations et de sentiments qui est source de poésie ne sont en cause. Mais trop souvent on assiste à une entreprise consciente ou inconsciente pour endormir la réflexion et remplacer la vision des réalités par une mythologie simpliste[4].»

Distillé sous cette forme, le loisir est loin d'être le contrepoison dont nous parlions plus haut. Il ne pourra jouer ce rôle que dans la mesure où l'on mettra l'accent sur sa fonction de développement; et cela peu d'individus sont capables de le faire spontanément. Maints sociologues du travail ont souligné le rapport qui existe entre la nature de l'activité professionnelle et celle des loisirs : si le travail est pauvre, mécanique, monotone, les loisirs seront presque toujours marqués par la même pauvreté et la même passivité; inversement, à un travail intéressant, où l'exécutant jouit d'une certaine liberté, dispose d'une certaine marge d'initiative, correspondront des loisirs plus actifs et plus enrichissants. Il y a là un cercle qu'on pourrait rendre non vicieux même pour les plus défavorisés, soit en augmentant l'intérêt du travail, en en brisant la monotonie (c'est une revendication qui se fait de plus en plus insistante dans le monde ouvrier et qui commence, ici ou là, à être prise sérieusement en considération), soit en agissant sur les loisirs; ou mieux encore : en faisant l'un et l'autre, de telle sorte que travail et loisirs s'enrichissent mutuellement. En tout état de cause, il reste que l'augmentation du temps libre est venue transformer les habitudes de vie et que pour le plus grand nombre un apprentissage est nécessaire si l'on veut que le loisir élève et développe au lieu de devenir la clé de nouveaux et médiocres «paradis artificiels».

Une réévaluation de toutes les valeurs s'impose donc à la lumière des rapports nouveaux du loisir avec les problèmes du travail, de la famille, de l'habitat. Cette réévaluation est en cours, au moins dans certains secteurs : tirant la leçon des erreurs passées, urbanistes et architectes ont fait appel au sociologue et ont remis ensemble l'ouvrage sur le métier. Sans parler de la destruction des îlots insalubres qui, aussi longtemps qu'ils subsisteront, resteront des foyers d'asocialité et de délinquance, ils ont pris conscience de l'urgence qu'il y avait à doter les constructions nouvelles d'équipements socioculturels, destinés tout à la fois à créer des contacts entre les habitants, en leur offrant des occasions de détente et de distractions en commun, à faciliter leur tâche aux familles et particulièrement aux mères surchargées, à orienter les activités des groupes de jeunes vers des activités constructives. Déjà le sombre tableau que nous tracions plus haut a subi quelques retouches : c'est ainsi que dans certains grands ensembles — HLM, quartiers résidentiels ou cités nouvelles —, rares encore il est vrai, des centres sociaux s'organisent, créés et dirigés par des animateurs, bénévoles le plus souvent mais dont le travail, indispensable, ne saurait tarder à devenir profession officielle. Sur leur initiative, des associations de locataires se forment; avec des moyens, qui la plupart du temps sont encore des moyens de fortune, on met sur pied des conférences, des expositions, des séances de cinéma suivies de discussion et d'échanges, des bibliothèques, des ateliers de bricolage, etc. A côté des crèches d'immeubles, on s'efforce d'aménager des maisons de jeunes, des terrains de jeu et de sport, trop souvent sacrifiés jusqu'ici à l'esthétique des pelouses tirées au cordeau, impeccablement vertes mais hérissées de «défense de...», quand ce n'est pas tout simplement au parking de voitures. Les nouveaux arrivants sont accueillis et informés des possibilités sociales et culturelles qui existent dans l'immeuble ou le quartier d'immeubles qu'ils viennent habiter.

Cette organisation collective des loisirs aura pour effet de rétablir le circuit des relations interpersonnelles, de vaincre l'ennui, la passivité, l'indifférence, l'« absentéisme » social; de redonner à l'existence quotidienne, en suscitant la participation active et responsable de chacun, un caractère communautaire, c'est-à-dire humain, qui viendra animer l'unité d'habitation, morne, froide et neutre et, qui sait? lui apporter un peu de poésie, créer peu à peu des coutumes sinon des traditions. En élevant le niveau des intérêts, on pourra développer de nouvelles habitudes de vie et de pensée, des attitudes plus actives et plus critiques, susceptibles d'engager toujours davantage l'homme dans la vie sociale et culturelle de son temps.

Pour la famille, le bienfait serait immense, car ces causes de nervosité, de tension et d'anxiété que sont la solitude sociale, l'anonymat, l'ennui, le surmenage de la mère face à une tâche qui de plus en plus tend à devenir matériellement et moralement insupportable, se trouveraient ainsi supprimées. Réintégrée dans une communauté vivante et fraternelle, la cellule familiale pourrait recouvrer son équilibre et redevenir ce milieu sécurisant indispensable à l'épanouissement des jeunes. Plus détendus, donc plus disponibles, les parents s'occuperaient mieux de leurs enfants, de leur travail scolaire et de leurs jeux.

Mais de toute manière, en raison de l'absence prolongée du père, et toujours davantage de la mère, hors du foyer, et malgré l'augmentation des loisirs, le rôle de la famille se trouve dans la plupart des cas plus réduit qu'autrefois. C'est donc à la collectivité qu'il incombe de reprendre à sa charge une partie des tâches éducatives que les parents ne sont plus en mesure d'assumer, et tout spécialement de s'occuper des loisirs des jeunes.

« Le temps libre est le temps privilégié de toutes les formes de déchéance ou d'épanouissement humain »[5] écrit Dumazedier. C'est le cas pour l'adulte; à plus forte raison en va-t-il ainsi pour la jeunesse, âge par excellence du loisir. C'est à la condition qu'existent une organisation et un équipement qui répondent à leurs besoins et s'adaptent aux formes spontanées de leur sociabilité, que les enfants et les adolescents cesseront d'être livrés à l'oisiveté, toujours mauvaise conseillère, des longues heures d'attente dans l'appartement vide ou dans la rue.

Nous avons insisté sans cesse sur le besoin primordial des jeunes de se rassembler en groupe; ce besoin est favorisé par les circonstances de la vie moderne que nous venons de passer en revue : longue absence des parents durant la journée (éloignement du lieu de travail, durée des trajets), augmentation des loisirs, transformation de l'habitat : «dans les grands ensembles, écrit R. Kaes[6], qui participe à l'animation d'un nouveau quartier strasbourgeois, la principale activité des jeunes est de se réunir en bandes ou en groupes plus ou moins structurés. C'est ce phénomène qui inquiète. C'est pourtant à partir de lui que la vie sociale des jeunes peut s'épanouir.» Mais, poursuit l'auteur, «le groupe a besoin d'une occupation pour se maintenir et se justifier. Si rien n'existe pour satisfaire ce besoin — et c'est le cas dans la majorité des grands ensembles — les jeunes subiront les reproches de traîner, de se livrer à des excentricités, ils commettront des vols et des délits de toutes sortes».

On en revient toujours à la nécessité urgente et vitale de la mise en place d'institutions et d'hommes capables d'offrir aux groupes d'adolescents un cadre et des motifs d'intérêts suffisamment forts pour orienter leurs activités de loisirs. Mais l'on n'atteindra ce but qu'en respectant l'autonomie des jeunes et en les laissant accéder à une large part de responsabilité. Écoutons encore R. Kaes nous parler de quelques-unes de ses expériences dans ce domaine[7] :

«Dans la mesure où le mouvement de jeunesse prolonge, par sa structure plus ou moins autoritaire et par son pouvoir organisateur, la famille ou l'école, il est rejeté par le jeune. Celui-ci préfère, s'il a à choisir, des structures plus souples, capables de rendre compte de tous ses besoins tels qu'ils sont satisfaits dans le groupe spontané. C'est pourquoi les jeunes interrogés par Jenny et ceux que nous connaissons à Strasbourg sont plutôt partisans d'une formule d'organisation qui laisse large place aux possibilités de réunion, d'expression libre, de participation à la gestion des activités avec l'aide de l'animateur, dont le rôle est alors davantage de coordonner, de suggérer, de prévoir que d'organiser et de conseiller. Ces aspirations semblent pouvoir être satisfaites dans le cadre des Maisons des Jeunes et de la Culture et des Foyers de Jeunes...

«La collaboration des adultes n'est pas systématiquement écartée par les jeunes : pour être accueillie, leur initiative doit être compétente et répondre à leurs besoins; l'adulte sera accepté (non sans réalisme de la part des jeunes) dans la mesure où sa collaboration exprimera une attitude de disponibilité à leur égard et de respect de leur autonomie. Une Maison des Jeunes a failli sombrer à Strasbourg parce que les animateurs adultes avaient adopté l'attitude paternaliste qui précisément rebute les adolescents : certains dirigeants prétendaient tout organiser alors qu'il fallait seulement préparer, donner les moyens et cogérer.»

Il y aura toujours des asociaux et des délinquants. Mais l'actuelle augmentation de la délinquance juvénile tient pour une bonne part, de façon directe ou indirecte, à des causes extérieures sur lesquelles, nous venons de le voir, on peut agir. Elle est le reflet du déséquilibre d'une société qui n'a pas encore réussi à concilier les progrès de la technique et du machinisme avec les valeurs humaines dont ceux-ci ont entraîné l'effritement, mais qu'ils peuvent aussi et doivent contribuer à restaurer.

NOTES

[1] P. Parrot et M. Gueneau, *op. cit.*
[2] Editions du Seuil, Paris, 1962, p. 17.
[3] Souligné dans le texte.
[4] J. Dumazedier, *op. cit.*, p. 77.
[5] J. Dumazedier, *op. cit.*, p. 236.
[6] R. Kaes, *Vivre dans les grands ensembles*, Ed. ouvrières, coll. «Vivre son temps», Paris, 1963, p. 115.
[7] R. Kaes, *op. cit.*, p. 119-120.

Chapitre 8
Le dénouement de la crise juvénile

Ici nous serons brève, car, en évoquant successivement les différents aspects de la crise pubertaire, les problèmes qui, à tous les niveaux, se posent à l'adolescent, nous en avons presque toujours indiqué, ou tout au moins laissé entrevoir, la solution. Nous avons constamment envisagé l'adolescence, d'une part comme un mouvement d'ensemble qui, parti de modifications physiologiques, entraînait de proche en proche un remaniement de toute la personnalité qui débouchait sur l'autonomie et l'insertion dans la société ; et d'autre part et plus précisément, comme un problème de relations : relations de l'adolescent avec la société, laquelle durant l'enfance se ramenait aux parents, au milieu familial et scolaire, et qui à partir de la puberté, tout en prenant sa signification d'entité abstraite, devient une réalité bien présente puisque l'adolescent se trouve confronté à la nécessité de s'y insérer. — Relations de l'adolescent avec ses parents, et cela sur le double plan du vécu (relations avec les parents réels) et de l'inconscient (relations avec les imagos parentales). — Relations enfin de l'adolescent avec lui-même dont nous avons essayé de montrer qu'elles étaient tributaires des relations qui viennent d'être énumérées. Toute sa personne se trouvant remise en cause par la puberté, l'adolescent, qui ne sait plus qui il est, part en quête de son identité, un peu comme Peter Schlemihl partait à la poursuite de son ombre. Il commence par se chercher au travers d'autrui, par s'évaluer, s'estimer, se considérer en fonction de l'estime, du jugement et de la façon de le considérer de ses proches, de son milieu, de la collectivité. Nous avons vu à quel point cette quête, difficile en soi, était rendue plus ardue encore par la complexité, par la mentalité et les attitudes de notre société moderne, elle-même en pleine phase de transition et à la recherche d'un nouvel équilibre. Pour parler du développement social de l'adolescent, on ne peut plus se contenter de la seule approche psychologique, il faut continuellement se référer au contexte sociologique; dans la forme même de la protestation juvénile contre la société, on voit se refléter, déformée, caricaturale ou « en miroir » selon les cas, l'image de cette société. C'est pourquoi, dans la deuxième partie de cet ouvrage, nous avons insisté sans cesse sur les caractéristiques actuelles de notre civilisation occidentale et leur incidence sur la nature et le déroulement de la crise juvénile.

Quant aux relations de l'adolescent avec ses pairs, si nous ne les avons pas mentionnées ci-dessus, c'est que, loin de constituer un problème, elles représentent au contraire une solution. La fonction du groupe est très différente pour l'enfant et pour l'adolescent. Dans l'enfance le groupe est le creuset où se fait l'apprentissage de la vie sociale. C'est au contact de ses semblables que l'enfant acquiert peu à peu le sens de la réciprocité, de la solidarité, de la loyauté, toutes ces notions morales et sociales qui régissent l'existence de n'importe quel groupement; les préceptes de l'adulte ne suffisent pas à les lui enseigner, parce qu'il faut l'expérience *vécue*. Ces acquisitions sont étroitement liées aux progrès de l'intelligence : entre les premières et les secondes il y a, nous l'avons vu, interaction constante : c'est dans la mesure où la pensée se socialise que la vie de groupe devient possible mais réciproquement, la socialisation de la pensée, en d'autres termes la disparition graduelle de l'égocentrisme, est largement déterminée par la vie de groupe, par les rapports des enfants entre eux. Ici, le groupe a donc surtout une fonction qu'on pourrait dire de développement. A l'adolescence, les règles de la vie collective sont connues, assimilées : l'esprit de camaraderie et de solidarité va de soi. L'importance primordiale du groupe dans la vie de l'adolescent vient de ce qu'il répond en premier lieu à des besoins émotionnels, et des besoins émotionnels profonds. Sa fonction est donc essentiellement affective; il joue le rôle de soutien du Moi en fournissant au jeune un milieu formé d'êtres qui connaissent les mêmes difficultés, éprouvent les mêmes doutes, les mêmes anxiétés, se posent les mêmes questions sur l'avenir et sur le monde; en lui offrant un idéal — provisoire —; en lui permettant de reprendre confiance en lui-même.

Autonomie, c'est-à-dire affirmation d'un Moi conscient de sa valeur et affranchi de la dépendance de l'opinion d'autrui, *adaptation au réel*, c'est-à-dire abandon des fantasmes de toute-puissance surcompensateurs au profit d'une juste notion de ses possibilités et de ses limites, et bien souvent renoncement aussi à un certain nombre d'illusions généreuses mais utopiques pour une vue plus réaliste du monde ; *intégration sociale :* tels sont les trois termes par lesquels on peut définir le dénouement de la crise juvénile et, à défaut de critères officiels univoques, les critères psychologiques qui signalent la fin de l'adolescence. Mais les deux derniers termes sont ambigus : dans l'état actuel de la société, il est bien difficile en effet de dire ce que doivent être l'adaptation au réel et l'insertion sociale, et il serait parfaitement injuste de taxer d'inadaptés ou d'adolescents attardés tous ceux qui refusent de rentrer dans le rang. Si pour beaucoup le refus et la révolte sont des signes de la persistance de conflits non résolus, l'adolescence un drame qui reste sans dénouement, la contestation sera chez les autres la manifestation de la « capacité à cerner les préoccupations qui comptent vraiment » dont Blos fait une des caractéristiques de la phase terminale de l'adolescence. Elle ne sera pas incompatible avec l'intégration sociale, entendue non comme la soumission aveugle à tous les conformismes ambiants mais comme participation active et critique à l'évolution même de la société.

Conclusion

Parvenue au terme de cet ouvrage, nous espérons avoir montré, en reprenant un certain nombre de données fournies par les différentes sciences humaines, la stricte interdépendance qui unit la prise de conscience de soi et la prise de conscience d'autrui, l'élaboration du Moi et la reconnaissance de l'autre comme un *Alter Ego*. C'est au sein même du rapport avec autrui que se construit la personne. Il n'y a pas de Je sans Tu, de Moi sans Toi. Au départ ni l'un ni l'autre n'existent, fondus qu'ils sont l'un dans l'autre ; ils se séparent et se différencient par étapes successives pour aboutir à l'établissement d'une relation pleinement socialisée, c'est-à-dire une relation qui implique que je comprenne que je suis un autre pour autrui au même titre qu'il est un autre pour moi, corollairement que je le saisisse comme un *Ego*, comme un sujet vivant, éprouvant les choses et les événements pour son compte, ayant sa propre subjectivité, ses propres points de vue, etc. Une telle réciprocité est tributaire du développement de l'intelligence. La crise de trois ans marque certes un progrès décisif dans cette prise de distance entre le Moi et le Toi ; non seulement l'enfant, mû par un sentiment aigu de son individualité, l'oppose à celle des autres, mais encore ce subjectivisme exacerbé l'entraîne à se voir à travers les yeux d'autrui, auquel il prête par conséquent une attention nouvelle. Seulement l'égocentrisme de la pensée enfantine limite encore singulièrement la portée d'un tel progrès, puisqu'il enferme l'enfant dans son propre point de vue, pris pour celui de tout le monde, et l'empêche ainsi de se mettre à la place d'autrui. La réciprocité véritable, telle qu'elle vient d'être définie, suppose une mobilité mentale qui ne s'acquiert que vers sept, huit ans; dans le domaine des relations interpersonnelles, cette réciprocité constitue l'équivalent et le corollaire de la réversibilité qui caractérise la pensée logique. Toutefois, la compréhension de l'autre comme un *Alter Ego* commence par être simplement vécue et ne devient objectivation réfléchie qu'avec la capacité de se penser soi-même, autrement dit avec l'avènement de la pensée abstraite, à l'adolescence.

Mais cette «logique des relations» (Piaget) qui se construit en épousant étroitement la courbe du développement mental — les deux évolutions sont, nous l'avons vu sans cesse, interdépendantes — et qui marque, en théorie tout au moins, l'achèvement de la socialisation, n'abolit pas pour autant les autres formes, plus primitives, de sociabilité. Nos relations avec nos semblables gardent le sceau de la symbiose et de l'indistinction originelles, et notre compréhension d'autrui est loin de passer seulement ni même toujours par le détour de l'intelligence; dans nombre de situations, elle emprunte les raccourcis fulgurants de l'inconscient, de ce langage des affects que nous avons vu à l'œuvre entre la mère et son enfant. L'«Einfühlung» n'est rien d'autre que cela : sentir aussitôt et «d'instinct», sans que le moindre signe objectif vienne justifier ce sentiment, une attitude, un état, souvent eux-mêmes inconscients pour celui qui les éprouve, chez l'être qui se trouve en face de vous. Cette «Einfühlung» sera plus ou moins développée selon les individus et aussi selon les circonstances, car elle exige un état de disponibilité intérieure, quelque chose qui se rapproche de ce que les psychanalystes appellent «l'attention flottante», qui capte des ondes imperceptibles porteuses de messages informulés.

A tout instant la distance établie entre moi et autrui peut être supprimée, par des mécanismes tels que l'identification ou la projection par laquelle nous attribuons aux autres nos sentiments et nos attitudes. Bien plus, l'existence entre deux êtres de sentiments quelque peu intenses, positifs ou négatifs : sympathie, amour, haine, envie, jalousie, implique toujours une certaine aliénation de soi. Prenant l'exemple de l'amour, M. Merleau-Ponty[1] (dont les vues divergent par ailleurs sur bien des points de celles qui ont été développées dans cet ouvrage) observe avec profondeur : «à partir du moment où l'on est lié avec quelqu'un on souffre de sa souffrance. S'il s'agit d'une douleur physique, que l'on ne peut partager que d'une façon métaphorique, on éprouve fortement son insuffisance. On n'est pas tel qu'on serait sans cet amour, l'empiétement des perspectives demeure. On ne peut plus dire : «ceci est tien, ceci est mien», on ne peut plus séparer absolument les rôles; et être lié avec quelqu'un, c'est finalement vivre au moins en intention sa vie. L'expérience d'autrui au fond, dans toute la mesure même où elle est convaincante, où elle est vraiment expérience d'autrui, est nécessairement expérience "aliénante" en ce sens qu'elle m'ôte à moi seul, et institue un mélange de moi et d'autrui.»

Mais il faut bien souligner que cette «aliénation» demeure chez l'individu normal intermittente et limitée; dans la mesure où elle tend à devenir un mode d'être habituel, elle vide la relation avec autrui d'une de ses significations les plus riches et les plus fécondes, qui est le dialogue. Nous ne parlons pas ici, bien sûr, de l'aliénation pathologique provoquée par une véritable désintégration de la personnalité; nous pensons à ces êtres incapables de rester eux-mêmes face à l'autre, moulant étroitement leur Moi, toujours mal structuré, sur le Moi de l'autre; ce contact trop proche, ce mimétisme, supprime précisément la possibilité du dialogue. Se mettre à la place d'autrui ne signifie pas se confondre, ne faire qu'un avec cet autrui, ou plutôt c'est ne le faire que momentanément, parfois fugitivement, le temps d'un éclair, pour rétablir bientôt la distance un instant abolie, parce que cette distance seule nous permettra de comprendre et d'aider.

Inversement il est des individus qui se barricadent dans leur Moi, défendant ce qu'ils croient être leur autonomie, incapables en réalité de supporter cette expérience «aliénante» dont parle Merleau-Ponty. Ceux-là ont rompu avec les modes archaïques de communication; la compréhension d'autrui, le langage du cœur passent chez eux par l'intellect, avec tout ce qu'un tel passage implique d'appauvrissement, de dessèchement et de rationalisation. C'est d'ailleurs un fait bien connu des psychiatres que les deux formes de contact interpersonnel distinguées ci-dessus se retrouvent souvent chez un même malade, ce contact étant tantôt trop proche, tantôt trop distant et jamais, si l'on peut ainsi dire, sur la bonne longueur d'onde.

La véritable autonomie, qui seule caractérise la maturité sociale, ne consiste donc pas à se prémunir — illusoirement — contre toute influence, contre tout empiétement extérieurs, pas plus qu'à imposer le silence aux vibrations profondes qu'éveille le langage secret des âmes; elle consiste dans l'intégration harmonieuse des différentes formes de sociabilité par lesquelles passe l'être au cours de son développement, dans le jeu équilibré des affects et de l'intelligence, dans un Moi suffisamment fort pour rester à la fois lui-même et disponible.

NOTE

[1] M. Merleau-Ponty, «Les relations avec autrui chez l'enfant», cours professé à la Sorbonne, Centre de Documentation Universitaire, Paris, 1958.

Bibliographie sommaire

BENEDICT R., *Patterns of Culture*, The New American Library, coll. Mentor Book, New York, 1960.
BETTELHEIM B., *La forteresse vide*, Gallimard, Paris, 1967.
BLOCH H. et NIEDERHOFFER A., *Les Bandes d'adolescents*, traduction, Payot, Paris, 1963.
BLOS P., *Les adolescents : Essai de psychanalyse*, traduction, Stock, Paris, 1967.
BOWLBY J., *Attachment and Loss*, vol. I : *Attachment*, vol. II : *Separation : Anxiety and Anger*, Hogarth Press, Londres, 1970 et 1973.
CHATEAU J., *L'enfant et le jeu*, Ed. du Scarabée, Paris, 1954.
DEBESSE M., *La crise d'originalité juvénile*, Alcan, Paris, 1936.
DEUTSCH H., *La psychologie des femmes*. I : *Enfance et adolescence*, traduction, Presses Universitaires de France, Paris, 1949.
DUMAZEDIER J., *Vers une civilisation des loisirs*, Ed. du Seuil, Paris, 1962.
FREUD A., *Le Moi et ses mécanismes de défense*, traduction, Presses Universitaires de France, Paris, 1949.
HAIM A., *Les suicides d'adolescents*, Payot, Paris, 1969.
INHELDER B. et PIAGET J., *De la logique de l'enfant à la logique de l'adolescent*, Presses Universitaires de France, Paris, 1955.
KESTEMBERG E., « L'identité et l'identification chez les adolescents », *Psychiatrie de l'enfant*, vol. V, fasc. 2, p. 441-522.
LEBOVICI S. et SOULE M., *Connaissance de l'enfant par la psychanalyse*, Presses Universitaires de France, 1970.
MALSON L., *Les enfants sauvages, mythe et réalité*, Union générale d'éditions, coll. 10-18, Paris, 1964.
MEAD M., *Growing up in New Guinea*, The American Library, coll. Mentor Book, New York, 1961.
—, *Coming of Age in Samoa*, ibid., New York, 1962.

MEAD M., *Sex and Temperament in Three Primitive Societies*, ibid., New York, 1962.
ODIER Ch., *Les deux sources consciente et inconsciente de la vie morale*, La Bâconnière, Neuchâtel, 1947.
—, *L'angoisse et la pensée magique*, Delachaux et Niestlé, Neuchâtel, 1947.
—, *L'homme esclave de son infériorité*, ibid., Neuchâtel, 1950.
PARROT P. et GUENEAU M., *Les Gangs d'adolescents*, Presses Universitaires de France, Paris, 1959.
PIAGET J., *Le jugement moral chez l'enfant*, Alcan, Paris, 1932.
—, *Psychologie de l'intelligence*, Armand Colin, Paris, 1949.
—, *La formation du symbole chez l'enfant*, Delachaux et Niestlé, Neuchâtel, 1945.
—, *La construction du réel chez l'enfant*, ibid., Neuchâtel, 1945.
REYMOND-RIVIER B., *Choix sociométriques et motivations*, Delachaux et Niestlé, Neuchâtel, 1961.
RIESMANN D., *La foule solitaire*, traduction, Arthaud, Paris, 1964.
SPITZ R.A., *De la naissance à la parole*, traduction, Presses Universitaires de France, Paris, 1968.
—, *Le Non et le Oui*, traduction, Presses Universitaires de France, Paris, 1962.
WINNICOTT D.W., *De la pédiatrie à la psychanalyse*, traduction, Payot, Paris, 1969.

Table des matières

Avant-propos 5
Introduction 9

PREMIÈRE PARTIE : L'ENFANCE

Chapitre 1
La relation primitive avec la mère :
de l'adualisme à la relation objectale 17
Quelques considérations préliminaires sur les rapports entre la
psychanalyse et la psychologie 17
Importance et caractère unique de la relation mère-enfant 22
La construction de l'objet 24
L'évolution objectale 28
La communication au sein de la dyade mère-enfant 38

Chapitre 2
L'entrée dans le groupe 61
La crise de personnalité de trois ans 62
Le complexe d'Œdipe 65
Les relations entre enfants 71
L'approche sociométrique 87

Chapitre 3
Vers la coopération et l'autonomie 95
L'avènement de la pensée logique 95
Les incidences de la pensée logique sur le comportement social 98
Le problème du leader 100
Coopération et autonomie morale 103
La société enfantine et son organisation 108
Les différences de structure entre groupes de garçons et groupes de filles 111

DEUXIÈME PARTIE : L'ADOLESCENCE

Chapitre 1
Problèmes et préjugés concernant l'adolescence 117
   Puberté et adolescence 117
   L'adolescent et la société 121

Chapitre 2
La crise juvénile 133
   La révolte contre les parents et le milieu 133
   L'affirmation extérieure du moi : la recherche de l'originalité 135

Chapitre 3
Les aspects intellectuels de la crise juvénile 141

Chapitre 4
L'évolution des sentiments interpersonnels :
l'amitié juvénile et l'éveil de l'amour 149
   La réactivation du conflit œdipien 149
   L'amitié juvénile 153
   La naissance de l'amour 156

Chapitre 5
Le groupe 167
   Le conformisme adolescent 167
   Le groupe et sa fonction 170

Chapitre 6
La bande délinquante 175
   Les facteurs sociologiques de la délinquance juvénile 176
   Les facteurs psychologiques de la délinquance juvénile 182
   La psychologie de la bande 185
   Organisation et structure de la bande 190

Chapitre 7
Perspectives 193

Chapitre 8
Le dénouement de la crise juvénile 201

Conclusion 205
Bibliographie sommaire 209

CHEZ LE MÊME ÉDITEUR

PSYCHOLOGIE ET SCIENCES HUMAINES
collection publiée sous la direction de MARC RICHELLE

1 Dr Paul Chauchard : LA MAITRISE DE SOI. *9e éd.*
7 Paul-A. Osterrieth : FAIRE DES ADULTES. *16e éd.*
9 Daniel Widlöcher : L'INTERPRETATION DES DESSINS D'ENFANTS. *9e éd.*
11 Berthe Reymond-Rivier : LE DEVELOPPEMENT SOCIAL DE L'ENFANT ET DE L'ADOLESCENT. *13e éd.*
22 H.T. Klinkhamer-Steketée : PSYCHOTHERAPIE PAR LE JEU. *4e éd.*
24 Marc Richelle : POURQUOI LES PSYCHOLOGUES? *6e éd.*
25 Lucien Israel : LE MEDECIN FACE AU MALADE. *5e éd.*
26 Francine Robaye-Geelen : L'ENFANT AU CERVEAU BLESSE. *2e éd.*
27 B.F. Skinner : LA REVOLUTION SCIENTIFIQUE DE L'ENSEIGNEMENT. *3e éd.*
29 J.C. Ruwet : ETHOLOGIE : BIOLOGIE DU COMPORTEMENT. *3e éd.*
38 B.-F. Skinner : L'ANALYSE EXPERIMENTALE DU COMPORTEMENT. *2e éd.*
40 R. Droz et M. Rahmy : LIRE PIAGET. *3e éd.*
42 Denis Szabo, Denis Gagné, Alice Parizeau : L'ADOLESCENT ET LA SOCIETE. *2e éd.*
43 Pierre Oléron : LANGAGE ET DEVELOPPEMENT MENTAL. *2e éd.*
45 Gertrud L. Wyatt : LA RELATION MERE-ENFANT ET L'ACQUISITION DU LANGAGE. *2e éd.*
49 T. Ayllon et N. Azrin : TRAITEMENT COMPORTEMENTAL EN INSTITUTION PSYCHIATRIQUE
52 G. Kellens : BANQUEROUTE ET BANQUEROUTIERS
55 Alain Lieury : LA MEMOIRE
58 Jean-Marie Paisse : L'UNIVERS SYMBOLIQUE DE L'ENFANT ARRIERE MENTAL
59 Jacques Van Rillaer : L'AGRESSIVITE HUMAINE
61 Jérôme Kagan : COMPRENDRE L'ENFANT
62 Michel S. Gazzaniga : LE CERVEAU DEDOUBLE
64 X. Seron, J.L. Lambert, M. Van der Linden : LA MODIFICATION DU COMPORTEMENT
65 W. Huber : INTRODUCTION A LA PSYCHOLOGIE DE LA PERSONNALITE. *2e éd.*
66 Emile Meurice : PSYCHIATRIE ET VIE SOCIALE
67 J. Château, H. Gratiot-Alphandéry, R. Doron et P. Cazayus : LES GRANDES PSYCHOLOGIES MODERNES
68 P. Sifnéos : PSYCHOTHERAPIE BREVE ET CRISE EMOTIONNELLE
69 Marc Richelle : B.F. SKINNER OU LE PERIL BEHAVIORISTE
70 J.P. Bronckart : THEORIES DU LANGAGE
71 Anika Lemaire : JACQUES LACAN. *8e éd. revue et augmentée.*
72 J.L. Lambert : INTRODUCTION A L'ARRIERATION MENTALE
73 T.G.R. Bower : DEVELOPPEMENT PSYCHOLOGIQUE DE LA PREMIERE ENFANCE. *4e éd.*
74 J. Rondal : LANGAGE ET EDUCATION
75 Sheila Kitzinger : PREPARER A L'ACCOUCHEMENT
76 Ovide Fontaine : INTRODUCTION AUX THERAPIES COMPORTEMENTALES
77 Jacques-Philippe Leyens : PSYCHOLOGIE SOCIALE. *2e éd.*
78 Jean Rondal : VOTRE ENFANT APPREND A PARLER *3e éd.*
79 Michel Legrand : LE TEST DE SZONDI
80 H.J. Eysenck : LA NEVROSE ET VOUS
81 Albert Demaret : ETHOLOGIE ET PSYCHIATRIE
82 Jean-Luc Lambert et Jean A. Rondal : LE MONGOLISME. *4e éd.*
83 Albert Bandura : L'APPRENTISSAGE SOCIAL
84 Xavier Seron : APHASIE ET NEUROPSYCHOLOGIE
85 Roger Rondeau : LES GROUPES EN CRISE?

86 J. Danset-Léger : L'ENFANT ET LES IMAGES DE LA LITTERATURE ENFANTINE
87 Herbert S. Terrace : NIM. UN CHIMPANZE QUI A APPRIS LE LANGAGE GESTUEL
88 Roger Gilbert : BON POUR ENSEIGNER?
89 Wing, Cooper et Sartorius : GUIDE POUR UN EXAMEN PSYCHIATRIQUE
90 Jean Costermans : PSYCHOLOGIE DU LANGAGE
91 Françoise Macar : LE TEMPS, PERSPECTIVES PSYCHOPHYSIOLOGIQUES
92 Jacques Van Rillaer : LES ILLUSIONS DE LA PSYCHANALYSE. 2' éd.
93 Alain Lieury : LES PROCEDES MNEMOTECHNIQUES
94 Georges Thinès : PHENOMENOLOGIE ET SCIENCE DU COMPORTEMENT
95 Rudolph Schaffer : COMPORTEMENT MATERNEL
96 Daniel Stern : MERE ET ENFANT, LES PREMIERES RELATIONS. 3' éd.
97 R. Kempe & C. Kempe : L'ENFANCE TORTUREE
98 Jean-Luc Lambert : ENSEIGNEMENT SPECIAL ET HANDICAP MENTAL
99 Jean Morval : INTRODUCTION A LA PSYCHOLOGIE DE L'ENVIRONNEMENT
100 Pierre Oleron et al. : SAVOIRS ET SAVOIR-FAIRE PSYCHOLOGIQUES CHEZ L'ENFANT
101 Bernard I. Murstein : STYLES DE VIE INTIME
102 Rondal/Lambert/Chipman : PSYCHOLINGUISTIQUE ET HANDICAP MENTAL
103 Brédart/Rondal : L'ANALYSE DU LANGAGE CHEZ L'ENFANT. 2' éd.
104 David Malan : PSYCHODYNAMIQUE ET PSYCHOTHERAPIE INDIVIDUELLE
105 Philippe Muller : WAGNER PAR SES REVES
106 John Eccles : LE MYSTERE HUMAIN
107 Xavier Seron : REEDUQUER LE CERVEAU
108 Moreau/Richelle : L'ACQUISITION DU LANGAGE. 5' éd.
109 Georges Nizard : ANALYSE TRANSACTIONNELLE ET SOIN INFIRMIER
110 Howard Gardner : GRIBOUILLAGES ET DESSINS D'ENFANTS, LEUR SIGNIFICATION
111 Wilson/Otto : LA FEMME MODERNE ET L'ALCOOL
112 Edwards : DESSINER GRACE AU CERVEAU DROIT
113 Rondal : L'INTERACTION ADULTE-ENFANT
114 Blancheteau : L'APPRENTISSAGE CHEZ L'ANIMAL
115 Boutin : FORMATION ET DEVELOPPEMENTS
116 Húsen : L'ECOLE EN QUESTION
117 Ferrero/Besse : L'ENFANT ET SES COMPLEXES
118 R. Bruyer : LE VISAGE ET L'EXPRESSION FACIALE
119 J.P. Leyens : SOMMES-NOUS TOUS DES PSYCHOLOGUES?
120 J. Château : L'INTELLIGENCE OU LES INTELLIGENCES?
121 M. Claes : L'EXPERIENCE ADOLESCENTE
122 J. Hayes et P. Nutman : COMPRENDRE LES CHOMEURS
123 S. Sturdivant : LES FEMMES ET LA PSYCHOTHERAPIE
124 A. Pomerleau et G. Malcuit : L'ENFANT ET SON ENVIRONNEMENT
125 A. Van Hout et X. Seron : L'APHASIE DE L'ENFANT
126 A. Vergote : RELIGION, FOI, INCROYANCE
127 Sivadon/Fernandez-Zoïla : TEMPS DE TRAVAIL, TEMPS DE VIVRE
128 Born : JEUNES DEVIANTS OU DELINQUANTS JUVENILES?
129 Hamers/Blanc : BILINGUALITE ET BILINGUISME
130 Legrand : PSYCHANALYSE, SCIENCE, SOCIETE
131 Le Camus : PRATIQUES PSYCHOMOTRICES
132 Lars Fredén : ASPECTS PSYCHOSOCIAUX DE LA DEPRESSION
133 Mount : LA FAMILLE SUBVERSIVE
134 Magerotte : MANUEL D'EDUCATION COMPORTEMENTALE CLINIQUE
135 Dailly/Moscato : LATERALISATION ET LATERALITE CHEZ L'ENFANT
136 Bonnet/Tamine-Gardes : QUAND L'ENFANT PARLE DU LANGAGE
137 Bruyer : LES SCIENCES HUMAINES ET LES DROITS DE L'HOMME
138 Taulelle : L'ENFANT A LA RENCONTRE DU LANGAGE

139 de Boucaud : PSYCHOLOGIE DE L'ENFANT ASTHMATIQUE
140 Duruz : NARCISSE EN QUETE DE SOI
141 Feyereisen/de Lannoy : PSYCHOLOGIE DU GESTE
142 Florin *et al.* : LE LANGAGE A L'ECOLE MATERNELLE
143 Debuyst : MODELE ETHOLOGIQUE ET CRIMINOLOGIE
144 Ashton/Stepney : FUMER
145 Winkel *et al.* : L'IMAGE DE LA FEMME DANS LES LIVRES SCOLAIRES
146 Bideau/Richelle : PSYCHOLOGIE DEVELOPPEMENTALE
147 Schmid-Kitsikis : THEORIE CLINIQUE ET FONCTIONNEMENT MENTAL
148 Guggenbühl/Craig : POUVOIR ET RELATION D'AIDE
149 Rondal : LANGAGE ET COMMUNICATION CHEZ LES HANDICAPES MENTAUX
150 Moscato *et al.* : FONCTIONNEMENT COGNITIF ET INDIVIDUALITE
151 Château : L'HUMANISATION OU LES PREMIERS PAS DES VALEURS HUMAINES
152 Avery/Litwack : NEE TROP TOT
153 Rondal : LE DEVELOPPEMENT DU LANGAGE CHEZ L'ENFANT TRISOMIQUE 21
154 Kellens : QU'AS-TU FAIT DE TON FRERE?
155 Rondal/Henrot : LE LANGAGE DES SIGNES. 2e éd.
156 Lafontaine : LE PARTI PRIS DES MOTS
157 Bonnet/Hoc/Tiberghien : AUTOMATIQUE, INTELLIGENCE ARTIFICIELLE ET PSYCHOLOGIE
158 Giovannini *et al.* : PSYCHOLOGIE ET SANTE
159 Wilmotte *et al.* : LE SUICIDE
160 Giurgea : L'HERITAGE DE PAVLOV
161 Ionescu : MANUEL D'INTERVENTION EN DEFICIENCE MENTALE N° 1
162 Ionescu : MANUEL D'INTERVENTION EN DEFICIENCE MENTALE N° 2
163 Pieraut-Le Bonniec : CONNAITRE ET LE DIRE
164 Huber : PSYCHOLOGIE CLINIQUE AUJOURD'HUI
165 Rondal *et al.* : PROBLEMES DE PSYCHOLINGUISTIQUE
166 Slukin : LE LIEN MATERNEL
167 Baudour : L'AMOUR CONDAMNE
168 Wilwerth : VISAGES DE LA LITTERATURE FEMININE
169 Edwards : VISION, DESSIN, CREATIVITE
170 Lutte : LIBERER L'ADOLESCENCE
171 Defays : L'ESPRIT EN FRICHE
172 Broome Walace : PSYCHOLOGIE ET PROBLEMES GYNECOLOGIQUES
173 Aimard : LES BEBES DE L'HUMOUR
174 Perruchet : LES AUTOMATISMES COGNITIFS
175 Bawin-Legros : FAMILLES, MARIAGE, DIVORCE
176 Pourtois/Desmet : EPISTEMOLOGIE ET INSTRUMENTATION EN SCIENCES HUMAINES
177 Sloboda : L'ESPRIT MUSICIEN
178 Fraisse : POUR LA PSYCHOLOGIE SCIENTIFIQUE
179 Ruffiot : PSYCHOLOGIE DU SIDA
180 McAdams/Deliège : LA MUSIQUE ET LES SCIENCES COGNITIVES
181 Argentin : QUAND FAIRE C'EST DIRE...
182 Van der Linden : LES TROUBLES DE LA MEMOIRE
183 Lecuyer : BEBES ASTRONOMES, BEBES PSYCHOLOGUES : L'INTELLIGENCE DE LA 1re ANNEE
184 Immelmann : DICTIONNAIRE DE L'ETHOLOGIE
185 Collectif : ACTEUR SOCIAL ET DELINQUANCE
186 Fontana : GERER LE STRESS
187 Bouchard : DE LA PHENOMENOLOGIE A LA PSYCHANALYSE
188 Chanceaulme : MOURIR, ULTIME TENDRESSE
189 Rivière : LA PSYCHOLOGIE DE VYGOTSKY
190 Lecoq : APPRENTISSAGE DE LA LECTURE ET DYSLEXIE

191 de Montmolin/Amalberti/Theureau : MODELES DE L'ANALYSE DU TRAVAIL
192 Minary : MODELES SYSTEMIQUES ET PSYCHOLOGIE
193 Grégoire : EVALUER L'INTELLIGENCE DE L'ENFANT
194 Gommers/van den Bosch/de Aguilar : POUR UNE VIEILLESSE AUTONOME
195 Van Rillaer : LA GESTION DE SOI
196 Lecas : L'ATTENTION VISUELLE
197 Macquet : TOXICOMANIES ET FORMES DE LA VIE QUOTIDIENNE
198 Giurgea : LE VIEILLISSEMENT CEREBRAL
199 Pillon : LA MEMOIRE DES MOTS
200 Pouthas/Jouen : LES COMPORTEMENTS DU BEBE : EXPRESSION DE SON SAVOIR ?
201 Montangero/Maurice-Naville : PIAGET OU L'INTELLIGENCE EN MARCHE
202 Colin A. Epsie : LE TRAITEMENT PSYCHOLOGIQUE DE L'INSOMNIE
203 Samalin-Amboise : VIVRE A DEUX
204 Bourhis/Leyens : STEREOTYPES, DISCRIMINATION ET RELATIONS INTERGROUPES
205 Feltz/Lambert : ENTRE LE CORPS ET L'ESPRIT
206 Francès : MOTIVATION ET EFFICIENCE AU TRAVAIL
207 Houziaux : EDUCATION DU PATIENT ET ORDINATEUR
208 Roques : SORTIR DU CHOMAGE
209 Bléandonu : L'ANALYSE DES REVES ET LE REGARD MENTAL
210 Born/Delville/Mercier/Snad/Beeckmans : LES ABUS SEXUELS D'ENFANTS
211 Siguan : L'EUROPE DES LANGUES
212 de Bonis : CONNAITRE LES EMOTIONS HUMAINES
213 Retschitzki/Gurtner : L'ENFANT ET L'ORDINATEUR
214 Leyens/Yzerbyt/Schadron : STEREOTYPES ET COGNITION SOCIALE
215 Tiberghien : LA MEMOIRE OUBLIEE
216 Wynants : L'ORTHOGRAPHE, UNE NORME SOCIALE
217 Rondal : L'EVALUATION DU LANGAGE
218 Moreau : SOCIOLINGUISTIQUE, CONCEPTS DE BASE

Manuels et Traités

Droz-Richelle : MANUEL DE PSYCHOLOGIE
Hurtig-Rondal : MANUEL DE PSYCHOLOGIE DE L'ENFANT (Tome 1)
Hurtig-Rondal : MANUEL DE PSYCHOLOGIE DE L'ENFANT (Tome 2)
Hurtig-Rondal : MANUEL DE PSYCHOLOGIE DE L'ENFANT (Tome 3)
Rondal-Seron : LES TROUBLES DU LANGAGE (DIAGNOSTIC ET REEDUCATION)
Fontaine/Cottraux/Ladouceur : CLINIQUES DE THERAPIE COMPORTEMENTALE
Godefroid : LES CHEMINS DE LA PSYCHOLOGIE